Baudenkmale der Moderne

# Gropius. Meisterhaus Muche/Schlemmer

## Die Geschichte einer Instandsetzung

Wüstenrot Stiftung Ludwigsburg

Baudenkmale der Moderne

# Gropius. Meisterhaus Muche/Schlemmer

## Die Geschichte einer Instandsetzung

Herausgegeben von August Gebeßler

Karl Krämer Verlag Stuttgart + Zürich

Printed in Germany

ISBN 3-7828-1513-0

# Inhalt

# Vorworte

## Georg Adlbert
## Wüstenrot Stiftung

Das Wohnhaus und Atelier der ehemaligen Bauhausmeister Oskar Schlemmer und Georg Muche ist 'wiederhergestellt'. Es wurde 1925/26 als eines von vier Meisterhäusern von Walter Gropius im Zusammenhang mit der Gründung des Bauhauses Dessau entworfen und errichtet. Der Begriff der 'Wiederherstellung' verweist auf Prozess und Ergebnis einer äußerst schwierigen Entscheidungsfindung. Denn am Beispiel des 'Muche/Schlemmer-Hauses' verschränken sich Maßnahmen der Reparatur der überkommenen Bausubstanz mit Strategien der ergänzenden Rekonstruktion zur Wiedergewinnung der originalen architektonischen Gestalt zu einem komplexen Ganzen, dessen Qualität sich möglicherweise dem Betrachter erst auf den zweiten Blick erschließt.

Was war die Ausgangssituation? Die Wüstenrot Stiftung hatte der Stadt Dessau ihre Unterstützung bei der Wiederherstellung des 'Muche/Schlemmer-Hauses' angeboten. In einem Vertrag wurde die Übernahme der Bauherrenfunktion durch die Stiftung und der Rahmen für die Durchführung einschließlich Finanzierung festgelegt. Doch schon in den weiteren Verhandlungen über die denkmalpflegerische Zielsetzung zeigten sich die unterschiedlichen Vorstellungen über die Behandlung des Baudenkmals.

A priori erklärte Absicht der Stadt war es, das inzwischen zum Weltkulturerbe erklärte Ensemble der Meisterhäuser in seiner bauhauszeitlichen Erscheinungsform wieder erstehen zu lassen (was de facto einer Entsorgung der Veränderungsgeschichte des Baudenkmals gleichgekommen wäre). Für den wissenschaftlichen Beirat der Wüstenrot Stiftung war dagegen das 'Muche/ Schlemmer-Haus' in seiner überkommenen Form ein Geschichtszeugnis par excellence. Tatsächlich präsentierte sich der ruinöse Baukörper bei seiner Inangriffnahme 1997 als eine Mischung von noch vorhandener originaler Bausubstanz sowie deutlich sichtbaren Spuren der mehr oder minder ideologisch motivierten Eingriffe und Verunstaltungen (1939) und nochmaligen baulichen Veränderung nach 1945. Die Wüstenrot Stiftung hat eine Schichtung höchst unterschiedlicher baulicher Zustände vorgefunden.

Wo also anfangen, wie bewerten, was konservieren, rückbauen oder sogar ergänzen und rekonstruieren? Die Entscheidungslage hätte nicht komplizierter sein können, zumal die Popularisierung und damit einhergehende gesellschaftliche Akzeptanz der Denkmalpflege durchaus im Widerspruch zu fachlich begründeten Einschätzungen geraten kann. Es gehört wohl zu den Paradoxien zeitgenössischer Denkmalpraxis, dass im Zuge des Fortschreitens der Moderne kompensatorisch dazu die Bewahrungs- und Erinnerungskultur an Bedeutung gewinnt, während die steinernen Zeugnisse (Denkmale) der Geschichte der Gesellschaft oft in nur gereinigter beziehungsweise geheilter Form (ohne Patina, Alterswert und geschichtliche Störung) zugemutet werden. Hinzu kommt, dass selbst in Fachkreisen im Falle der Denkmalpflege der Architekturmoderne solchen Bauten gerne das Etikett ewiger Jugendlichkeit angeheftet wurde und wird.

Der Konflikt war also vorprogrammiert. Die Entscheidungsfindung verlangte den beteiligten Akteuren (Wüstenrot Stiftung, Beirat, Stadt Dessau, Landesdenkmalamt, Architekt) ein hohes Maß an Geduld, einander zuzuhören sowie die Fähigkeit zur Kompromissbildung ab. Für die Wüstenrot Stiftung stellte sich schlicht die Frage: flüchten oder standhalten? In der Abwägung des Für und Wider obsiegte letztlich der Wille zur Vertragserfüllung (pacta sunt servanda) und die Lust, die delikate Herausforderung anzunehmen und auf die Potenziale direkter fachlicher Einflussnahme als Bauherrin im Prozess der Wiederherstellung des Meisterhauses zu vertrauen. Auch für den Beirat der Wüstenrot Stiftung erwies sich die Entscheidungsfindung als eine schwere Belastungsprobe. Ein Beiratsmitglied wollte die von der Stiftung formulierte und die Hauptbeteiligten verpflichtende Einigungsformel: „soviel Original wie möglich – soviel Geschichte wie notwendig" nicht mittragen und schied aus der weiteren Beratung aus.

Auf dieser Grundlage konzentrierten sich Ziel und Praxis der Denkmalmaßnahmen im wesentlichen auf eine Rückgewinnung der das Meisterhaus prägenden äußeren Erscheinungsform. Andererseits ist es gelungen, bedeutende Spuren der Bau- und Nutzungsgeschichte zu erhalten. Das inzwischen von der Fachwelt überwiegend positiv qualifizierte Ergebnis der Wiederherstellung des 'Muche/Schlemmer-Hauses' bestätigt die Richtigkeit der Entscheidung und gewählten Vorgehensweise. Aber ohne die konsequente und professionelle Arbeit und Kooperation von Denkmalbeirat, Projektsteuerung, Architekten, Landesdenkmalamt, Sondergutachtern und Handwerksfirmen, gepaart mit dem festen Willen, eine gute Lösung zu erreichen, wäre dieses Ergebnis nicht möglich geworden.

Die jetzt vorliegende, sorgfältig zusammengestellte Dokumentation reflektiert den Prozess und das Ergebnis einer schwierigen Instandsetzung aus der Sicht der Beteiligten. Der aufmerksame Leser mag in der Präsentation der einzelnen Texte durchaus Nuancen unterschiedlicher Wahrnehmung und Beurteilung in der Behandlung des Baudenkmals erkennen, was nach Durcharbeitung der Materie aber sicherlich den Gewinn an Erkenntnis nicht schmälern wird.

Die Wüstenrot Stiftung dankt allen Autoren für ihre qualifizierten Beiträge. Ein besonderer Dank gilt dem Herausgeber, Herrn Prof. Dr. August Gebeßler, für sein beharrliches Hinwirken auf eine zeitnahe Veröffentlichung und seine verantwortliche und engagierte Koordinierung der Einzelbeiträge. Die Wüstenrot Stiftung setzt mit diesem Band ihre Reihe 'Baudenkmale der Moderne' fort. Den hoffentlich zahlreichen Lesern wünschen wir einen handfesten Zugewinn an Wissen für eine zeitgemäße Denkmalpraxis.

**Hans-Georg Otto**
**Stadt Dessau**

Mit der Rekonstruktion des Meisterhauses Muche/Schlemmer in Dessau ist es gelungen, seit 1994 alle noch bestehenden Gebäude der 1925/26 errichteten kleinen Siedlung für die Lehrer des Bauhauses in ihrer ursprünglichen zeitlosen und klaren Schönheit wiederherzustellen und der Öffentlichkeit zugänglich zu machen. Nach der nunmehr abgeschlossenen Phase der Sanierungen will die Stadt mit der Stiftung Bauhaus Dessau nun auch über Lösungen nachdenken, wie mit dem im Zweiten Weltkrieg zerstörten Gebäude von Laszlo Moholy-Nagy und dem Einzelhaus des Direktors umgegangen werden soll.

Die Gebäude sind nicht nur Musterbeispiele der Architektur der Moderne des 20. Jahrhunderts, was ihnen einen Platz auf der Liste des Weltkulturerbes der UNESCO gesichert hat, sie stehen auch für jene dramatischen geistes- und kulturgeschichtlichen Auseinandersetzungen, die dieses Jahrhundert prägten. Aus diesem Grund war es in gewisser Weise verständlich, wenn sich einige Berater bei dieser letzten Sanierung mit dem Gedanken trugen, Teile der starken Veränderungen, die das Gebäude seit seiner Fertigstellung erlebte, auch unmittelbar für die Öffentlichkeit sichtbar zu belassen.

Ich bin froh, dass dies letztlich nicht geschehen ist. Die Geschichte des Gebäudes hat ihren Weg in die Dokumentation gefunden. So kann sich jeder ein eigenes Bild von den Veränderungen machen, mit denen insbesondere in der Zeit des Nationalsozialismus mit aller Gewalt versucht wurde, sichtbar gewordene Kreativität in ihre Schranken zu weisen.

Die vorgesehene öffentliche Nutzung der Gebäude knüpft an den innovativen Geist des architektonischen Entwurfs an. Es war von Anfang an klar, dass deshalb die Stiftung Bauhaus Dessau selbst, die sich mit den heutigen Fragen von Stadtentwicklung und -gestaltung befasst, in diesen Räumen tätig werden wird. Dafür steht auch der andere Nutzer, das Designzentrum Sachsen-Anhalt.

Innovative Dynamik braucht aber immer Förderer. Deshalb danke ich vor allem der Wüstenrot Stiftung für ihr ambitioniertes Engagement, mit dem sie dieses Vorhaben betrieben und erfolgreich zu Ende geführt hat.

Die Öffentlichkeit hat die Meisterhäuser schon lange angenommen. Durch die nach historischem Vorbild wieder hergestellten Freiflächen und die erfolgte Rekonstruktion aller noch bestehenden Gebäude wird inzwischen auch der Siedlungscharakter der Meisterhäuser deutlich erkennbar. Damit aber kann dieser Ursprungsort der Klassischen Moderne noch klarer als bisher erfahren werden.

**Gotthard Voß**
**Landesamt für Denkmalpflege Sachsen-Anhalt**

Mit dem Abschluss der Arbeiten am Meisterhaus Muche/Schlemmer ist die Wiederherstellung der in die Liste des Weltkulturerbes eingetragenen Baugruppe der Künstlerhäuser unweit des Bauhauses ihrem Ziel um einen wichtigen Schritt näher gekommen. Schon jetzt kann auch ohne das zerstörte Wohnhaus Gropius' und einer der Doppelhaushälften die Inkunabel vom Beginn der Klassischen Moderne wieder erlebt werden. Auf die an den drei Häusern vollbrachten Leistungen können wir alle stolz sein.

Für die Arbeit am Meisterhaus Muche/Schlemmer standen verschiedene Förderungen zur Verfügung. Zunächst waren die Erfahrungen vom Feininger-Haus und vom Doppelhaus Kandinsky/Klee sehr nützlich. Zur wichtigsten Voraussetzung für dieses Vorhaben wurde aber neben den wiederum erheblichen Aufwendungen des Landes und der Stadt Dessau der finanzielle Einsatz der Wüstenrot Stiftung, verbunden mit der Übernahme der Bauherrenschaft. Diese für alle gewöhnungsbedürftige Struktur ermöglichte es, mit dem vorbereitenden und auch baubegleitenden intensiven Einsatz der Planer, der Restauratoren und der Vertreter verschiedener Wissenschaftszweige ein Instandsetzungsniveau zu erreichen, das das zuvor Geschaffene noch einmal steigern konnte. Ich danke der Wüstenrot Stiftung und den vielen Beteiligten für ihren Einsatz und für die offene und konstruktive Zusammenarbeit.

Die wohl wichtigste Andersartigkeit beim Umgang mit diesem Doppelhaus gegenüber den bisherigen Erfahrungen war neben der sehr engagierten und überaus kompetenten Leitung des Baugeschehens die Mitwirkung eines wissenschaftlichen Beirates. Er verfolgte in der Vorbereitungsphase sehr konsequent die Fragen nach der Bewertung der auf uns überkommenen Bausubstanz und den ganz unterschiedlichen historischen Ebenen ihrer Veränderungen, verbunden mit den Erhaltungsmöglichkeiten. Die spannenden, bei gegenseitigem Verständnis geführten Diskussionen vor und in diesem Meisterhaus oder in der Ludwigsburger Stiftungszentrale führten zu einem Ergebnis, das weitgehend gemeinsam getragen wird.

Die Siedlung der Meisterhäuser hat nach ihrer auch für uns heute sensationellen Bauzeit von September 1925 bis Juli 1926 nur eine kurze Blütezeit erlebt. Von Anbeginn waren die Häuser auch unter den Fachleuten heiß diskutiert und umstritten, denn der Kontrast zu dem im Wohnungs- und Siedlungsbau Üblichen bedurfte der Gewöhnung. Zu einem Nachteil bei diesem Prozess und für das Schicksal der Häuser wurden bauliche Mängel, die schon die Meister beklagten, als sie die Rechnungen der hohen Heizungskosten zu begleichen hatten. Mit der Schließung des Bauhauses 1932 und dem Auszug der Meister aus ihren Wohnungen bis 1933 war das Experiment beendet. Die folgende neue Zeit und der Bewohnerwechsel brachten Veränderungen, mit denen zunächst die Bewohnbarkeit verbessert werden sollte. Wie weit die Eingriffe in ihrem ganzen Umfang auch als ein Ergebnis politisch motivierter Aktionen zu werten sind, lässt sich bis heute nicht eindeutig klären. Die neuen Fenster zum Beispiel mit ihrer durchaus gestalteten Bezugnahme auf die Öffnungen der Bauzeit und die Erhaltung des Gesamtbestandes – bis auf wenige die Gestalt der Häuser sehr wohl verletzende Eingriffe – lassen Zweifel aufkommen an ganz gezielten Aktionen gegen diese Häuser, wenn auch Zeitungsausschnitte dieser Zeit dafür sprechen könnten.

Die Verluste durch Kriegszerstörung Anfang 1945 am Wohnhaus von Gropius und einer Hälfte des südlichen Doppelhauses waren sehr schwerwiegend. Und wieder begann eine Zeit, in der die Machthaber den Häusern ablehnend gegenüberstanden, ohne sie gänzlich beseitigen zu wollen. Sie wurden der Wohnnutzung angepasst mit dem Ziel, möglichst viele Menschen unterzubringen. Das dabei erneut auftretende Heizungsproblem löste man durch – die Baugestalt durchaus berücksichtigende – vorgesetzte Schornsteine für eine große Zahl an Feuerstellen. Der graue Spritzputz gab der erhaltenen und in ihrer architektonischen Besonderheit trotz aller Veränderungen nach wie vor ablesbaren Gesamtanlage ein eigenes, geschlossenes Bild. Auch für diese Bau- und Nutzungsphase fehlen Nachweise, die das Befolgen politischer Zwänge belegen.

Nach 1989 prägten schwer geschädigte, ungepflegte Häuser das Bild. Der dennoch umfangreich erhaltene Baubestand führte 1992 folgerichtig zu der Entscheidung, die Instandsetzung der Meisterhäuser mit dem Ziel durchzuführen, sich weitgehend dem ursprünglichen Bild wieder anzunähern. Das Ergebnis am Feininger-Haus kann bis heute als überzeugend bezeichnet werden. Die dort gemachten Erfahrungen waren am Doppelhaus Kandinsky/Klee unentbehrlich. Daneben wurde zum einen deutlich, wie sehr die Beschaffung notwendiger Grundlagen, zum Beispiel die Bestandsdokumentation und die restauratorischen Untersuchungen, von der finanziellen Decke abhängig sind; und zum anderen bestätigte sich eine denkmalpflegerische Regel, wonach ein Baudenkmal nicht ohne Schaden einer ihm fremden Nutzung dienstbar gemacht werden kann.

Als Fazit der Arbeit am Meisterhaus Kandinsky/Klee war es unübersehbar, dass mit dieser Art und Weise der Instandsetzung unvermeidliche Verluste vieler Geschichtsspuren verbunden sind. Da war die grundsätzliche Fragestellung nach der angemessenen Restaurierungsmethode am Meisterhaus Muche/Schlemmer durch den wissenschaftlichen Beirat gerechtfertigt, immer ausgehend von der Aufgabe der Denkmalpflege, Baudenkmale möglichst in ihrem gewachsenen Sein zu erhalten, und wonach es nicht Ziel sein kann, verlorene Bilder wiederherzustellen. Bei der Bewertung der verschiedenen historischen Ebenen wurde den jüngeren

Schichten durchaus eine Bedeutung beigemessen, jedoch nach der Feststellung ihrer Erhaltungsprobleme dem bauzeitlichen Aussehen des Meisterhauses Muche/Schlemmer der Vorrang gegeben. Die außerordentlich sorgfältige Vorbereitung ermöglichte die weitgehende Annäherung aller neuen, rekonstruierten Teile an die Formen der Entwurfsidee, wie zum Beispiel der in den dreißiger Jahren entfernte Aufbau auf den Treppenhäusern oder die großen Atelier- und Treppenhausfenster. Noch wichtiger war die Erhaltung aller bauzeitlichen, in großem Umfang zutage getretenen Details, der Putze außen und innen, der Türen und Fenster, der Fußböden und Schrankeinbauten. An diesen lassen sich die so genannten Werkspuren der Herstellung oder auch die Veränderungen nachvollziehen. Am Außenputz sind diese Spuren besonders gut sichtbar, nachdem der graue Spritzputz problemlos entfernt werden konnte. Die Fassadenoberflächen wurden abschließend entsprechend den damals verwendeten Materialien und Techniken neu gestrichen.

Das Bild des Meisterhauses Muche/Schlemmer ist ein neues, das dem ursprünglichen Aussehen weitgehend entspricht. Dieses Ergebnis wird den denkmalpflegerischen Ansprüchen an die Bauten der Moderne durchaus gerecht. Der andere, offen diskutierte Weg des Umganges mit diesem Doppelhaus, nämlich die Konservierung des letzten Zustandes mit all seinen Störungen, hätte Eingriffe erfordert, die für das Haus ebenso mit einer neuen, nie da gewesenen Erscheinung verbunden gewesen wären. Dieses immer von Erläuterungen abhängige Bild hätte einen hohen Anspruch der Denkmalpflege deutlich werden lassen gegen die berechtigte Erwartung der Öffentlichkeit und auch der Fachwelt an die Wiederherstellung einer einmaligen Architektur.

Dass vor dem Beginn der Arbeit und dann während der Baudurchführung die wichtigen denkmaltheoretischen Betrachtungen immer wieder stattfinden konnten, verdient den besonderen Dank an die Wüstenrot Stiftung. Die offene, kollegiale Diskussion während der gesamten Bauzeit hat sicher zu der guten Atmosphäre zwischen allen Beteiligten beigetragen. Es war eine einmalige und schöne Aufgabe, die mit dieser Veröffentlichung ihren würdigen und krönenden Abschluss findet.

**August Gebeßler**
**Herausgeber**

In der Reihe 'Baudenkmale der Moderne' wird mit dem Bericht zur Wiederherstellung des Meisterhauses Muche/Schlemmer von Walter Gropius in Dessau ein weiterer Band vorgelegt. Jeder der drei bislang erschienenen Dokumentationsbände führt zur vertieften Begegnung mit einer herausragenden Architekturleistung der Klassischen Moderne und berichtet über die denkmalpflegerisch neue Herausforderung, die mit der erhaltenden Instandsetzung dieser noch relativ jungen Baudenkmale verbunden ist. Darüber hinaus rückte mit jeder dieser Maßnahmen jeweils auch eines der Problemfelder in den Vordergrund, die bei der Erhaltung von Bauten der Klassischen Moderne immer wieder eine Rolle spielen.

So war beim Einsteinturm in Potsdam von Erich Mendelsohn vor allem über die eminent schwierige Reparatur der Substanzschwächen zu berichten, die nur durch ein wohl einmalig intelligent-gründliches Untersuchen und Experimentieren gelingen konnte.

Beim Haus Schminke in Löbau von Hans Scharoun stand das Thema Wohnen, ein zentrales Anliegen der damaligen Architekten, auch im Vordergrund der denkmalgerechten Sanierung, Wiederherstellung und Neunutzung.

Die Instandsetzung des Meisterhauses Muche/Schlemmer schließlich ist besonders gekennzeichnet durch die Auseinandersetzung mit dem geschichtlichen Charakter eines Baudenkmals, die hier in verschärftem Zuschnitt zu führen war. Zu klären war der geschichtliche Stellenwert jener Bauhausanfeindung durch das Dritte Reich, die auch an den Meisterhäusern gestalterisch bewusst störend ihren Niederschlag gefunden hatte. Die Architekturverstümmelung war zuletzt nur noch am Doppelhaus Muche/Schlemmer anschaulich geblieben und wurde dort kontrovers zur Erhaltungsfrage gemacht. Damit wurden auch denkmalpflegerisch grundsätzliche Fragen aufgeworfen, über die in diesem Buch unter anderem berichtet wird.

Aus den Werkstattberichten zur Instandsetzung am überkommenen Gropius-Bestand wird erneut deutlich, dass auch an Bauten der Moderne die materiellen Geschichtsspuren und -zeugnisse – anstatt sie durch bequemen Substanzaustausch zu löschen – in hohem Ausmaß erhalten werden können. Voraussetzung dafür war das eindeutige Sanierungsziel, das Gebäude auch materiell authentisch weiterhin auf seine Geschichte befragbar zu halten.

Alle Beteiligten folgten diesem Ziel, Bauherrschaft und Fachleute. Es wurde eingelöst durch sorgsamste Erkundung des Gebäudes in all seinen materiellen und ästhetischen Zeitschichten, dann durch eine Architektenplanung, die stets von neuem auf überraschende Erkenntnisse reagieren konnte, und nicht zuletzt durch Restauratoren und Handwerker, die dieses Ziel intelligent und mit Hingabe auch umsetzen konnten.

Wieder einmal wurde dabei auch nachgewiesen, dass die zunächst zeit- und kostenintensiven Voruntersuchungen mehr Kostensicherheit bringen und mitunter sogar zu Kostenminderung führen können.

Nicht zuletzt ergab sich aus dieser Vorgehensweise eine Fülle von neuen Erkenntnissen zur damaligen Planungs- und Baupraxis, zum vielfältigen Beitrag auch der Bauhaus-Werkstätten, zur teils überraschenden Farbgebung und zur Farbtechnik, zu neuen haustechnischen Einrichtungen, zu den Lebensgewohnheiten der Künstlerfamilien und schließlich aber auch zu jenen bauklimatischen Schwächen im Experimentellen dieser Architektur, mit denen die Künstlerfamilien noch leben mochten, die späteren Bewohner aber nicht mehr.

Die Berichte der einzelnen Fachdisziplinen sollen einerseits die ungeschminkten Schwierigkeiten und deren Bewältigung sowie die vielen notwendigen Einzelabwägungen und -entscheidungen einsichtig machen. Sie vermitteln andererseits aber auch das schlussendlich Lohnende im Ganzen, nämlich das besondere Ausmaß, in dem diesem Denkmalpatienten emotional Zuwendung und – möglich gemacht durch die Bauherrschaft – fachlich besondere Aufmerksamkeit gegeben werden konnte.

# Asymmetrische Balance und befreites Wohnen – der 'neue Baugeist' der Bauhaus-Meisterhäuser

**Winfried Nerdinger**

Bei den Verhandlungen mit der Stadt Dessau um die Übernahme des Bauhauses aus Weimar erreichte Walter Gropius Anfang 1925 die Zusicherung von drei Bauaufträgen, die er in der Folge über sein privates Baubüro abwickeln konnte. Neben dem Schul- und Werkstättengebäude errichtete er eine Mustersiedlung in Dessau-Törten sowie eine Direktorenvilla und drei Doppelhäuser für sich und sechs Bauhausmeister. Die Dreiheit der Bauaufgaben hat durchaus programmatischen Charakter. Schon bei der Gründung des Bauhauses in Weimar hatte Gropius 1919 den Plan, eine Bauhaussiedlung mit Schule, Werkstätten und Wohngebäuden für die „glückliche Arbeitsgemeinschaft" der Handwerker, Lehrer und Schüler zu errichten, um der erträumten Einheit von Handwerk, Kunst und Lebensform schon architektonisch Ausdruck zu geben.[1] Ganz ähnlich plante Bruno Taut 1920 eine Folkwang-Schule als kleine Bautengruppe mit Wohnungen und Bildungseinrichtungen. In Dessau entstanden die drei Bereiche räumlich voneinander getrennt, sie können aber als zusammengehörige architektonische Demonstrationen gesehen werden im Sinne von exemplarischen Lösungen verschiedener architektonischer Aufgaben.

Mit der Siedlung Törten wollte Gropius

**Theo van Doesburg und Cor van Eesteren: Maison particulière, 1923**

Walter Gropius: Siedlung Dessau-Törten, 1926-28. Häuser des verbesserten Typs 1927, Baujahr 1928

eine fließbandartige 'fordistische' Wohnhausproduktion präsentieren, mit der die herkömmliche handwerkliche Bauweise überwunden und billige Wohnungen geschaffen wurden. In Törten steht somit der Aspekt der Massenproduktion im Vordergrund, und Gropius plädierte dementsprechend dafür, dass der Architekt wie ein Ingenieur, rationell und mit normierten Elementen arbeiten müsse. Das Bauhausgebäude plante Gropius als Visualisierung der Bauhauslehre, als harmonische Einheit von Kunst und Technik. Die Funktionen sind deshalb in harmonisch ausbalancierten Baukörpern zusammengefasst und um den aufgeglasten Werkstättentrakt gruppiert. Dieser verleiht dem Gebäude 'Leuchtkraft', um die Bauhausidee buchstäblich auszustrahlen. Die Meisterhäuser schließlich sind die beispielhafte Präsentation einer neuen Wohn- und Lebensform, für die am Bauhaus bereits die Produkte erarbeitet wurden.

Da alle drei Bauaufgaben aufs engste mit der Bedeutung und Wirkung des Bauhauses verknüpft waren und da die Bauten gezielt zur Werbung für die Bauhausideen eingesetzt wurden, verwendete Gropius besonders viel Sorgfalt auf die Planung und Detaillierung. Zwar ging sein langjähriger Partner Adolf Meyer, der seit dem Faguswerk alle Bauten betreut hatte, nicht mit nach Dessau, aber Gropius fand mit dem jungen Ernst Neufert, der im Büro für das Bauhausgebäude und die Meisterhäuser zuständig war, einen kongenialen Partner bei der zeichnerischen Umsetzung seiner immer nur verbal entwickelten Ideen. Nicht zuletzt deshalb übertrifft die kleine Hausgruppe der Meisterhäuser an der Burgkühnauer Allee an architektonischer Qualität alle anderen von Gropius in den zwanziger Jahren entworfenen Wohnbauten.

Mit dem Bau der Meisterhäuser wurde im September 1925 begonnen, bereits am 15. November fand das Richtfest statt und im August 1926 – vier Monate vor dem Bauhausgebäude – konnten die Häuser bezogen werden.[2] Zur relativ kurzen Bauzeit trug auch die Verwendung von großen Schlackenbetonsteinen, so genannten Jurkoplatten bei, die auch bei der Siedlung Törten eingesetzt wurden. Die Bau-

G. Teltscher: Horizontal-vertikal-Komposition, Übungsaufgabe am Bauhaus 1922/23

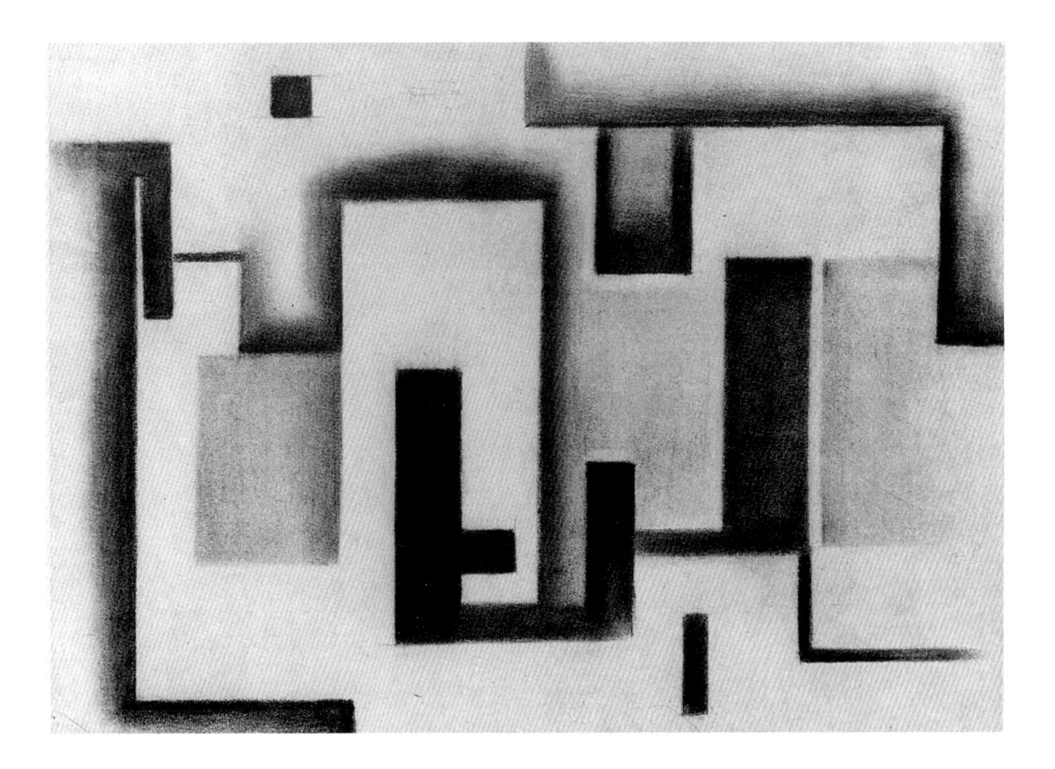

hauswerkstätten lieferten einen großen Teil der Ausstattung wie Möbel und Lampen, und die Abteilung für Wandmalerei sorgte für eine farbliche Gestaltung, mit der „die räumliche organisation innerhalb der wohnungen"[3] und die Differenzierung der einzelnen Meisterhäuser erreicht werden sollte.

In der Publikation 'bauhausbauten dessau', die Gropius selbst verfasste und in der Reihe der Bauhausbücher als eine Art Bilanz seiner Direktorenzeit am Bauhaus 1930 vorlegte, beschrieb er seine Entwurfsideen zum Bauhausgebäude, zur Siedlung Törten sowie zu den Meisterhäusern und illustrierte letztere mit Bildsequenzen aus einem Musterfilm, mit dem die neue Lebensform der Bauhausmeister propagandistisch verbreitet werden sollte. In seinem Text reflektierte Gropius zwar nicht den extremen Unterschied zwischen den nach den Prinzipien einer fließbandmäßigen Herstellung entwickelten Minimalwohnungen für Arbeiter in Törten und den räumlich wie ästhetisch aufwendig und anspruchsvoll konzipierten Meisterhäusern, aber aus seinen Erläuterungen können auch die divergierenden Zielsetzungen der beiden Wohnprojekte erklärt werden.

Ganz im Sinne der deutschen Kulturphilosophie der Vorkriegszeit unterschied Gropius zwischen einem Produkt der Technik und einem Kunstwerk: Technische Produkte sind das Ergebnis des „rechnenden verstandes"[4], der nüchternen Arbeit des Ingenieurs oder Betriebswirtschaftlers, sie gehören in den Bereich der *Zivilisation*. Ein architektonisches Kunstwerk dagegen müsse zwar „funktionieren wie das werk eines ingenieurs", aber es muss darüber hinaus noch geistige Zwecke erfüllen, die nur der Künstler „mit fantasie und leidenschaft" zum Ausdruck bringen kann und damit erst *Kultur* erschaffe. Gropius bewegte sich somit im Ideenkreis der national(istisch) motivierten Unterscheidung zwischen romanischer Zivilisation und germanischer Kultur[5] und verwendete noch immer die von seinem Lehrer Peter Behrens[6] in der Vorkriegszeit übernommene Trennung zwischen Technikform und Kunstform. So beschrieb er den Entwurf eines Wohnhauses ganz funktional als „gestaltung von lebensvorgängen": die hauswirtschaftlichen Arbeitsvorgänge werden festgelegt und aus dem Ablauf der Vorgänge, die sich im Haus abspielen, resultiert die „wahrhaftige form". Dies ist die Welt der billigen Arbeiterwohnungen in Törten, die als Technikformen entlang der Kranbahn rein nach betriebswirtschaftlichen Gesichtspunkten erstellt wurden.

Dagegen ging es Gropius bei den Meisterhäusern um eine höhere Form des Wohnens, um eine Wohnästhetik, der er einen künstlerischen Ausdruck verleiht. Hier suchte er ganz bewusst die Kunstform, „denn architektur erschöpft sich nicht in zweckerfüllung, es sei denn, daß wir unsre psychischen bedürfnisse nach harmonischem raum, nach wohlklang und maß der glieder, die den raum erst lebendig wahrnehmbar machen, als zwecke höherer ordnung betrachten."[7] Durch Proportion und Harmonie, die der Baukünstler einbringt und die in Törten weitgehend fehlen, werden also die Technikformen ganz im Sinne von Behrens und dem Programm des Deutschen Werkbundes vergeistigt und zu Kunstformen erhoben.

Mit Begriffen wie „Wohlklang", „harmonischer Raum" oder „Maß der Glieder", durch die eine „Vergeistigung" erreicht werden soll, umschrieb Gropius jedoch letztlich nur die seit der Renaissance grundlegenden Entwurfskriterien der Eurhythmie und Proportion. Betrachtet man die Meisterhäuser unter diesem Aspekt, dann zeigt sich, dass in Grundriss, Aufriss und Schnitt einfache geometrische Figurationen und Maßverhältnisse nach dem Goldenen Schnitt nachgewiesen werden können und dass die Bauten aus Kuben zusammengesetzt sind, die sich nach rhythmisch kalkulierten, harmonischen Teilungsverhältnissen durchdringen. Der entscheidende Unterschied liegt darin, dass die Kuben nicht symmetrisch zueinander angeordnet sind, sondern sich in einer asymmetrischen Balance befinden. Dies entspricht genau der Vorstellung von einem „lebendigen Organismus", den Gropius in einem programmatischen Beitrag als „Wesen des neuen Baugedankens"[8] 1923 definiert hatte. Der „klare organische Bauleib" sollte seinen „Sinn und Zweck aus sich selbst heraus durch die Spannung seiner Baumassen zueinander" funktionell verdeutlichen. Durch die Möglichkeiten der neuen Baustoffe Stahl, Beton und Glas sollte das „Gefühl der Schwere, das die alte Bauform entscheidend bestimmte", überwunden werden: „Eine neue Statik der Horizontalen, die

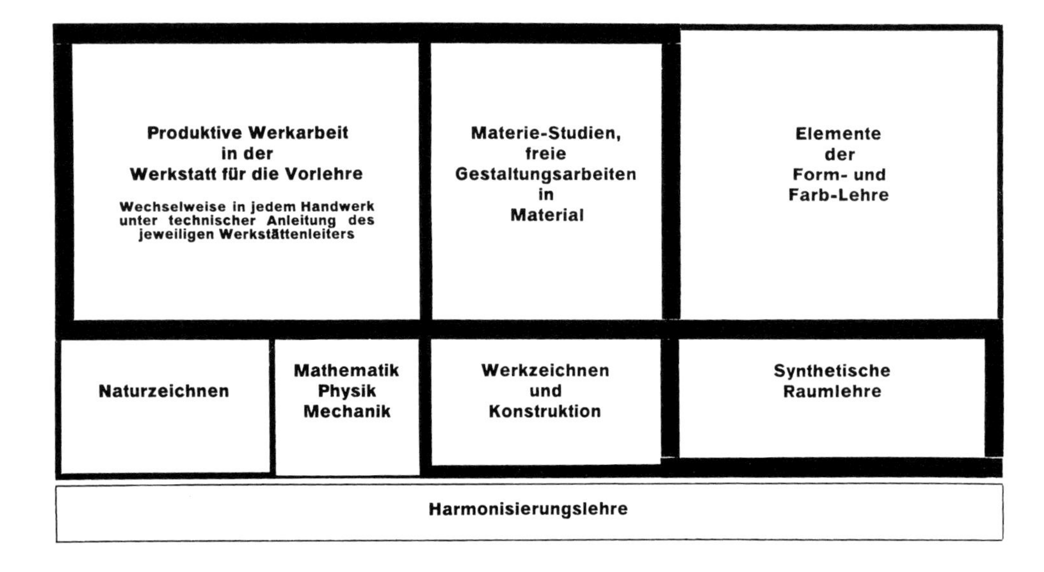


Stundenplan am Bauhaus 1923

**Frank Lloyd Wright: Villa Metzger, Sault St. Marie, Michigan**

das Schwergewicht ausgleichend aufzuheben strebt, beginnt sich zu entwickeln. Die Symmetrie der Bauglieder, ihr Spiegelbild zu einer Mittelachse, schwindet in logischer Folge vor der neuen Gleichgewichtslehre, die die tote Gleichheit der sich entsprechenden Teile in eine unsymmetrische aber rhythmische Balance wandelt. Der neue Baugeist bedeutet: Überwindung der Trägheit, Ausgleich der Gegensätze."[9]

Die Definition dieses von Gropius beschworenen neuen Baugeistes, der durch eine rhythmisch asymmetrische Balance der einzelnen Bauteile charakterisiert ist, verweist auf die holländische Künstlergruppe De Stijl, deren Ideen Theo van Doesburg im Frühjahr 1921 nach Weimar gebracht hatte und damit am damals noch ganz in expressionistischen Vorstellungen verhafteten Bauhaus einen dramatischen Umbruch auslöste.[10] Die 1917 mitten im Weltkrieg konstituierte De-Stijl-Gruppe wollte letztlich durch eine Kunst, die nach universal gültigen Harmoniegesetzen aufgebaut ist, die gesamte Welt wieder in Harmonie bringen. Rein formal betrachtet ist diese De-Stijl-Harmonie, die van Doesburg auch als „Neoplastizimus" bezeichnete, eine Balance asymmetrischer Elemente in einem orthogonalen Bezugsfeld.

Der universale Gültigkeitsanspruch von De Stijl übte eine derartige Faszination am Bauhaus aus, dass sich Gropius gezwungen sah, sich von Johannes Itten, dem Exponenten einer subjektiv emotional expressiven Kunst zu trennen. Gropius berief allerdings nicht Theo van Doesburg als Lehrer ans Bauhaus, da er wohl zu recht fürchtete, dass ihn dieser in den Schatten drängen würde. Nach vielen Querelen kam mit Laszlo Moholy-Nagy ein Vertreter technisch konstruktiver Kunst ans Bauhaus, aber die noch jahrelang dominante geometrisch harmonische Ästhetisierung aller Bauhausprodukte verweist auf die starke Wirkung von De Stijl. Gropius' Nachfolger als Direktor am Bauhaus, Hannes Meyer, charakterisierte die Meisterhäuser deshalb auch treffend als „geistvolle neoplastische Gebilde"[11].

Allerdings gelang es Gropius, die De-Stijl-Lehre eigenständig zu adaptieren, indem er schon Ende 1921 die Pädagogin Gertrud Grunow ans Bauhaus berief, die dann bis zum Umzug nach Dessau eine für alle Bauhäusler obligatorische „praktische Harmonisierungslehre"[12] unterrichtete. Grundlage aller Gestaltung war nach Grunow ein Gleichgewicht der Farben, Töne und Formen, die in einem ursprüng-

Le Corbusier: Villa in Vaucresson 1922

lichen harmonischen Verhältnis zueinander stehen, das angeblich bei allen Menschen gleich ist. Die Harmonisierungslehre konnte somit als ein erzieherisches Mittel dazu dienen, alle Menschen in Harmonie mit einem ursprünglichen Weltgleichgewicht zu bringen. In diesem Sinne sollte auch der neue Baugeist der Meisterhäuser die Bewohner in Harmonie mit sich und der Umwelt bringen.

Bei der architektonischen Umsetzung der Balance- und Harmonieideale von De Stijl dienten die Villen von Frank Lloyd Wright, das Projekt für ein „Landhaus in Eisenbeton"[13] von Mies van der Rohe sowie die frühen Pariser Villen von Le Corbusier als vermittelnde Vorbilder für Gropius. Wrights berühmte Wasmuth-Publikation von 1910 diente als eine Art Bürobibel[14] in Gropius' Architekturbüro und dessen horizontale, gleichsam schwebende Schichtung der Bauteile bei den Prairiehäusern verehrte Gropius als Überwindung der bis dahin üblichen Form senkrechter 'Stütze-Balken-Architektur'. Die asymmetrische Balance einzelner Bauglieder zu einer harmonischen Einheit beim Landhaus von Mies begeisterte Gropius so, dass er sich von diesem schon 1923 Unterlagen erbat.[15] Auch zu Le Corbusier hatte Gropius schon früh Kontakt aufgenommen; dessen Zeitschrift 'L'Esprit Nouveau', die den Begriff 'Neuer Baugeist' anregte, war am Bauhaus abonniert

**Le Corbusier: Maison La Roche, Paris, 1923**

und einige seiner Projekte wurden auf der großen Bauhaus-Ausstellung im Sommer 1923 gezeigt.[16] Mit den Meisterhäusern schuf Gropius aus all diesen Anregungen allerdings eigenständige neue Meisterwerke.

Um den neuen Baugeist zu begründen, berief sich Gropius auch explizit auf die „richtunggebenden Baumeister" der Zeit: „das raumgefühl verändert sich; während die alten zeiten abgeschlossener kulturentwicklungen die schwere erdgebundenheit in festen, monolith wirkenden baukörpern und individualisierten innenräumen verkörperten, zeigen die werke der heutigen, richtunggebenden baumeister ein verändertes raumempfinden, das die bewegung, den verkehr unserer zeit in einer auflockerung der baukörper und räume widerspiegelt und den zusammenhang des innenraums mit dem allraum zu erhalten sucht, was die abschließende wand verneint."[17]

Architektur als Widerspiegelung der neuen Zeit, der modernen Entwicklungen und Lebensweisen – dies ist ein von Gropius endlos wiederholtes Credo, um sich von historischen Formen abzusetzen und dafür die Bauhausprodukte zu propagieren. Auch die Meisterhäuser wurden von ihm nach diesem Argumentationsmuster erklärt: Die Räume sind nicht mehr abgeschlossen, sondern fließen ineinander und öffnen sich über Balkone und Terrassen zur Natur. Die Bewegung und rhythmische Balance der modernen Welt spiegelt sich im Bauwerk; innen und außen, Architektur und Natur, Bewohner und Bauwerk sind in einem fließenden, harmonischen Gleichgewicht.

Zu diesem „Fließgleichgewicht" gehört auch die „Befreiung"[18] der Wohnung von allem Ballast, der den modernen Menschen in seiner Beweglichkeit behindern könnte, sowie eine leichte bewegliche Einrichtung, die sich allen Veränderungen der schnelllebigen Zeit anpassen lässt: „die standardisierung der praktischen lebensvorgänge bedeutet daher keine versklavung und mechanisierung des individuums, sondern befreit das leben von unnötigem ballast, um es desto ungehemmter und reicher sich entfalten zu lassen."[19] Deshalb sind die Räume nach Funktionsabläufen geordnet, nicht benötigte Gegenstände verschwinden in Einbauschränken, die Architektur wird zum organisierten, schönen ästhetischen Rahmen für alle Bewegungen und Bedürfnisse der Bewohner.

In Anlehnung an Adolf Loos, der moderne Kleidung direkt mit der Kultur der Gegenwart verknüpfte, nannte Gropius die moderne Wohnung „unser erweitertes kleid [...] befreit von sinnlosem, raumsperrendem kram und überflüssigen verzierungen"[20]. Nur klare, knappe und einfache Formen entsprächen „der art unseres heutigen lebens", niemand fiele es schließlich ein, „im rokokokostüm über die straße zu gehen, statt in unserer modernen kleidung." Die Meisterhäuser waren allerdings teuerste 'Maßanzüge' und auch Gropius war sich bewusst, dass er hier eine neue zeitgemäße Lebensform propagierte, die nur für wenige erschwinglich war. Relativierend schrieb er deshalb: „heute wirkt noch vieles als luxus, was übermorgen zur norm wird"[21], aber es dürfte auch ihm klar gewesen sein, dass seine eigene freistehende Direktorenvilla mit Garage, Hausmeisterwohnung und Bedienstetenräumen auch „übermorgen" noch nicht zur Norm für die deutsche Bevölkerung werden konnte.

Adolf Behne bezeichnete den Charakter der Meisterhäuser als „unsentimentale Bürgerlichkeit"[22] und verwies damit auf den (vermögenden) Bildungsbürger als Wohnadressaten; aber letztlich zählen die

**Ludwig Mies van der Rohe: Landhaus in Stahlbeton, Modell 1923**

**Gerrit Rietveld: Haus Schröder in Utrecht, 1924/25**

Meisterhäuser, wie fast alles was am Bauhaus unter Gropius entstand, zu den später von Hannes Meyer gerügten Luxusartikeln, denen er im Hinblick auf die Lebenssituation der überwiegenden Mehrheit der Bevölkerung den „Volksbedarf"[23] gegenüber stellte.

Auf die spezifische Ästhetisierung der Architektur und Wohnwelt der Meisterhäuser verwies am deutlichsten der dänische Kritiker Steen Eiler Rasmussen: „Die weißen Kuben mit Spiegelglasfenstern und Schiffsbrücken zwischen den senkrechten Bäumen finde ich entzückend. Reizend sind sie anzuschauen, aber als Häuser?! Dort wohnen und die Heizung bezahlen?! Das möchte ich nicht gern! Erfüllen die leichten Balkone, die sich um die Hausecken legen, einen anderen Zweck als die klassischen Säulen vergangener Romantik?"[24] Energiesparend waren die kleinen weißen Luxusschiffe der Meisterhäuser sicher nicht, aber es sind zweifellos harmonisch ausbalancierte Raumkunstwerke für eine von Gropius erträumte Welt von „übermorgen". Nie wieder hat er Bauwerke mit einem derartig hohen künstlerischen Anspruch und Ausdruck geschaffen.

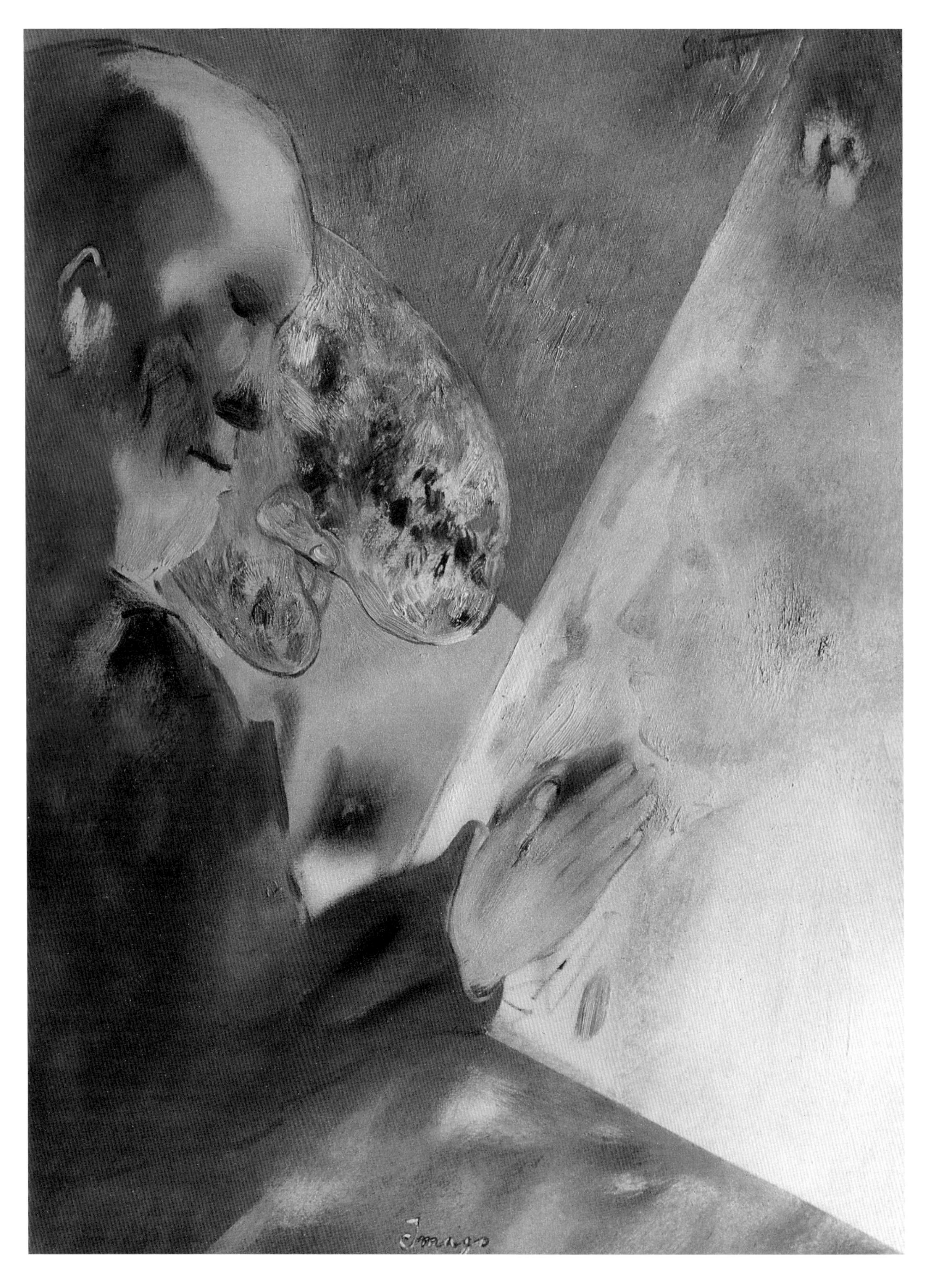

# Flüchtige Begegnungen
# Die Bauhausmeister Oskar Schlemmer und Georg Muche

**Magdalena Droste**

„Oskar Schlemmer war ein beschwingter Mensch. Tänzerisch war sein Geist. Tänzerisch waren seine Gesten. Er nahm den Grundsätzen die Schwere. Er schenkte uns die Klarheit seiner Formen und die stillen Klänge seiner Farben."[1] Mit diesen ziselierten Worten porträtierte Georg Muche 1961 aus der Rückschau seinen Bauhauskollegen Oskar Schlemmer, neben dem er ab 1921 am frühen Weimarer Bauhaus unterrichtet hatte.[2]

Schlemmer äußerte sich über Muche mit ähnlich distanzierter Sympathie: „Diesem blonden Siegfried gelingt auch eines nach dem anderen [...]", notierte er 1942 in sein Tagebuch.[3]

Die gemeinsamen Monate im Meisterhaus Dessau 1926/27 sind der äußere Anlass dieser vergleichenden wie kontrastierenden Darstellung. Die beiden Künstler waren zwar nicht freundschaftlich verbunden wie etwa Paul Klee und Wassily Kandinsky, aber ihre Biografien und ihre Kunst berührten sich vielfältig. Für beide waren der expressionistische 'Sturm', der Kreis der Berliner Galerie von Herwarth Walden, und der Münchner 'Blaue Reiter' wichtige Durchgangsstationen ihrer künstlerischen Karriere und Teil ihrer 'formative years' zwischen 1911 und 1920. Am Bauhaus dilettierten beide auf dem Feld des Architekten, beide beschäftigten sich mit Wand-

**Georg Muche, „Der alte Maler", 1955**
**Gemälde im Bauhaus-Archiv Berlin**

malerei. Oskar Schlemmers Ruhm machen heute im wesentlichen seine Arbeiten für die Bühne aus.[4] Das Triadische Ballett und seine Bauhaustänze regen die Bühnenkunst bis heute an und werden mit seiner Bauhaustätigkeit in eins gesetzt, obwohl die Erfindung des Triadischen Balletts bis in die Jahre des Ersten Weltkrieges zurückgeht. Sein Bild der 'Bauhaustreppe' gilt als malerische Verkörperung des Bauhauses. Georg Muches Name fällt im Bauhauskontext am häufigsten als Architekt des Weimarer Musterhauses am Horn.

Acht Monate teilten Muche und Schlemmer eines der Dessauer Meisterhäuser, danach kreuzten sich ihre Wege kurz in Breslau, wo beide an der Akademie lehrten, bis diese Institution 1932 geschlossen wurde. Letzte Begegnungen fanden in Wuppertal und Krefeld 1940/43 statt, hier arbeiteten beide für den Lackfabrikanten Dr. Kurt Herberts. In diesen Begegnungen entdecken wir heute eher tragische Züge. Schlemmer war „brotlos und krank"[5], Muche dagegen erfolgreich als Leiter einer Meisterklasse tätig und mit einem großzügigen Freskoauftrag bedacht, um den ihn Schlemmer beneidete. In der Auseinandersetzung mit Muches Fresken thematisierte Schlemmer noch einmal existenzielle Fragen seiner Kunst.

Muche, 1895 geboren, war sieben Jahre jünger als der 1888 geborene Schlemmer. Muche sollte Schlemmer um Jahrzehnte überleben. Er starb 1987 im Alter von 92 Jahren, Schlemmer starb während des Krieges, 1943, mit 55 Jahren.

**Oskar Schlemmer**

Frühe Jahre

Oskar Schlemmer wurde 1888 in Stuttgart geboren. Nach einer zweijährigen kunsthandwerklichen Ausbildung in einer Intarsienwerkstatt entschloss sich Schlemmer 1906 im Alter von 18 Jahren die Stuttgarter Akademie zu besuchen. Die Ausbildungsjahre, in denen Schlemmer sich über Eigenart und Ziel seiner Kunst klar wurde, dauerten bis 1920, dem Jahr seiner Anstellung am Bauhaus.

Bis dahin kreiste sein Denken, soweit wir es in den publizierten Schriften verfolgen können, um 'Form' und 'Idee'. Von diesem Begriffspaar aus lässt sich seine Auseinandersetzung mit den damals neuen avantgardistischen Kunstströmungen darstellen. Form betraf die Frage nach der geistigen Konzeption des Bildes, aber auch die Suche nach Kompositionsgesetzen und nach Ordnung im Bild. Wichtigste Orientierung bei dieser Selbstfindung bot Schlemmer der Stuttgarter Akademieprofessor und Maler Adolf Hölzel, dessen Lehre er mehrere Jahre studierte. Hölzel suchte nach Regeln für einen harmonischen Bildaufbau, für die er unter anderem die 'Tiziansche Formel' vorschlug, eine Kombination von Quadrat und Rechteck. Auch aus Proportionslehren und Mathematik bezog Schlemmer Anregungen. Gleichzeitig entwickelte er eine Dialektik zwischen Form und Idee: „Ich möchte mich so lange und so absolut mit der reinen Form befassen, bis ich sie ganz in den Dienst der Idee stellen kann."[6] Schlemmer suchte jahrelang „eine große geistige Idee"[7], klagte dann 1915: „ich habe die Form und es fehlt die Idee"[8] und befand 1917: „die Idee muß ethisch, die Form kann ästhetisch sein."[9]

Um 1915 fand er seine 'Idee' in der Darstellung des Menschen. Schlemmer wählte aber nicht den Menschen als Individuum oder als Porträt, sondern den Menschen als weiblichen oder männlichen Typ, meist in idealem Alter, oft als Rücken- oder Profilfigur. 1942 bezeichnete Schlemmer sie als „Kunstwesen" und „Gleichnis der menschlichen Gestalt"[10]. Diese Kunstwesen stellte Schlemmer in geometrisch definierte Räume. Die lange

**Oskar Schlemmer, Portraitaufnahme um 1929-1931**

gesuchte Form ging auf in geordneten Raum und war offen für symbolische Deutungen. Die Ordnung des Raumes wurde für Schlemmer zur Ordnung des Bildes und damit zur geistigen Ordnung des Menschen.

Der Mensch im Raum wurde sein Lebensthema, das er, in immer neuer Auseinandersetzung mit Zeitgeist und persönlicher Situation, bis zu seinem Tod darstellen sollte. Von ihrer geistigen Ausrichtung her ist Schlemmers Kunst in hohem Maße idealistisch, er selbst sah sich in den Traditionslinien deutscher Kunst und Philosophie, ebenso wie einer idealen Klassik.

Parallel zu seiner Ausbildung als Maler entwickelte sich Schlemmer als Bühnenkünstler. Auch auf der Bühne ging es um Mensch und Raum, um Form und Idee, aber hier arbeitete Schlemmer mit komischen, grotesken und pantomimischen Mitteln, mit Kostümen und Masken, er inszenierte aktuelle Stücke und suchte die Zusammenarbeit mit modernen Komponisten wie Paul Hindemith und Hermann Scherchen. Beide Kunstformen wird Schlemmer lebenslang praktizieren und gleichzeitig als polare Konstanten seines Wesens deuten.

Bauhaus Weimar

Zum Jahresende 1920 unterschrieb Schlemmer einen dreijährigen Vertrag am Staatlichen Bauhaus Weimar. Einer der Gründe für die positive Entscheidung war die Nachricht, dass Paul Klee einer Berufung zugestimmt hatte. Ihn bewunderte Schlemmer seit Jahren, persönlich hatte er ihn noch nicht kennengelernt. „Systematischer Unterricht kommt für mich – es hat den hoffentlichen Anschein – nicht in Frage. Nur Itten erteilt solchen", schrieb Schlemmer nach Vertragsunterzeichnung an seinen Freund und intimen Briefpartner, den Schweizer Maler Otto Meyer-Amden.[11] Doch wie alle Meister wurde Schlemmer tief in die Belange des Bau-

hauses hineingezogen und sollte bis zu seiner Kündigung 1929 eine wichtige Rolle dort spielen. Mit Johannes Itten, der ebenfalls Hölzelschüler gewesen war, hatte Schlemmer schon in den Kriegsjahren im Austausch gestanden, allerdings mit kritischer Distanz: „Itten besonders will am Bild alles 'beweisen'".[12] Jetzt sollte Itten für ihn zu einer Art Antipol werden, gegen den Schlemmer in den nächsten zwei Jahren seinen Beitrag zu einem antiexpressionistischen, rationalen, technikorientierten Entwurf des Bauhauses leisten sollte.

Schlemmer fand bei seiner Ankunft am Bauhaus 1921 noch vieles offen und im Fluss, insbesondere die später so einleuchtend beschriebene Unterrichtsstruktur.[13] Itten leitete damals nicht nur die seit dem Wintersemester 1920/21 obligatorische Vorlehre, die er eingeführt hatte, sondern, teilweise mit Georg Muche, auch fast alle Werkstätten. Als Gropius auf der Einführung eines Formunterrichts insistierte, wurde auch dieser ein Semester lang von Itten und Muche erteilt. Erst im Laufe der nächsten Semester kam es bei der Verteilung der Werkstätten und in Be-

Farkas Molnar (Bauhaus-Student): Ohne Titel, Radierung, 1923 (Georg und El Muche vor dem Musterhaus am Horn)

zug auf die Formlehre zu einer gleichmäßigen Auslastung der Lehrer. Schlemmer übernahm kurzfristig die Werkstätten für Wandmalerei (bis zur Ankunft Wassily Kandinskys), die der Metallwerkstatt (bis zur Übernahme durch Lazlo Moholy-Nagy) und längerfristig die der Holz- und Steinbildhauerei. Mit dem Aktzeichnen, das bis dahin nur Itten geleitet hatte, wurden Schlemmer und Klee betraut. Hier setzte Schlemmer eine erste Gegenposition zu Itten, der beim Aktzeichnen auf expressiven Duktus Wert gelegt hatte. Schlemmer wollte statt 'Expression' genaues Studium.

Aus dem Aktzeichnen entwickelte Schlemmer erste Überlegungen zu der von Gropius verlangten Formlehre und definierte den späteren Unterricht 'Der Mensch' als seine Formlehre. „Im Zusammenhang mit dem Abendakt, und um dafür eine theoretische Grundlage zu bereiten, würde ich die menschliche Figur in den Mittelpunkt der Untersuchungen stellen [...]. Messung, Proportionen und Anatomie, Typus [...]. Der Mensch in seinen Beziehungen zur Umwelt [...]."[14] Schlemmer übertrug den Ansatz der vergeistigten Rationalität, den er bis 1920 als Maler entwickelt hatte, auf das Bauhaus und gab damit wichtige Anregungen in verschiedenste Bereiche. Auch die expressionistischen Drucksachen, die das Bild des Bauhauses nach außen bestimmten, müssen Schlemmer missfallen haben.[15] Er setzte ihnen Entwürfe mit einer neuen Klarheit und zarten Farbigkeit entgegen.1922 entwickelte Schlemmer einen neuen Bauhausstempel mit einem stilisierten Kopf, der das bis dahin verwendete 'Sternenmännchen' ersetzte. Den Entwurf, den Itten 1921 für die neue Zeitschrift 'Utopia' vorgestellt hatte, fand er unlesbar und zeichnete ebenfalls eine Alternative. 1922 entwarf er einen Prospekt für die kommende Bauhaus-Ausstellung. Diese aus den Grundsätzen seiner Malerei entwickelten Drucksachen mit ihrer Klarheit, Ordnung und Transparenz gelten als künstlerische Vorformen der radikalen Neuen Typografie, die dann durch Moholy-Nagy am Bauhaus eingeführt wurde.

„Hausbau und Bauhaus – Eine Utopie"

Selbst in die Belange der Architektur mischte sich Schlemmer mit ironisch-utopischen Überlegungen ein und distanzierte sich gleichzeitig von der seiner Meinung nach allzu tradionell-handwerklichen Ausrichtung des Bauhauses.

1922 verfasste Schlemmer in Anlehnung an die von Le Corbusier propagierte 'Wohnmaschine', die am Bauhaus heiß diskutiert wurde, den Text „Hausbau und Bauhaus – Eine Utopie", in die er eine kleine Zeichnung einfügte, die aber wohl privat blieb.[16] Diese Skizze war als Anregung und Anstoß für das Bauhaus gedacht, denn Schlemmer konzedierte: „Ich kann keine Häuser bauen, es sei denn, das ideale, das abzuleiten ist aus meinen Bildern als Vorwegnahme dessen."[17]

Trotzdem ergeben die Zeichnung und Schlemmers Text eine stimmige Fantasie: „Die Räume sind schachtelartig ineinandergefügt und können im Sommer aus- und hochgezogen werden.[...] Im Winter entsteht durch die mehrfachen Wände des nun geschlossenen Hauses fast kein Bedarf an Heizung."[18] Die Schnittzeichnung zeigt drei Schachtelungen in unterschiedlicher Höhe und Tiefe. In der Perspektive sehen wir zwei ineinandergefügte Schachtelungen in verschiedener Höhe, eine dritte ist „ausgezogen" und zu einem zweiten Geschoss „hochgezogen". Im Dachbereich des kubisch gegliederten Hauses sind Halbbögen und eine Kuppelform angedeutet, ihr entschwebt eine Figur im Doppeldecker. Die Wände sind möglicherweise mit „Bildnereien" „durchsichtig in Haus und Zimmerwand eingelassen", geschmückt, „mechanisch verschiebbar oder überhaupt in Bewegung".[19]

Weder für die Stein- noch für die Holzbildhauerei und schon gar nicht für die „bäurische" Töpferei sah er Anwendungsmöglichkeiten beim Hausbau. „Ich glaube nicht an das Handwerk", hieß es im Text. Diese Abwendung vom Handwerk bezeugt Schlemmers Orientierung am gewandelten Zeitgeist der Weimarer Republik und des Bauhauses, denn wenige Jahre früher hatte der gelernte Kunsthandwerker Schlemmer noch eine andere Meinung vertreten.

Malerei und Bühne

Schon in den letzten Kriegsmonaten und verstärkt 1919 diskutierten Künstler und Architekten in Zusammenhang mit den revolutionären Ereignissen über Sinn und Zweck der Kunst und wie eine erneuerte Kunst wieder mit dem Volk zusammengebracht werden könne. „Im Handwerk, in den angewandten Künsten, liegt die Erfüllung", meinte damals auch Schlemmer.[20] Er stimmte dem Philosphen Oswald Spengler zu, der gefordert hatte „die Maler sollten von ihrem Wahn, Kunst zu machen, ablassen und Ingenieure werden [...]. [Maschinen] sind vollendet, weil sich die Idee mit dem Zweck aufs glücklichste verbindet."[21] Von hier aus entwickelte Schlemmer 1919 die Idee, seine Kunstwerke sollten „Gebrauchsgegenstände" der Seele sein.[22] Er begann seine Bauhaustätigkeit also mit einer neuen Ausrichtung seiner Kunst, die parallel lief zu der am Bauhaus geführten Diskussion über die nützliche Rolle der Malerei am Gesamtkunstwerk 'Bau'.

Um 1923 revidierte Schlemmer erneut die Sinngebung seiner Kunst, indem er ihr „Modellcharakter" zusprach. Schlemmer wollte die elementaren „Farben, Formen und Flächengesetze" mit einer „elementaren und elementar dargestellten Thematik" verbinden.[23] Damit hatte Schlemmer eine Formulierung von Gropius aufgenommen, der gefordert hatte, dass das Bauhaus „Modelle für die Industrie" herstellen solle, um langfristig die Güterproduktion auf eine neue, zeitgemäße Basis zu stellen. Gleichzeitig griff er mit der Betonung des Elementaren ein Lieblingswort der Konstruktivisten auf. Einer ihrer wichtigsten Wortführer, der Ungar Lazlo Moholy-Nagy, war 1923 als Nachfolger Ittens ans Bauhaus berufen worden.

Moholy-Nagy hatte die Malerei für tot erklärt, und dadurch fühlte sich Schlemmer immer wieder aufgefordert, seine Malerei zu rechtfertigen. „Ob sie mir glauben, daß ich hier, besonders gegenwärtig, vollkommen isoliert bin? Weder Zusammenhang mit den Meistern noch mit dem oppositionellen Lager, dem Verein der Konstruktivisten", schrieb er 1923 an Meyer-Amden.[24] Noch ein Jahr vorher hatte er durch die Koordination eines großen Projekts versucht, „die auf den Bau bezüglichen repräsentativen Tendenzen des Bauhauses zu manifestieren".[25] Anlässlich der ersten großen Bauhaus-Ausstellung 1923 führte er Wandmalereien im Werkstattgebäude aus, der Schüler Joost Schmidt veränderte das noch von van de Velde gestaltete Foyer des Bauhauses durch Wandreliefs. Schlemmers private Bilanz am Ende der Ausstellung blieb allerdings ernüchternd: „Relativer Mißerfolg monumentaler Wandmalerei und Plastik“, schrieb er an Meyer-Amden.[26] Auch eine andere Intention dieses Kunstprojektes blieb ohne Resonanz:

Schlemmer erklärte sein Projekt der Ausmalung zum „Dokument deutscher Kunst“ und griff damit auf den Titel und den Anspruch der Ausstellung der Darmstädter Künstlerkolonie 1901 zurück.[27] Der Bezug auf eine 'deutsche' Kunst, der heute sofort Misstrauen und Unbehagen hervorruft, gehörte für Schlemmer von seinen Studienjahren bis zum Tod zu den Fragen, die ihn intensiv beschäftigten. Er suchte nach seinem Standort innerhalb der deutschen Tradition der Kunst und nach ihrer Abgrenzung zur französischen Tradition. Am Bauhaus fanden diese Überlegungen keinerlei Resonanz, denn alle damaligen Tendenzen richteten sich stärker darauf, eine internationale Sprache der Kunst zu entwickeln.

Der Maler Schlemmer sah sich am Bauhaus oft unter Legitimationsdruck, der Bühnenkünstler nicht. Als Schlemmer 1921 ans Bauhaus kam, war der expressionistische Maler Lothar Schreyer für die Bühnenabteilung verantwortlich. Seine esoterischen Ansätze stießen jedoch bei der Schülerschaft anlässlich der Probeaufführung des 'Mondspiels' im Februar 1923 auf Ablehnung, so dass Schreyer das Bauhaus im Herbst des Jahres verließ und Schlemmer die Bühnenabteilung übernahm.

Schon 1922 hatte Schlemmer als 'Verrückter Professor'[28] ein 'Figurales Kabarett' am Bauhaus dirigiert, bei dem flache, groteske Scheibenfiguren teils unsichtbar bewegt wurden, teils von einem 'Magister' in Aktion gesetzt wurden. Menschenteile wie ein riesiger Kopf, eine Hand, Beine ohne Körper, bewegten sich wie Maschinen. Dazu kamen Bedienungsanweisungen 'Bitte drücken', so dass die Aufführung als Parodie und Groteske auf den Technikkult verstanden wurde.

Die erste öffentliche Aufführung der Bauhausbühne im August 1923, die 'Bühnenversuche von Schülern'[29], anlässlich der Bauhaus-Ausstellung war von zahllosen technischen Unzulänglichkeiten begleitet, denn zum ersten Mal mussten sich viele bisher nur bauhausintern gezeigte Stücke auf der Bühne des Jenaer Theaters bewähren. Erstaunlicherweise gingen sie dennoch als Erfolg in die Theatergeschichte ein.[30]

Unabhängig von der Jenaer Aufführung führte Schlemmer im Nationaltheater Weimar das Triadische Ballett auf, das seitdem fälschlicherweise gern als typische Bauhausarbeit verstanden wurde, obwohl das Bauhaus kaum etwas damit zu tun hatte. Doch der streng formalisierte Aufbau der Tänze, die fantastischen Kostüme mit ihrer geometrisierenden Ästhetik, der Bezug des Tanzes auf Grundformen, Grundfarben und die Dimensionen des Raumes schienen dafür zu sprechen.

### Bauhaus Dessau

Die Jahre in Dessau ab 1925 begannen für Schlemmer mit Unannehmlichkeiten und Schwierigkeiten. Gropius hatte den politisch erzwungenen Umzug nach Dessau als Gelegenheit genutzt, das Bauhaus umzuorganisieren. Schlemmer musste die Leitung der Holz-und Steinbildhauerei abgeben, denn sie hatten sich als ineffizient erwiesen, da sie kommerziell kaum nutzbar waren, und wurden als plastische Werkstatt neu gegründet. Leiter dieser neuen plastischen Werkstatt, die sich jetzt auch mit Ausstellungsbau beschäftigte, wurde der zum Jungmeister ernannte Joost Schmidt.

Schlemmer war also nicht mehr länger Leiter einer Werkstatt, eine Bühnenabtei-

Walter Gropius: Bauhaus Dessau, Luftaufnahme um 1926

lung wollte Gropius aus Geldmangel nicht neu aufbauen. Schließlich wurde eine neue Bühnenabteilung doch in die Planung einbezogen und auch eine Bühne in die Festebene (Aula, Mensa, Bühne) des neuen Bauhausgebäudes integriert. Wegen seiner reduzierten Lehrtätigkeit kürzte Gropius Schlemmers Gehalt um die Hälfte, das der anderen Bauhausmeister jedoch nicht.[31] Schlemmer sah sich gezwungen „für den Unterhalt zu verdienen, wo es irgend geht."[32]

Schlemmer, jetzt mit einer eigenen Bühne ausgestattet, entwickelte eine neue Konzeption für die Bühne im Bauhaus, die er als Typenbühne umschrieb. Beispiele dieser Arbeit an der Typenbühne waren die Bauhaustänze. Zu den ersten entwickelten Bauhaustänzen gehörten Raumtanz, Formentanz und Gestentanz. Im Gestentanz präsentierte der Tänzer unterschiedliche Bewegungen, wie Sitzen, Stehen, Liegen. Der Formentänzer handhabte Keulen, Stäbe oder Kugeln und der Raumtänzer machte die Geometrie des Bühnenraumes erfahrbar. Selbst der Vorhang wurde in das Spiel mit den Bühnenelementen einbezogen, ebenso Kulissen, Licht, Masken und Kostüme.

Schlemmer verfolgte damit den elementarisierenden Ansatz weiter, den er auch in seiner Malerei und in der Leitung der Holz- und Steinbildhauerei ab 1922 gesucht hatte. Doch anders als in seiner Malerei reagierten die Figuren der Bauhaustänze, wie die des Triadischen Balletts, oder die des 1927 wiederaufgenommenen Figuralen Kabinetts auf die damals oft als bedrohlich empfundene Mechanisierung und Rationalisierung. Die Tänzer, in Kostüme verpackt, hinter Masken versteckt, agierten wie ferngesteuerte, unpersönliche, mechanische Wesen, die einer unsichtbaren Ordnung gehorchen. Schlemmers Bühnenarbeit reflektierte damit die Modernisierung der Weimarer Republik, die hier ästhetisch diszipliniert worden war. Solche Anspielungen auf den Zeitgeist fehlten in Schlemmers Gemälden, die den Menschen in einer idealen, metaphysischen Ordnung des Raumes ansiedelten.

Finanziell blieb die Bühne „fünftes Rad"[33], „geduldet, gern gesehen, aber knapp gehalten"[34], war aber für alle Festivitäten des Bauhauses von ganz unverzichtbarer Wirkung. Dies erwies sich nicht nur bei der Einweihung des Bauhauses im Dezember 1926 und bei zahlreichen Festen, sondern auch, als Gropius im März

1928 die Leitung des Bauhauses an den Schweizer Architekten Hannes Meyer übergab.

Im Meisterhaus

Fast alle Bauhausmeister verfolgten den Neubau ihrer Dienstwohnungen als Doppelvillen mit Demonstrationscharakter gespannt, aber auch mit Skepsis.

Schlemmers erste Reaktion auf den Anblick der Rohbauten ist oft zitiert worden. „Ich bin erschrocken, wie ich die Häuser, das erste ist hoch, gesehen habe! Hatte die Vorstellung, hier stehen eines Tages die Wohnungslosen, während sich die Herren Künstler auf dem Dach ihrer Villa sonnen."[35] Bald aber wurde das Wohnen hier zur Normalität. „Jetzt 'zu Haus' im neuen, das doch, nehmt alles nur in allem, akzeptabel ist." schrieb Schlemmer in einer Postkarte an Willi Baumeister, wenige Wochen nach dem Einzug Anfang August.[36] Noch war es ein „uneingerichtetes Haus"[37], aber schon im folgenden Jahr entschloss sich die Familie, den größeren Teil des Hauses an Hannes Meyer zu vermieten: „Frau und Kinder sind z. Zt. im Tessin bei Lugano in Agnuzzo und das auf länger, auf 1 Jahr!, denn solange ist das Haus vermietet, so lange will Frau Tut mit den Kindern eine relative Freiheit genießen, denn dann meint sie, wenn sie in die Schule müßten übers Jahr, sei es aus damit. Es war auch etwas Flucht dabei, vor den Dessauer Verhältnissen, zum Teil unerfreulichen, unter Geldmangel stehenden, bei Tut besonders aber die Lust an Veränderung, fernschweifend, Nomadentum. Übrigens bin ich nicht ganz aus dem Haus hier; habe noch das Atelier inne, einen Schlafraum und den Dachgarten."[38]

Die ganze Familie Schlemmer lebte nur von August 1926 bis Anfang April 1927 im Haus, also acht Monate, bis Meyer einzog und Schlemmer seinen Alltag als „Stroh-, Kunst- und Lebenswitwer" organisieren musste.[39] Darüber berichtete er regelmäßig an seine Frau: „Hier geht`s gut. Man gewöhnt sich langsam aneinander. Ich habe mir jetzt das Atelier eingerichtet mit Lux Feininger. Schlafen tu ich oben. Meyers akklimatisieren sich allmählich. Sonntags nun regelmäßig bei Klees zum Essen. Freitags bei Feiningers. Kaffee mittags bei Schepers, die sich selig fühlen im Haus. Die Kinder werden sehr vermißt, auch von mir. – Ein Jahr ist lang, aber alles geht vorüber!"[40] und wenig später: „Im Haus geht`s gut. Wir kommen gut aus. Wir spielen oft Ball auf allen Terrassen, was sehr lustig ist und ein selten gesehenes Leben in die Kolonie bringt."[41]

Anfang Oktober heißt es: „Also das Haus ist hundekalt. Frau Meyer läuft selbst im Pelz herum mit blauer Nase."[42] In den Wintermonaten wuchs die Sehnsucht nach der Familie: „es ist eben manchmal doch ungemütlich"[43]. „Erstmals habe ich meine Verlassenheit von allen guten Geistern schmerzlich empfunden!! Kehre zurück!"[44]

Zum 1. April 1928 wurde Hannes Meyer Nachfolger von Walter Gropius als Direktor und wechselte in das Einzelhaus Gropius. „[...] das Haus wurde von Hannes Meyer zurückgegeben, gefegt und übernommen [...]".[45] Da Schlemmer mit Beginn des Direktorats Meyer höher dotiert wurde, zog die Familie wieder ein und blieb dort bis zu Schlemmers Umzug nach Breslau im September 1929.[46] Insgesamt hat Schlemmer das Haus etwas mehr als drei Jahre bewohnt: vom August 1926 bis September 1929, die Familie mindestens ein Jahr weniger, nämlich das Jahr, das Meyer dort verbrachte.

Ära Meyer

Mit Beginn von Meyers Direktorat musste Schlemmer – wie fast alle Bauhausmeister – deutlich mehr Lehrverpflichtungen leisten. Dazu gehörte der wöchentlich zweistündige Unterricht 'Der Mensch', mit dem Schlemmer sein schon in Weimar begonnenes Thema weiterentwickelte und das er im weitesten Sinne auffasste als biologisch, naturwissenschaftlich, psychologisch und philosophisch-geistesgeschichtlich.[47]

Schon im Januar und Februar 1928, also Monate vor der offiziellen Amtsübergabe der Geschäfte an Hannes Meyer, als dieser in intensiven Diskussionen eine neue Unterrichtsstruktur erarbeitete, meldeten sich kommunistische Studierende zu Wort, die bald grundsätzliche Kritik an Schlemmers Bühnenkonzeption äußerten.[48] Die 'junge Gruppe' wollte kein formal-elementares Theater, keine Typenbühne mehr, sondern politisches Theater, das Schlemmer strikt ablehnte. Hannes Meyer bejahte diese Politisierung der Bühne[49], er selbst hatte einst politisches Theater gemacht und verstärkte damit Schlemmers innere Abkehr vom Bauhaus, die durch die erhöhte Arbeitsbelastung noch gewachsen war.

Seine Malerei blieb nicht frei von indirekter Kritik. Es war Moholy-Nagy, dessen aggressive Propagierung der Fotografie ihn nach der Legitimation seiner Malerei fragen ließ: „hat die Malerei noch Existenzberechtigung? Ja sie hat! Sage ich schon rein aus Protest."[50]

Außerhalb des Bauhauses stand Schlemmers Ruf als Bühnenkünstler und Maler in diesen Jahren auf einem Höhepunkt. Gastspiele, Inszenierungsaufträge und Ausstellungen häuften sich. Als ehrenvollsten Erfolg verbuchte Schlemmer 1928 den Auftrag, für den Brunnenhof des Essener Museum Folkwang einen mehrteiligen Gemäldezyklus zu schaffen, den er 1928 gegen die Konkurrenz von Willi Baumeister und Ernst Heckel erhalten hatte. Ohne Zögern nahm er deshalb im Juni 1929 eine Berufung an die Breslauer Akademie an und verließ das Bauhaus zum Ende des Sommersemesters.

Breslau und Berlin, 1929-1934

Als Schlemmer mit großem Elan nach Breslau, dem „München des Ostens"[51] aufbrach und den langsamen Aufbau eines Bühnenstudios plante, konnte er nicht ahnen, wie kurz seine Zeit hier sein würde. Er leitete dort eine Bühnenkunstklasse und unterrichtete auch zum Thema Mensch und Raum.

In Breslau malte Schlemmer 1932 das Bild der Bauhaustreppe, den Anstoß hatte die Nachricht von der Schließung des Bauhauses in Dessau ausgelöst. Schlemmer hatte das Bauhaus mit Erleichterung verlassen, aber die Nachricht von der Schließung erfüllte ihn mit Empörung und ließ die Institution in einem positiven Licht erscheinen.

Auf einer breiten Treppe stehen und bewegen sich Schlemmers ideale Menschengestalten, im Hintergrund ist ein großes, unterteiltes Glasfenster angedeutet. Die Ordnung des Raumes durch Diagonalen, Horizontalen und Vertikalen bildet die Ordnung für die Menschen. Die Figuren fügen sich harmonisch den von der Architektur vorgegebenen Ausrichtungen ein. Anders als bei Schlemmers meisten Bildern assoziiert man hier mit der Raumordnung einen konkreten Raum: Gropius' Treppenhaus im 1926 eingeweihten Bauhausgebäude, damals wie heute eine der Inkunabeln der modernen Architektur. Das großformatige Bild, das Schlemmer in vielen Zeichnungen und farbigen Blättern vorbereitete, ist die harmonische Synthese des modernen Menschen im modernen Raum, Erinnerung und Vision gleichzeitig.

In Breslau hatte sich Schlemmer neben dem Unterricht auch der Vollendung des großen Essener Auftrages gewidmet, wobei dessen Anpassung an den Raum viele Schwierigkeiten mit sich brachte.[52] Schließlich entstanden neun große Tafeln mit den Maßen 2,50 mal 1,65 Meter, teilweise in drei Versionen, die 1931 aufgehängt wurden, aber nur bis 1933 an ihrem Ort blieben. Der ab 1934 amtierende Direktor Klaus Graf Baudissin, ein überzeugter Nationalsozialist, schrieb einen neuen Wettbewerb für Wandbilder aus.

Das in Breslau erstrebte Bühnenstudio sollte nie zustande kommen, denn schon im Jahr 1930 setzten erste Sparmaßnahmen der Regierung ein, die schließlich zum 1. April 1932 die verordnete Schließung brachten. Damit wurden 1933 drei von fünf preußischen Akademien geschlossen, nämlich Kassel, Königsberg und Breslau.

Die Düsseldorfer Akademie und die Vereinigten Staatsschulen Berlin blieben bestehen. Hierher wurde Schlemmer mit dem Auslaufen seiner Breslauer Stelle übernommen. Eine Bühnenklasse wurde ihm nicht zugesagt, als Arbeitsgebiet in Absprache mit ihm die Perspektive festgelegt.[53] Aber auch in Berlin konnte er sich kaum einrichten: Zum 30. September 1933 wurde Schlemmer aus dem preußischen Staatsdienst entlassen, nachdem er zuvor beurlaubt worden war, sein Vertrag hier hatte 15 Monate Gültigkeit gehabt, die neuen Machthaber bemühten sich kaum um vorgeschobene Gründe.

In Thüringen hatten die Nationalsozialisten schon im Oktober 1930 gesiegt und sofort erste kulturpolitische Zeichen gesetzt. Paul Schultze-Naumburg, Direktor der Kunsthochschule Weimar, ließ auf Anordnung des nationalsozialistischen Kultusministers Wilhelm Frick Schlemmers Wandgestaltungen im Werkstattgebäude des Weimarer Bauhauses übertünchen und abschlagen. Damals regte sich zwar Protest gegen diese Kulturbarbarei, aber wir wissen heute, dass sie nur das Vorspiel für die nationalsozialistische Diktatur war, die am 30. Januar 1933 begann.

Schlemmer, Eichberg und Sehringen, 1934-1943

Schlemmer brauchte Jahre, ehe er verstand, dass das neue Regime seine Kunst grundsätzlich ablehnte und bekämpfte. Eine Ausstellung Schlemmers 1933 in Stuttgart wurde nach wenigen Tagen geschlossen, bei der Ausstellung 'Entartete Kunst' 1937 war Schlemmer mit vier Museumsbildern und fünf grafischen Arbeiten vertreten.

Die nationalsozialistische Kunstauffassung hatte sich vor allem in Opposition zur Kunst der Weimarer Republik entwickelt, die man als eine Abfolge von Ismen und Moden ablehnte. Für Hitler sollte Kunst unabhängig von Modeströmungen sein, sie sollte Ewigkeitswerte verkörpern, und er bezog sich deshalb auf die Klassik, aber auch auf die traditionelle deutsche Malerei des 19. Jahrhunderts. Da die neuen Machthaber von Antike und Romantik sprachen, da sie eine nationale Kunst forderten, die eine Mission vertrat, glaubte Schlemmer jahrelang an ein Missverständnis, wenn seine Kunst verfolgt wurde. In großer politischer Naivität schrieb er Briefe an Propagandaminister Joseph Goebbels und an den Erziehungsminister Bernhard Rust, um diese 'Missverständnisse' aufzuklären.[54]

Ende März 1935 zog Schlemmer, der seit Jahren kein regelmäßiges Einkommen mehr hatte, mit seiner Familie nach Eichberg in Süd-Baden, um dort so günstig wie möglich zu leben, man war auf finanzielle Unterstützung durch Verwandte angewiesen. Als die Familie dort ausziehen musste, baute Schlemmer in Sehringen bei Badenweiler ein bescheidenes Holzhaus, doch die Kosten waren so hoch, dass Schlemmer gezwungen war, sich nach einer Arbeit umzusehen, die er schließlich ab März 1938 in der Stuttgarter Malerfirma Kämmerer fand. Mit Ausbruch des Krieges wurde er hier zum unersetzlichen Experten für Tarnanstriche. Diese Arbeiten waren körperlich anstrengend, seelisch und künstlerisch unbefriedigend: „Zwangsprodukte", die eine „Entselbstung“ nach sich zogen.[55] Eine scheinbare Erlösung brachte die Einladung des Wuppertaler Lackfabrikanten Dr. Kurt Herberts, einige Monate für ihn zu arbeiten. Herberts beschäftigte einen ganzen Stab von Architekten, Künstlern, Kunsthistorikern, die sich alle mit der Geschichte und Erforschung technischer Aspekte der Malerei beschäftigten. Schlemmer wurde im November 1940 offiziell als 'künstlerischer Leiter eines Lacktechnikums' angestellt.

Doch im Laufe der nächsten zwei Jahre erkannte er, dass auch diese Arbeiten eine „Fortsetzung der [...] künstlerischen Selbstentfremdung darstellte".[56] Ein geplantes Wandbild für eine Laborwand wurde nicht realisiert, ein Lackballett, dessen Ausführungsdauer kaum mehr als drei Minuten betrug, ist ein letzter, trauriger Abgesang auf seine Bühnenarbeit.

Ein Lackkabinett, von Schlemmer begonnen, wurde aus Kostengründen gestoppt, weil Herberts im Juni 1942 einen weiteren Auftrag an Georg Muche vergeben hatte. Dieser durfte einen Raum in Freskotechnik ausmalen, und diese Ausmalung verteuerte sich.[57] „Der Freskoauftrag an G. M. – nicht an mich. [...] Es ist auch Jungfrauenart [Schlemmers Sternzeichen], dass ich davon, trotzdem ich mich wegen dieser Sache eigentlich ärgern müßte, so positiv denke."[58] Angesichts der von Muche fertiggestellten Probetafeln reflektierte Schlemmer erneut, ob so eine deutsche Kunst aussehen könnte. „Muches kleine Fresken-Täfelchen, sehr reizvoll, eigentlich eine illustrative Natur, erzählend, kein Monumentalist, wie ihn das Fresko erfordert.[...] Vielleicht ist es im besten Sinne ein altdeutsches Element, altdorferisch?"[59] Möglicherweise setze Muche mit seiner Kunst „der unfruchtbarkeit einer gegenwart" eine „germaneske art" entgegen.[60] Schlemmer stellte sich den Raum vollendet vor: „Ich sehe bereits den zu bemalenden Raum in idealer Lösung schimmern, eine duftig zart klare Malerei, unmonumental (mit Recht), ein Gedicht wird in den Raum gesponnen, ein deutsches Märchen mit allem Für und Wider einer solchen Möglichkeit heutigentags."[61]

Eine weitere Frage, um die Schlemmers Gedanken kreisten, war die nach einem „zentralen Werk", auf das „alles andere direkt oder indirekt bezogen" sei. „Muche ist auf dem Weg dazu – O. S. will es".[62]

Schlemmers letzte briefliche Äußerung über Muche betraf den Menschen Muche, dessen Durchsetzungvermögen und Glück er zum wiederholten Mal bewunderte. Er nannte ihn „Siegfried, Glückspilz und hessische(r) Bauernschädel".[63] Sein Urteil über Muche als Künstler aber war härter als zuvor: „er hat sich zu angelegentlich lange mit Otto Meyer-Amden befaßt."[64]

Dennoch beneidete Schlemmer Muche um die Möglichkeit, sich künstlerisch zu realisieren, die ihm selbst versagt war. Er sah sich Kärrnerdienste leisten, während die „Rosinen aus dem Herberts-Kuchen" sich Willi Baumeister und Muche herausgepickt hatten.[65] „Ich befinde mich nicht nur momentan, sondern schon seit längerem in einer Krise."[66] Die Ursache dieser Krise sah er in der fehlenden Möglichkeit zu eigener, selbstbestimmter Arbeit.

Der wichtigste und hilfreichste Partner Schlemmers in diesen Jahren war der Maler Julius Bissier, mit dem er korrespondierte. Dieser riet ihm: „sei Du selbst" und ermutigte ihn, eine Reihe kleinformatiger Fensterbilder weiter zu verfolgen.[67] Es waren abendliche Beobachtungen aus dem Fenster seiner Wuppertaler Wohnung, die Schlemmer hier verdichtet hatte. Ein kleines Fensterinterieur erschien ihm danach als ein solches Manifest seines eigensten Wesens: „hier auf diesem kleinsten Raum habe ich alles gegeben, was ich geben kann."[68] Diese Bilder waren Schlemmers letzte Manifestationen seiner Kunst, in denen er, obwohl krank und ohne Aussicht auf Wirkung, noch einmal seinem idealistischen Menschenbild Form gab.

Im November 1942 hielt sich Schlemmer zum letzten Mal in Wuppertal auf. Dann brach eine Diabeteserkrankung aus, die sich schon 1940 angekündigt hatte und am 13. April 1943 zu seinem Tode führte.

**Georg Muche**

Georg Muche starb 1987 im hohen Alter von 92 Jahren an seinem letzten Wohnsitz, Bad Schachen bei Lindau am Bodensee. Bis zuletzt blieb sein Beruf als Maler der Kern seines künstlerischen Selbstverständnisses. Aufmerksam verfolgte er jede Kritik seiner Malerei, jeden Verkauf, jede Ausstellung.[69]

Noch zu Lebzeiten sicherte Muche sein Nachleben durch großzügige Stiftungen an zahlreiche Institutionen, darunter das Bauhaus-Archiv Berlin, die Kunstsammlungen zu Weimar und das Haus am Horn in Weimar. Für diese drei Einrichtungen war er allerdings nicht als Maler, sondern in erster Linie als Meister des Bauhauses wichtig, wo er von 1920 bis 1927 gearbeitet hatte. Muche selbst hatte diese Bauhausjahre immer wieder als Abkehr von seiner eigentlichen Berufung als Maler dargestellt.[70] Selbstbild und Fremdbild standen demnach in Kontrast, taugen aber für eine kritische Perspektive, aus der sich Muches Biografie darstellen lässt.

Frühe Jahre

Anders als Schlemmer, der zuerst eine handwerkliche, dann eine tradierte künstlerische Ausbildung absolvierte, war Muche als Künstler Autodidakt.[71] An der Münchner Akademie bestand er 1914 nicht die Aufnahmeprüfung, der Plan, nach Paris zu gehen, wurde durch den Ausbruch des Ersten Weltkrieges unmöglich. Neue Wege öffneten sich ihm, als er 1915 im 'Sturm' von Herwarth Walden eine Anstellung fand und als Maler zum Kreis der Galerie gehörte.

Ungewöhnliche Erfolge fielen ihm in den Jahren des Ersten Weltkrieges in den Schoß.Theodor Däubler und Adolf Behne, zwei der renommierten Kritiker, schrieben positiv über ihn; er stellte mit Max Ernst und Paul Klee aus. Herwarth Walden zeigte seine Bilder in Berlin und auf zahlreichen Wanderausstellungen des 'Sturm', gleichzeitig zahlte er ihm eine regelmäßige Rente für seine Produktion. Muche entwickelte in wenigen Jahren ein eigenständiges Frühwerk im Geist des Sturm-Expressionismus.[72]

Bauhaus Weimar

Der Maler Johannes Molzahn, mit dem Muche befreundet war, empfahl ihn 1920 an Walter Gropius als Lehrer an das im Jahr zuvor gegründete Bauhaus. Nach Lyonel Feininger, Gerhard Marcks und Johannes Itten war Muche der vierte berufene Künstler. Er nahm die Arbeit im März 1920 auf. Ihm folgen dann Paul Klee und Oskar Schlemmer.

Muche nahm die Berufung nicht direkt an, sondern ließ sich zusichern, dass er ein eigenes Atelier erhielt. „Verpflichtet bin ich nur zur Arbeit für etwa einen halben Tag in der Woche (hauptsächlich Vorträge)", schrieb er seinem Vater.[73] Doch ähnlich wie Schlemmer kam Muche kaum zur Malerei; schon bald ließ auch er sich intensiv auf das Bauhaus ein. Muche engagierte sich tatkräftig in praktischen Fragen: Er kümmerte sich um den Bau eines Brunnens und sorgte für Gemüseanpflanzungen, um die Ernährung in den armen Nachkriegsjahren zu sichern.

Während Schlemmer sich zum Antipoden Ittens entwickelte, galt Muche 1922 als „Assistent und Sekundant Ittens."[74] Die beiden Künstler waren befreundet und versuchten, sich die Arbeit zu teilen, wie sich Muche erinnerte. Im Wechsel mit Itten unterrichtete er die von Itten etablierte Vorlehre. Muche machte Itten mit der

Georg Muche im Bauhaus-Atelier in Weimar, um 1923

Mazdaznanlehre bekannt und besuchte gemeinsam mit diesem 1921 einen Mazdaznankongress in Leipzig, von dem Itten als glühender Anhänger dieser Lehre zurückkam. Sein Versuch, diese Lehre auf die Kunst zu übertragen und am Bauhaus einzuführen, war einer der Gründe für Ittens Ausscheiden 1923.

Als der Meisterrat auf Betreiben von Gropius beschloss, die Verantwortlichkeit für die Werkstätten einzelnen Meistern zuzuweisen, wurde Muche für die Webereiwerkstatt verpflichtet. Diese Werkstatt leitete er bis zu seinem Ausscheiden 1927. Der Blick auf die Führung der Werkstatt wird durch ein Wort, das Muche 1961 formulierte, belastet: „Ich selbst versprach mir, nie in meinem Leben mit eigener Hand einen Faden zu weben, einen Knoten zu knüpfen, einen textilen Entwurf zu machen."[75] Zudem praktizierte Muche einen Unterricht, der das Gegenteil seines Freundes Itten war. Sowohl im Vorkurs wie in der Webereiwerkstatt wollte Muche den Schülern die Möglichkeit zur Findung eines eigenen Stils geben. Tatsächlich orientierten sich die Vorkursschüler Muches dennoch an den Arbeiten Ittens. In der Weberei blieb Ittens Einfluss, vermittelt durch Gunta Stölzl, bis in die Dessauer Jahre sichtbar. Dies beweisen beispielsweise die vielen Kontraste bei Bindungen, Farben und Materialien. Überragend aber wurde der Einfluss Paul Klees, dessen Unterricht für die Weberinnen zum Pflichtprogramm gehörte. Das Drehen, Spiegeln und Klappen von Mustern, wie Klee es demonstrierte, gehörte bald zum Standardrepertoire der Weberei.

Anfangs kümmerte sich Muche um die Belange der Weberei, verschob aber bald seine Interessen zugunsten der Architektur.

Georg Muche: Haus am Horn, Weimar 1923. Versuchshaus des Bauhauses Weimar

Muche als Architekt

1922 setzte sich Muche mit seinem Entwurf eines Musterhauses in einem internen Wettbewerb gegen Vorschläge von Gropius durch.[76] Anlass für den Bau des Musterhauses war die Forderung der Regierung, in einer Rechenschaftsausstellung die Leistungen der letzten Jahre öffentlich zu präsentieren. Der jung verheiratete Muche konzipierte ein ideales bürgerliches Einfamilienhaus. Wichtige Anregungen übernahm er aus dem vom Architekturbüro Gropius entwickelten Typen- oder Wabenbau, bei dem durch „planmäßigen An- und Aufbau angegliederter Raumzellen" „grosse Variabilität desselben Grundtyps" gegeben sei.[77]

Es handelt sich um einen eingeschossigen Putzbau. Um einen großen überhöhten Zentralraum, der als Wohnzimmer gedacht ist, legt sich ein Kranz von kleineren Raumzellen. Jeder Raum war einer Analyse unterworfen und auf seine Zwecke hin hinterfragt worden. Deshalb wurde das Wohnzimmer zum größten Raum, die Küche zu einer reinen Funktionsküche, das Kinderzimmer wurde der Küche zugeordnet usw. Alle Flure waren als überflüssig eingespart worden. Die Einrichtung und Möblierung des Hauses ist eine Leistung des gesamten Bauhauses und nimmt in ihrer Rationalisierung Le Corbusiers Postulat, das Haus müsse eine Wohnmaschine sein, auf.

Der Grundriss weist zahlreiche Schwächen auf, da Muche die allzu formalistische Grundrissdisposition eines Quadrats im Quadrat als Ausgangspunkt wählte. Mit der Wahl des Quadrats bezog sich Muche wohl auf die Diskussion am Bauhaus über die Grundformen als Ausgangspunkte jeder Gestaltung; aber die starre Symmetrie der Anordnung ist seinem Dilettantismus als Entwerfer geschuldet. Den neuen Umgang mit Raum, mit dem das Vorbild der De-Stijl-Künstler das räumliche Denken am Bauhaus seit 1922 revolutionierte, hatte Muche nicht verstanden.

Bis 1927 legte Georg Muche weitere architektonische Projekte vor, bei denen die Idee der Rationalisierung des Bauens durch Standardisierung und Vorfertigung im Mittelpunkt stand. Aber auch neue Wohnformen wie das aus den USA kommende Apartmenthaus interessierten ihn.

Schlemmer konstatierte 1923 Muches Wandlung: „Als ich nach Weimar kam,

Georg Muche: Siedlungshaus aus vorgefertigten Einzelteilen, 1924

war Muche Ittens Assistent, in dem Zwist mit Gropius Ittens Verteidiger. Itten geht und Muche wird Gropius' Getreuester. [...] aber wer ist heute am Bauhaus mehr Verfechter und Bekenner dieser amerikanischen Schöne als Muche. [...] Dennoch gefällt mir Muche".[78]

Muches Amerikanismus gipfelte in einer Amerikareise im April des Jahres 1924. Er fertigte im gleichen Jahr Pläne für ein äußerst großzügig angelegtes Apartmenthaus mit Etagengärten. Mit den beiden ungarischen Bauhausstudenten Marcel Breuer und Farkas Molnar stellte Muche seinen Entwurf auf der Bau-Ausstellung Stuttgart 1924 aus und machte am Bauhaus einen Vorstoß zur offiziellen Gründung einer Bauabteilung, die Gropius jedoch zurückwies.[79]

Muche entwarf 1924 noch ein Siedlungshaus aus vorgefertigten Einzelteilen und realiserte 1927 in Dessau ein Stahlhaus. Beide waren für den standardisierten Siedlungsbau aus vorgefertigten Teilen gedacht, fanden aber wenig Resonanz. „Gropius und das ganze Bauhaus distanzierten sich", schrieb Muche über das Stahlhaus.[80] Schlemmer berichtete über Hannes Meyers Reaktion: „Muches Stahlhaus-Neubau interessiert ihn nicht, da das wenigste daran aus Stahl sei".[81]

Muche arbeitete zwar mit dem technischen und inhaltlichen Vokabular des Neuen Bauens, nimmt man seine Entwürfe aber in ihrer Gesamtheit, so mangelt es ihnen an formbestimmender Stringenz und Originalität im Sinne einer künstlerischen Handschrift.

Muche als Maler

Während Oskar Schlemmers künstlerische Arbeit in einem schriftlich geführten Reflexions- und Diskussionsprozess mit Briefpartnern und durch ein Tagebuch nachvollziehbar ist, existieren im Fall Muche nur wenige, oft von Muche sorgfältig ausgewählte Archivalien, die über sein damaliges Kunstverständnis Auskunft geben.

Schlemmer wich zeitlebens nicht von dem einmal gefundenen idealistischen Verständnis seiner Malerei ab, er veränderte lediglich ihre Deutungsmöglichkeiten in Hinblick auf die Rezipienten seiner

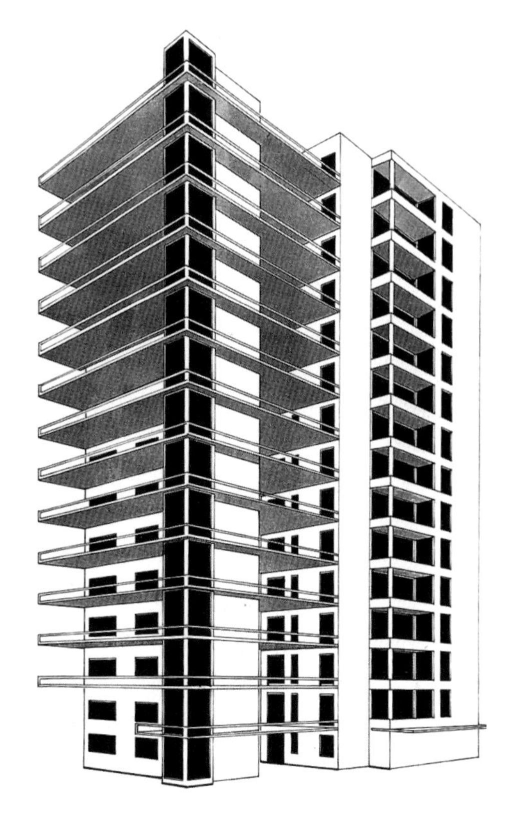

Georg Muche: Stadtwohnhaus mit Etagengärten, 1924

Malerei. Muche dagegen vollzog um 1920 eine konservative Neupositionierung, um die er jahrelang mit sich rang.[82] Der dreiundzwanzigjährige Muche ging aus dem unruhigen Berlin ans Bauhaus, auf der „Suche nach unabhängigem Künstlerdasein und weltlicher Abgeschiedenheit".[83] Für ihn war die Entscheidung, Gropius' Ruf zu folgen, auch die Entscheidung, einen Ort zu finden, an dem er seine Kunst ruhig würde entwickeln können.

Eine erste zentrale Neubestimmung seiner Kunst lag in dem Entschluss, die Abstraktion aufzugeben. Es entstanden Stillleben, auf anderen Bildern tauchen Pflanzenformen auf. Um die Legitimität dieser Entscheidung im Kontext des frühen Bauhauses zu rechtfertigen, setzte sich Muche mit der Fotografie auseinander, da diese ja auch Realität abbilde und so den Anspruch der Malerei in Zweifel ziehen könne. Dann beging Muche einen intellektuellen Kurzschluss, um die Malerei für sich zu retten: Er erklärte die Fotografie zur angeblich objektiven Wirklichkeitswiedergabe, während es die Malerei erlaube, den Gegenstand subjektiv zu behandeln. Künftig wird Malerei für ihn eine zutiefst subjektive Äußerung, die sich aber inhaltlich an der Realität orientiert. In einem weiteren Schritt verknüpfte Muche das reflektierend-subjektive Sehen, den 'Gesichtssinn', mit dem 'Tastsinn', dem Gefühl in der Hand beim Zeichnen oder beim Farbauftrag. 1927 beschrieb Muche den Ansatzpunkt seiner Malerei: „die enge Verbindung von Gesichts- und Tastsinn" mache es beim „Produktionsvorgang" des Malens möglich, die „subjektiven – im Auge entstehenden – Erscheinungen zu empfinden und spontan zu verwerten".[84] Aus dieser Äußerung wird klar, dass Muche in seiner Malerei nach eben dieser Verbindung von „Gesichts- und Tastsinn" in seiner Kunst suchte. Diesen Schöpfungsvorgang ergänzte er noch um das Ideal der Spontaneität.

Muches Absage an die abstrakte Kunst fiel zusammen mit privaten Ereignissen, wie seinem Übertritt zum katholischen Glauben zur Jahresmitte 1920 und der Heirat mit der Bauhausschülerin Elsa Franke. Im März 1920 hatte er die Arbeit am Bauhaus aufgenommen. Muche wandelte sich also am Bauhaus zum Konservativen. Auch der Aufsatz 'Bildende Kunst und Industrieform' aus dem Jahr 1926 ist eine grundsätzliche Absage an das Bauhauskonzept und eine Rettung der Malerei als freier Kunst.[85] Muche vertrat die damals sehr häufig zu findende Ansicht, dass die 'Industrieform' (also das, was wir heute Design nennen) sich von selbst entwickele. „Die Industrieform entsteht überindividuell, als Ergebnis einer objektiven Problemstellung." Die Kunst, die jahrelang „an der Erforschung elementarer Formgesetze" gearbeitet habe, um bei der Entwicklung der „Formgestaltung" behilflich zu sein, habe sich selbst aufgegeben und nur dort eine Rolle gespielt „wo der Produktionsprozeß noch nicht oder noch nicht ganz modernisiert ist." Das war natürlich eine deutliche Kritik an den Formlehren und der Kunst von Klee, Kandinsky, Schlemmer und Moholy-Nagy. Er negierte die Bedeutung 'elementarer Formgesetze' für die Kunst, die für seine abstrakten Bilder der Sturm-Jahre grundlegend gewesen waren.[86]

Muche sah deshalb auch keine Notwendigkeit, für den Bauhausunterricht eine Formlehre zu entwickeln. Während Klee in jahrelanger Arbeit ab 1921 seine 'Bildnerische Formlehre' fortschrieb, Kandinsky als Ergebnis seines Unterrichts 1926 das Bauhausbuch 'Punkt, Linie und Fläche' publizierte und Schlemmer elementare plastische Elemente analysierte, fertigte Muche lediglich 1922 eine Radierung, das kleine 'Formenalphabet für die Weberei'. Aus einer solchen punktuellen Beschäftigung mit Formlehre konnte nicht jene Dialektik zwischen Lehre und eigener Malerei entstehen, wie sie die übrigen Bauhauskollegen erlebten. Muches Aufsatz wurde programmatisch in der ersten Nummer der Bauhauszeitschrift abgedruckt, die zur Eröffnung des neuen Bauhausgebäudes in Dessau im Dezember 1926 zum ersten Mal erschien. Mit seinem Text, der ein Plädoyer für die Malerei war, erfasste Muche eine Stimmung am Bauhaus, die auch Schlemmer spürte, als er meinte, dass man seiner Kunst keine Sympathie mehr entgegenbringe. Der Aufsatz ist gleichzeitig Muches offizielle Bilanz mit dem Bauhaus, denn er wurde geschrieben, nachdem Muche im Mai 1926 seine Kündigung bekanntgegeben hatte. Seine private Bilanz war von menschlicher Enttäuschung geprägt wie von dem Bewusstsein „mich lange Zeit zu sehr an der Peripherie meines eigenen Lebens" bewegt zu haben.[87]

Tatsächlich ist Muches stilistische Entwicklung als Maler in diesen Jahren uneinheitlich. Die Produktion ist gering, gemessen an den Leistungen Klees oder Schlemmers, er hatte keinen Galeristen. Es fällt auf, dass Muche nur an wenigen Ausstellungen teilnahm, er war auch im Museum Weimar nicht vertreten.

Bauhaus Dessau

Die Neuorganisation des Bauhauses in Dessau brachte nicht nur für Schlemmer, sondern auch für Muche Schwierigkeiten. Während Josef Albers, Marcel Breuer, Herbert Bayer, Joost Schmidt und Hinnerk Scheper jeweils als Jungmeister und Werkstättenleiter eingesetzt wurden, erhielt Gunta Stölzl in der Weberei nur die Stelle einer technischen Leiterin, Muche blieb offiziell der Formmeister. Hier lag der Kern der Revolte der Webermädchen, die sich in der Folge entwickelte.[88] Erste Unstimmigkeiten gab es, als Muche im Juni 1925 Jacquardwebstühle für die Werkstatt einkaufte. Zu diesem Zeitpunkt forderten die Weberinnen, dass Stölzl die Werkstattleitung erhalten solle. Intern musste Muche im Februar 1926 sein Fiasko als Leiter der Werkstatt in geschäftlicher Beziehung zugeben. Im April 1926 erklärte die Weberei Muches Unterricht als „für die Werkstatt entbehrlich."[89]

Der Fall Muche wurde Thema der Meisterratssitzung am letzten Apriltag des Jahres 1926. Über das eisige Klima dort berichteten sowohl Schlemmer wie Muche in Briefen.[90] Für Muche sprachen Breuer,

**Meisterhaus in Dessau 1925/26: Wohnung von El und Georg Muche mit Möbeln von Marcel Breuer, rechts im Profil El Muche (?)**

Gropius, Kandinsky und Moholy-Nagy. Die Kollegen Klee, Schlemmer und Feininger schwiegen offensichtlich. Am 5. Mai fand eine Fortsetzung der Sitzung statt, auf der auch die Studierenden vertreten waren, Muche allerdings nicht. Muche gab seinen Entschluss zur Kündigung bekannt, der Termin war der 1. April 1927. Ab dem 15. Juni 1926 übernahm Gunta Stölzl die Leitung der Weberei. Mit dem Vortrag 'Archipeinture', von dem nur dieser Titel bekannt ist, verabschiedete sich Muche am 27. Juni 1927 vom Bauhaus.

Im Meisterhaus

Die Anwesenheit des Ehepaares Muche im Meisterhaus stand ganz im Zeichen der Webereikrise, denn Muche hatte beim Einzug, der wohl im August 1926 erfolgt war, schon gekündigt und wusste, dass er im folgenden Jahr würde ausziehen müssen. „Ich habe auch keine allzugroße Sehnsucht in die neue Wohnung einzuziehen. Sie ist übrigens noch keineswegs fertig. Man spricht vom 1. August.", schrieb Muche am 11. Juli 1926 an seine Frau.[91]

Der Auszug erfolgte Ende März 1927, denn am 1. April 1927 berichtete Schlemmer seiner Frau: „Schepers sind eingezogen."[92] Dennoch ließ Muche, der mit Marcel Breuer befreundet war, einige Möbel von diesem anfertigen: Fotografien zeigen einen Schreibtisch, der um einen Container ergänzt wurde, einen niedrigen Beistelltisch, dazu zwei Liegen und vier Hocker. Die Leere der Räume auf den Fotografien mag auch ein Indiz dafür sein, dass Muche sich nur vorläufig einrichtete. Für seine offizielle Publikation der Bauhausbauten ließ Gropius auf den Interieurfotografien die eigenen Ölgemälde, die Muche aufgehängt hatte, wegretuschieren.[93]

Muche selbst überlieferte nur eine makabre Episode aus dem Leben im Meisterhaus. Marcel Breuer habe seine Schlafzimmerdecke schwarz gestrichen – statt nachtblau, wie er es gewünscht hatte – und nach einer Probenacht habe er den Raum nie mehr betreten.[94] Nur einige wenige Fotos zeugen vom Leben der beiden Familien Schlemmer und Muche im Doppelhaus. Das ist kein Wunder, denn insgesamt waren sie nur acht Monate Nachbarn, nämlich vom Einzug im August 1926 bis zum Ende März 1927. Nachdem Muche ausgezogen war, wurde die Familie Scheper Schlemmers Nachbar. Bei Schepers wurde am 1. Juli auch das Abschiedsfest für Muche ausgerichtet. „Gestern war Abschiedsfest bei Schepers zu Ehren von Muche. Reden. Überreichung einer Mappe mit Beiträgen der Meister. Anfangs eine Art Totenfeier. Nachher Tanz. Zuletzt Übermut, nachdem die Kapazitäten der Steifheit wegwaren."[95]

Schepers wohnten bis 1933 im Haus. Die Familien Schlemmer und Scheper wohnten von Anfang April 1927 bis September 1929, also ungefähr zweieinhalb Jahre zusammen. Als die Familie Schlemmer im September 1929 auszog, konnten Gertrud und Alfred Arndt in das Haus einziehen.

Weder Muche noch Schlemmer nutzten ihr Haus als Repräsentationsort, wie dies insbesondere Gropius tat. Dieser verband demonstrativ modernes Wohnen mit tradiert bürgerlich-großzügiger Gastfreundschaft. Sein Haus war vollständig im Sinne des Bauhauses ausgestattet und möbliert worden, es konnte regelmäßig besichtigt werden, ein Film wurde darüber gedreht, es gab zahllose Presseberichte.

Einen solchen Aufwand konnte sich Schlemmer mit seinen drei Kindern nicht leisten, denn von finanziellen Sorgen war die Familie selten frei. „Glückliche Kollegen im Nebenhaus (Klee, Kandinsky, Feininger), die ein relativ beschauliches Malerdasein führen [...]", schrieb Schlemmer.[96]

Muche hatte nach der Kündigung eine unsichere berufliche Zukunft vor Augen, für ihn war die Distanz größer als Gemein-

Georg Muche 1944 bei der Arbeit an einem Fresko für Dr. Kurt Herberts & Co in Wuppertal-Barmen

samkeiten: Er bereitete den Umzug nach Berlin vor „um möglichst nie mehr zurückzukehren. [...] Ich kann nicht mit Kandinsky und Klee alt werden – auch nicht mit Moholy."[97]

Muche 1927-1945

In den folgenden Jahren unterrichtete Muche von 1926 bis 1930 in Berlin an der Schule seines Freundes Johannes Itten, der Ittenschule an der Konstanzer Straße. Hier konnte man sich in verschiedenen künstlerischen Berufen ausbilden lassen. 1931 erhielt er eine Berufung an die Akademie Breslau, wo er von Oktober 1931 bis zur verordneten Schließung zum 1. April 1932 nur wenige Monate regulär lehrte. Nach der Schließung konnten Muche und einige andere Lehrer den Unterricht noch in 'Meisterateliers' bis Mitte 1933 fortsetzen.[98]

Als Schlemmer nach Breslau berufen worden war, stand er in vieler Hinsicht auf dem Zenit seiner Karriere in der Weimarer Republik. Das Triadische Ballett war nach Paris eingeladen worden, sogar amerikanische Interessenten gab es. Als Bühnenkünstler hatte er zahlreiche Aufträge. Muche dagegen scheint das Ideal weiterverfolgt zu haben, seine Malerei ruhig weiterzuentwickeln. Langsam schälte sich als neues Thema die Freskomalerei heraus, die ihn bis in die fünfziger Jahre beschäftigen sollte.[99] Aus vielen Quellen lässt sich belegen, dass Muche von der Tradition und vom hohen handwerklichen Anspruch der Freskotechnik gleichermaßen fasziniert war. Da ihm keine Wände zur Verfügung standen, erfand Muche die Tafelfreske.

Die Freskomalerei galt seit der Renaissance als männlichste und schwierigste Kunst, da sie körperlich anstrengend war und der Maler nach dem morgendlichen Auftrag des feuchten Kalkputzes nur bis zum Abend Zeit hatte, die Kalkfarben aufzutragen und sein 'Tagwerk' fertigzustellen. Deshalb gingen die Freskenmaler in der Regel mit Vorzeichnungen oder auf andere Weise gut vorbereitet an die Arbeit. Muche hingegen liebte die Spontaneität des Malprozesses und praktizierte sie auch beim Freskieren. Das handwerklich anspruchsvolle Fresko ist das deutlichste Zeichen von Muches Rückkehr zur Tradition, die er zu Beginn seiner Bauhauszeit vollzogen hatte. Damals hatte Muche seine Kunst auf eine prozessuale, handwerkliche, optisch-taktile Basis gestellt, von der aus er sich als künstlerisches Subjekt die Wirklichkeit aneignete.

Für Schlemmer bedeutete der Beginn der NS-Herrschaft öffentliche Diffamierung und den Verlust seiner Stelle, dazu kam der erzwungene Rückzug aus der Theaterwelt. Dem vorsichtigen Muche gelang es aus vielerlei Gründen, „die verfluchten Jahre"[100] besser zu überstehen, ohne sich zu verbiegen. Sein Renommee als Künstler hatte nie die Strahlkraft eines Klee, Kandinsky oder Schlemmer erreicht und deshalb wurde er kaum öffentlich als 'Systemkünstler' angeprangert. Die Rück-

**Fresko von Georg Muche (in Arbeit) für Dr. Kurt Herberts & Co in Wuppertal-Barmen; Thema: Die Jahreszeiten: der Herbst. Rechts im Bild: Blick in Oskar Schlemmers Arbeitsraum**

besinnung der NS-Kunst auf handwerkliche Grundlagen konnte die Beschäftigung mit der Freskotechnik sogar als regimekonform erscheinen lassen, aber Muches 1938 publiziertes Buch 'Handwerk und Stil der echten Freskomalerei' ist frei von jeglicher Anbiederung.[101]

Manche Freunde und Vertraute fand oder hatte Muche auch in katholischen oder konservativen Milieus. 1943 schrieb Schlemmer über Muche : „Ich hätte mir ihn von vornherein nicht denken können bei Flaggenhissung und allen damit verbundenen städt. u. parteilichen Verflechtungen wie mehr od. weniger jeden von uns [...]."[102]

Nach der Entlassung in Breslau konnte Muche als Lehrer an der privaten Kunstschule 'Kunst und Werk' unterrichten, die der Architekt Hugo Häring in Berlin leitete. Von hier aus ergab sich die Verbindung zu einer folgenden Anstellung. 1939 erhielt Muche eine Berufung als Leiter einer neu zu gründenden Meisterklasse an der Textilingenieurschule Krefeld. 1942 wurde er hier verbeamtet und konnte die erfolgreich geleitete Meisterklasse nach 1945 weiterführen.

Seine fortwährenden intensiven Studien der Freskomalerei brachten ihn 1942 mit dem Wuppertaler Fabrikanten Dr. Herberts zusammen, der sich mit der Geschichte der Maltechnik beschäftigte und mehrere Publikationen dazu plante und herausgab. Probetafeln in echter Freskotechnik hatten offenbar den ebenfalls für Herberts arbeitenden Architekten Heinz Rasch überzeugt.[103] Während Schlemmer nur lacktechnische Versuche ausführen durfte, hatte Muche den Auftrag zur Ausmalung eines sechs mal sechs Meter großen Raumes mit Decke erhalten.

Er hatte das Thema der vier Jahreszeiten gewählt, das auf alle vier Wände verteilt wurde, stellte aber auch den Malprozess selbst dar. „Muche .... er hat sich schon seit Jahren auf das reine Fresco kapriziert ... bekommt hier im Hause einen ganzen Raum zum Ausmalen in Fresco (einschl. Decke ca 70 qm) da er für sich beansprucht, den Effekt des Seidenglanzes beim Fresco geklärt und entdeckt zu haben, um den sich die Gelehrten bisher die Köpfe heißschreiben. Es soll ein natürlicher Prozeß bei der Versinterung sein... Er malt ziemlich keck ohne Vorzeichnung (Gegner des 'Kartons') in den nassen Marmorputz, sehr hell, sehr farbig", schrieb Schlemmer an Bissier.[104]

Wie konservativ dieser Ansatz Muches war, kann noch einmal der Vergleich mit Schlemmer zeigen. Beim Auftrag für die Brunnenhalle in Essen fertigte Schlemmer transportable Wandtafeln, die teilweise von seinem Bruder Casca mit der Spritzpistole ausgeführt wurden. Bei anderen Aufträgen fügte er Drahtplastiken in die Wandgestaltung ein.[105] Schlemmer konnte seine Ideen und Formvorstellungen in verschiedensten Materialien und Ausführungen entstehen lassen und die Ausführung auch anderen übertragen. Ihn schreckten die umfangreichen komplizierten Vorbereitungen des echten Freskos: „Schön ist diese technik, wenn auch sehr umständlich und uns künftigen europäern ein zu gewichtiges gepäck. wir wollten ja doch die leichte kofferware."[106]

Dennoch scheint Muche den Anspruch gehabt zu haben, das Fresko zu modernisieren. Er erweiterte die Farbpalette um alle 32 kalkechten Freskofarben, „um die bisherige Befangenheit der Freskoskala (zu) sprengen"[107], und publizierte genaue Anweisungen für die erfolgreiche technische Umsetzung.

Es ist nicht ganz klar, ob Schlemmer noch den Beginn der Ausmalung des Raumes miterlebt hat, sicher ist, dass er den nie vollendeten Raum nicht gesehen hat. Im November 1942 war er noch einmal kurz in Wuppertal, im Januar 1943 schrieb er ein letztes Mal darüber an Bissier. Kurz vor seiner Vollendung wurde der Raum im Mai oder Juni 1943 von Bomben zerstört.

Muche nach 1945

1958 gab Muche sein Amt als Leiter der Meisterklasse an der Krefelder Textilingenieurschule auf und übersiedelte von Krefeld an den Bodensee, um sich ganz der Malerei widmen zu können. Jetzt, da seine Produktivität größer geworden war, suchte er nach öffentlicher Anerkennung als Maler. Im Krefelder Haus der Seidenindustrie und im Düsseldorfer Landtag konnte er 1946 Freskenaufträge durchführen.

1952 scheiterte der Versuch, beim Deutschen Künstlerbund auszustellen, damals eine mächtige und angesehene Organisation, bei der Mitglied zu sein Voraussetzung für die Zugehörigkeit zur angesehenen bundesrepublikanischen Künstlerschaft war. Auf der ersten Documenta 1955 war Muche mit einem Bild aus seiner Sturm-Zeit vertreten und damit in den Kanon der Avantgardekünstler aufgenommen. Doch sein Ehrgeiz galt der Anerkennung als zeitgenössischer Künstler. Muches figurative erzählende Malerei passte nicht in die westdeutschen Nachkriegsjahre, in denen abstrakter Expressionismus und gestische Malerei dominierten.

Es waren zahlreiche kleinere Museen, die Muches Bilder ausstellten, ehe 1979 Gunther Thiem, der Leiter der Graphischen Sammlung der Staatsgalerie Stuttgart, Muche als bedeutenden Zeichner bekannt machte. Bald zählten auch seine seltenen, sorgfältig komponierten frühen Bauhaus-Fotografien zu den Inkunabeln der Bauhaus-Fotografie .

Muche malte bis in seine letzten Lebensjahre und formulierte angesichts der in den achtziger Jahren aktuellen Kunstszene den Anspruch, der 'letzte Maler' zu sein. Mit dieser retrospektiven Selbstdeutung beschwor Muche seine angesichts der Kunstentwicklung des 20. Jahrhunderts konservative Position. Die Kunstgeschichte, jahrelang auf die Avantgarde fixiert, beginnt erst seit wenigen Jahren dieser breiten Strömung im 20. Jahrhundert Beachtung zu schenken.

# Bau- und Nutzungsgeschichte der Meisterhäuser

**Ulrich Borgert**

Gesamtansicht der Meisterhäuser von Westen (Foto Lucia Moholy-Nagy), 1926

**Projektierung und Bauverlauf**

Für den Bau der Meisterhäuser stand ein stadteigenes Grundstück am westlichen Stadtrand zur Verfügung, unweit des Bauhausgebäudes gelegen. Das Baugelände an der zum Vorort Burgkühnau führenden Landstraße lag in einem noch weitgehend naturbelassenen, von Kiefernbestand geprägten Gebiet, in der Nähe des Parkes Georgium mit den klassizistischen Parkbauten von Friedrich Wilhelm von Erdmannsdorff. Planung und Ausführung der Bauten[1] erfolgten im Privatatelier von Gropius, da sich zu diesem Zeitpunkt die Bauabteilung am Bauhaus noch im Aufbau befand. Während der Planungs- und Realisierungsphase zählte Gropius unter anderem Carl Fieger, Ernst Neufert und Hans Volger zu seinen Mitarbeitern, die als Verantwortliche für die Baudurchführung oder als Bauleiter am Bau der Häuser beteiligt gewesen sind.[2]

Das Konzept für die Siedlung sah bereits in einem sehr frühen Stadium eine Aufteilung in drei Doppelhäuser und ein Einzelwohnhaus für den Direktor vor, wie Lagepläne vom Juni 1925 belegen. Auch die Kombination als Wohn- und Atelierhaus, die bei den Doppelhäusern für die Bauhausmeister umgesetzt wurde, war von Anfang an Gegenstand der Planung.[3]

Von Gropius persönlich wurde dem

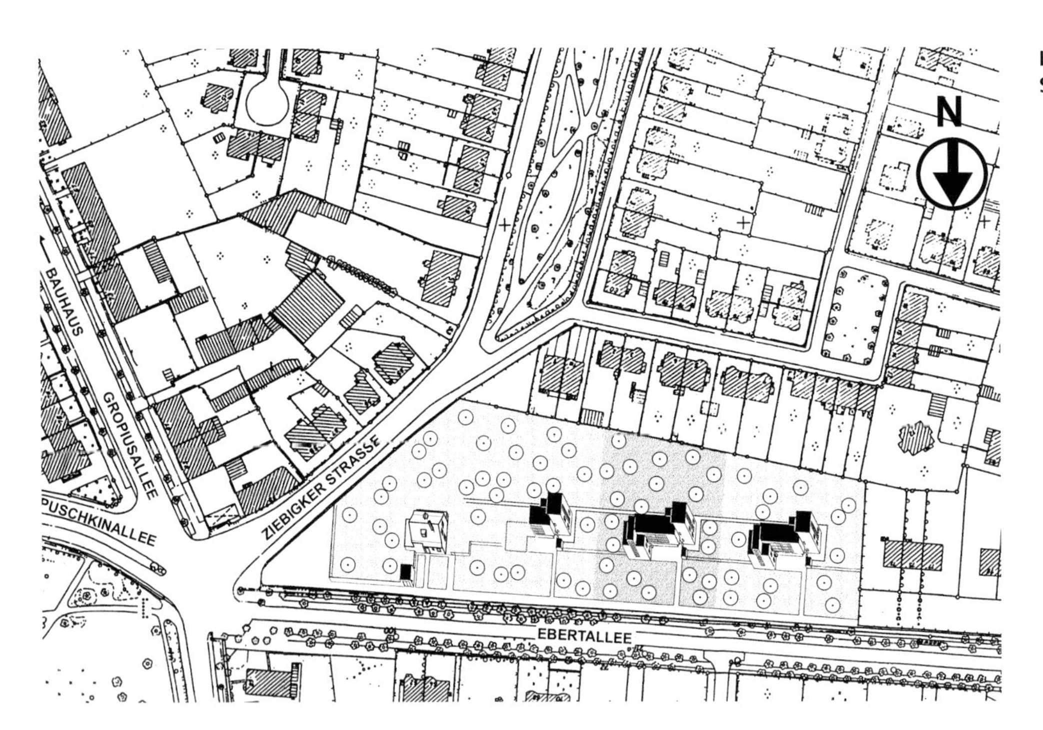


Lageplan Meisterhaus-Siedlung, Situation 2002

Bau- und Finanzausschuss der Stadt „anhand von Modellen und Plänen [...] Bauart und Ausstattung der Meisterhäuser [...] vorgetragen."[4] Zu den wenigen Archivalien, die den Planungsprozess beziehungsweise die Entwicklungsphasen des Projektes 'Häuser für die Bauhausmeister' dokumentieren, gehören Fotografien dieser Modelle.[5] Sie zeigen bereits einen Planungsstand, der der späteren Ausführung der Häuser weitgehend entspricht. Die Anlage des Doppelhauses mit den verschränkten, identisch ausgebildeten Baukörpern ist bereits vollständig entwickelt, einschließlich der Ateliers mit straßenseitig angeordneter Verglasung. Andererseits zeigen die Modelle im Detail noch erhebliche Abweichungen von den später ausgeführten Bauten. So fehlen zum Beispiel die Treppenhaustürme mit durchlaufenden Verglasungen, ein für das spätere Erscheinungsbild der Häuser prägendes Architekturdetail.

Eine Kohlezeichnung von Carl Fieger, der am Bauhaus Bauaufnahme, Baukonstruktion und Bauzeichnen lehrte, zeigt eine perspektivische Ansicht der Gesamtanlage mit Einzelhaus und Doppelhäusern (s. Abb. auf Seite 73). Die architektonische Ausbildung der dargestellten Doppelhäuser ähnelt dem Modell. Allerdings sind im Unterschied zum Modell bereits Treppenhausverglasungen zu erkennen, die sich über zwei Geschosse erstrecken, aber noch ohne den später ausgeführten Treppenhausturm.[6]

Isometrie der Meisterhaus-Siedlung, um 1926

Meisterhaus Muche/Schlemmer im Bau, 1926

## Zur Architektur der Meisterhäuser

Der eindrucksvollste Blick auf die im Sommer 1926 fertiggestellten Häuser bot sich dem Betrachter aus westlicher Richtung, exakt von jenem Standpunkt, den Lucia Moholy-Nagy für ihr berühmtes Foto wählte: vier kubische Wohnhäuser, ein Einzelhaus und drei identisch ausgebildete Doppelhäuser, in einer Reihe stehend, zurückgesetzt von der Straße und wirkungsvoll in Szene gesetzt durch die Einbettung in einen dunklen Kiefernwald.

Neben dem Erhalt des natürlichen Baumbestandes reduziert sich das Freiflächenkonzept auf Rasenflächen, Sand- und Kieswege, wenige Einzäunungen. Der Übergang zum öffentlichen Straßenrand ist fließend. Nur eine unscheinbare kniehohe Einfriedung aus Stahlrohr trennte die Rasenflächen der Vorgärten vom Straßenraum.[7] Jedes Doppelhaus besaß einen gemeinsamen Fahrradschuppen, der unweit des rechten Eingangs aufgestellt war. Das Einzelwohnhaus erhielt eine Garage, die Gropius bis an die Straßengrenze rückte. Sie war mit dem Wohnhaus über eine Einfassungsmauer verbunden. Das Direktorenwohnhaus stand zur

Modell eines Doppelhauses (Planungsphase, Vorstudie), um 1925

Blick vom Haus Moholy-Nagy/Feininger auf das Nachbarhaus Muche/Schlemmer, 1926

Flucht der Doppelhäuser leicht vor. Es bildete mit seinen Anbauten einen markanten räumlichen Abschluss des Ensembles.

Mit den Dessauer Meisterhäusern knüpft Gropius an seinen 'Baukasten im Großen' an, der das Prinzip des wachsenden Hauses demonstrieren sollte. Die dort angewendete Methode der Addition, Durchdringung und Überlagerung kubischer Baukörper ist bei den Dessauer Meisterhäusern voll entfaltet, auch wenn diese nicht auf Erweiterung angelegt waren.[8]

Grundriss und Raumprogramm

Gropius' Beschreibung der Meisterhäuser, nach der die Doppelhäuser bis ins Detail identisch sind,[9] ist nur eingeschränkt richtig. Der Grundaufbau ist gleich, jedoch gibt es Abweichungen, die sich aus der Anordnung der Baukörper ergeben. Durch das Verschränken der Haushälften um 90 Grad entstehen unterschiedliche Belichtungsverhältnisse, so dass zwecks Optimierung der Besonnung situationsbezogen eine unterschiedliche Anordnung der Fenster, Terrassen und Balkone gewählt wurde. Dies bedeutete für einzelne Räume abgewandelte Grundrisslösungen, zum Beispiel für die Wohnzimmer und die Ateliers.

Vermutlich ästhetische Gründe führten zu unterschiedlichen Lösungen bei der Ausbildung der Baukörper, die die Treppenhäuser aufnehmen. Die linke Haushälfte zeigt an der straßenseitigen Fassade einen wirkungsvoll in Szene gesetzten Treppenhausturm, der ein optisches Gegengewicht zu den horizontal gelagerten Atelierfenstern schafft. Bei der rechten Haushälfte gibt es diesen Treppenturm nicht. Hier ist der Baukörper um ein Geschoss erhöht, so dass sich eine homogen geschlossene Fassadenfläche mit Treppenhausverglasung ergibt. Diese Lösung bietet Platz für zwei weitere Räume in einem 2. Obergeschoss, das im linken Haus nicht vorhanden ist.

Die Meisterhäuser sind nicht nur als Wohndomizil für die Lehrenden des Bauhauses konzipiert worden, sondern sollten auch Ateliers für die Künstler aufnehmen.

Diesem Sachverhalt wurde in Gropius' Konzept in besonderer Weise Rechnung getragen. Mit einer Grundfläche von circa 45 Quadratmetern ist das im 1. Obergeschoss angesiedelte Atelier – gegenüber allen anderen erheblich enger bemessenen Räumen – Hauptraum des Hauses und zudem höher als die übrigen Räume im Gebäude. Schließlich ist seine Lage innerhalb des Gebäudes, im direkten Nebeneinander mit dem Atelierraum des Nachbarwohnhauses, so arrangiert, dass durch eine großflächige, zusammenhängende Verglasung beider Ateliers die Bedeutung dieser Räume auch optisch sichtbar nach außen herausgestellt wird.

Im Erdgeschoss liegen gartenseitig Wohn- und Speisezimmer, beide Räume mit direktem Zugang zur Terrasse. Dem Speisezimmer ist eine Anrichte vorgelagert, die wiederum mit der Küche eine Verbindung hält. So bilden diese Räume aufgrund ihrer Funktion und Anordnung eine Einheit. Kammer und WC, im Eingangsbe-

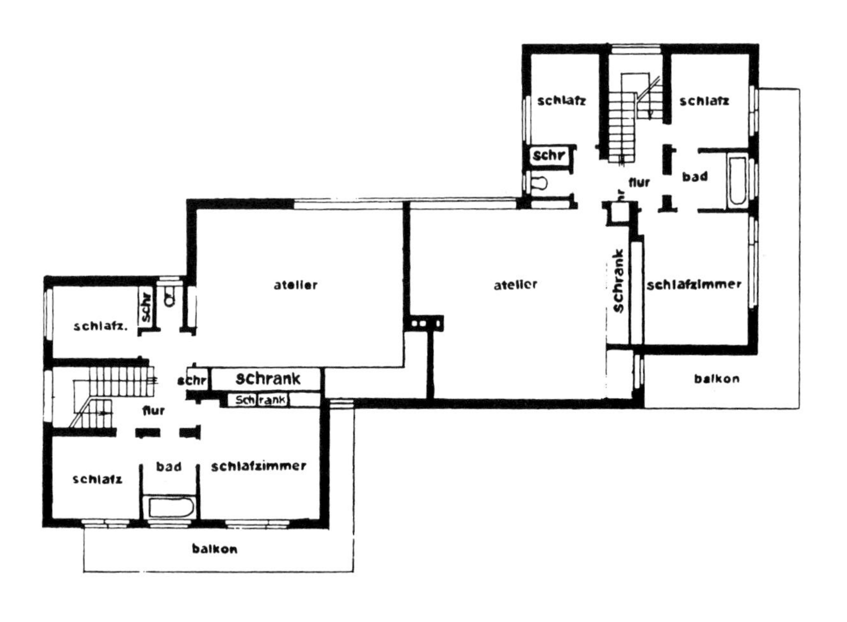


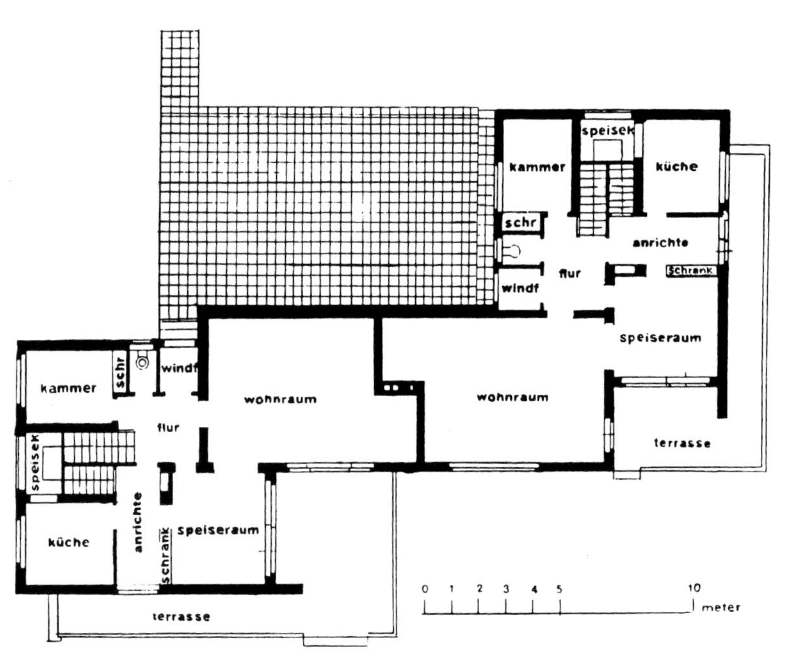


Grundrisse Erdgeschoss und Obergeschoss, um 1926

reich nahe dem Treppenhaus angeordnet, sind weitere Räumlichkeiten im Erdgeschoss.

Im Obergeschoss befinden sich – neben dem bereits genannten großen Atelierraum – die Schlafräume für die Familie. Zu einem größeren Elternschlafzimmer gibt es zwei kleinere Schlafräume für Kinder oder Gäste, die beiderseits des Treppenhauses liegen. Bad und WC beschließen das Raumprogramm im Obergeschoss. Die rechte Haushälfte besitzt im 2. Obergeschoss zwei Gästezimmer.

Konstruktion der Häuser

Als Verfechter und Förderer neuzeitlicher Baumethoden hat Gropius beim Bau der Meisterhäuser moderne Baustoffe und Bauverfahren angewendet. So besteht die Konstruktion der Häuser nicht aus konventionellem Ziegelmauerwerk. Es kamen verschiedene neue Wandbauweisen zum Einsatz, die je nach Verwendungszweck gewählt wurden.

Im Erd- und Obergeschoss sind die tragenden Wände aus Hohlmauerwerk nach dem System 'Jurko' errichtet worden, „um die bauten möglichst schnell fertigstellen zu können"[10], so Ernst Neufert, künstlerischer und technischer Leiter im Büro Gropius, der mit der Überwachung der Bauausführung der Meisterhäuser betraut war. Die Jurko-Bauweise bezeichnet ein neues Bauverfahren der Deutschen Jurko-Gesellschaft (Leipzig) mit Platten aus Leichtbeton (Schlackebeton, Bimsbeton), die sich durch gute Wärmedämm- und Schallschutzeigenschaften auszeichnen. Die Platten wurden in zwei Größen (44 x 26 x 8 cm und 54 x 32 x 10 cm) hergestellt und konnten zu Voll- oder Hohlmauerwerk verarbeitet werden.[11]

Die Jurko-Bauweise gehört zu jenen Bausystemen der Zeit, die im Baustoff Beton eine Alternative zum Ziegel sahen. Der Einsatz von Leichtbetonsteinen oder -platten versprach aufgrund ihrer kostengünstigen Herstellung, der Größe, des geringen Gewichtes und der schnellen Verarbeitung einen entscheidenden Schritt zur Verbilligung und Verbesserung im Wohnungsbau.

Erfahrungen mit der Jurko-Bauweise hatte Gropius bereits beim Versuchshaus Am Horn in Weimar machen können, das 1923 anlässlich der ersten Bauhaus-Ausstellung des Weimarer Bauhauses errichtet worden war.[12] Bei den Dessauer Meisterhäusern wurden Jurkoplatten im Format 54 x 32 x 10 Zentimeter verwendet und in Hohlmauer-Bauweise vermauert: abwechselnd eine Lage aus zwei stehenden Steinen mit Luftspalt dazwischen und eine Lage mit liegendem Stein. Auch die nichttragenden Innenwände im Erd- und Obergeschoss bestehen aus Jurkoplatten, die stehend vermauert eine 10 Zentimeter dicke Rohbauwand ergeben.

**Werbebroschüre der Deutschen Jurko-Gesellschaft, Produkthersteller der Jurkosteine, um 1925**

**Doppelhaus im Bau: mit noch sichtbarem Jurko-Mauerwerk vor dem Verputzen des Hauses und Herstellen der Dachdeckung, 1926**

Die tragenden Wände des Kellergeschosses bestehen aus großformatigen Leichtbeton-Hohlblocksteinen (Block 25 x 25 x 50 cm). Sie sind als eineinhalb Stein starke Wände hergestellt und circa 38 Zentimeter dick. Bei den Decken kamen ebenfalls unterschiedliche Konstruktionen zum Einsatz. Der Keller erhielt eine Fertigteil-Montagedecke aus Betonteilen, die übrigen Geschossdecken wurden als Stein-Eisen-Decken ausgeführt.[13]

Die Flachdächer der Meisterhäuser besitzen Dachdecken, die konstruktiv wie die Geschossdecken aufgebaut, aber mit einer zusätzlichen Torfoleumschicht als Wärmedämmung und einem Gefälleleichtbeton ausgestattet sind. Für die Dachhaut wählte Gropius ein Kiespressdach (mehrlagiges Pappdach).[14]

Seitens der heimischen Bauwirtschaft wurde heftige Kritik an der von Gropius gewählten Bauweise für die Meisterhäuser geübt. Der Arbeitgeberverband für das Baugewerbe Dessau forderte gar „die Einsetzung einer unparteiischen Kommission zur Feststellung der unzweckmäßigen Bauweise an den Meisterhäusern."[15]

Selbst Hannes Meyer spricht – in seiner Funktion als Direktor des Bauhauses – rückblickend von einer „experimentellen Bauweise der Meisterhäuser"[16], die für verschiedene frühzeitig auftretende Bauschäden an den Häusern verantwortlich zu machen ist.

Ausstattung / Innenausbau

„Was die Meisterhäuser in Dessau historisch bedeutsam macht, ist die seltene Einheit zwischen Bau und Innenausbau, die Folge eines team-work der verschiedenen Abteilungen des Bauhauses."[17] Diese vom Schweizer Architekten Sigfried Giedion geäußerte Einschätzung weist den Meisterhäusern den Rang eines Gesamtkunstwerkes zu und unterstreicht deren Bedeutung als Demonstrationsobjekte modernen Wohnens, die die ganzheitlichen Ideen des Dessauer Bauhauses mit seinen einzelnen Werkstätten verkörpern.

Die Einbindung der Bauhauswerkstätten am Ausbau der Meisterhäuser war wesentlicher Bestandteil des von Walter Gropius erstellten Bauplanes. Einerseits war „die Mitarbeit der Schülerschaft am inne-

Speisekammerschrank der Tischlereiwerkstatt und Küchengerät der Firma Askania, 1926

ren Ausbau [...] pädagogisch sehr wertvoll"[18], andererseits ergaben sich konkrete Arbeitsaufgaben für die verschiedenen Werkstätten. Dies gilt besonders für die Tischlereiwerkstatt, die Einbauschränke und Möbel lieferte, für die Metallwerkstatt, in der die verschiedensten Lampen – meist nach Entwürfen von Marianne Brandt – gefertigt wurden,[19] und für die Wandmalereiabteilung, die den Außen- und Innenanstrich der Häuser durchführte.

In der zeitgenössischen Besprechung der Häuser fand die „Indienststellung der neuzeitlichen technischen Errungenschaften"[20] besondere Beachtung. Die verschiedenen platzsparenden Einbauschränke und Wandschränke, zum Teil zweiseitig bedienbar, zum Teil mit technischer Ausstattung versehen, begeisterten Bauschaffende wie Laien gleichermaßen. Die Vorzüge der von den Bauhauswerkstätten geschaffenen Innenausbauten wurden mit dem „hygienischen, hauswirtschaftlichen und zeitersparenden Komfort der Wohntechnik" beschrieben.[21]

Im Blickfeld des Interesses stand das Wohnhaus des Bauhausdirektors Gropius, das aufgrund seiner mit allerlei technischen Raffinessen ausgestatteten Einbaumöbel und anderem haustechnischen

Bad: Waschbecken und Badewanne der Firma Bamberger & Leroi, 1926

Werbeprospekt der Schofer Kamin- und Ziegeleiwerke, Waiblingen, 1929

Gerät bald einen legendären Ruf besaß. Bei einem Besuch des Dessauer Hausfrauenvereins im Oktober 1926, der in erster Linie eine Besichtigung der „hauswirtschaftlichen Einrichtung" zum Ziele hatte, galt das gesteigerte Interesse der funktionalen Kücheneinrichtung im Haus Gropius. Ise Gropius selbst führte durch die Räumlichkeiten des Hauses.[22]

Für den Innenausbau und die Ausstattung griff Gropius auf industrielle Serienprodukte zurück, die entweder in den Bauhauswerkstätten selbst hergestellt wurden oder nach deren Entwurf in Serienfertigung gingen, wie zum Beispiel Mobiliar von Marcel Breuer[23] oder die von Gropius selbst entworfenen Türgriffe, die unter anderem von der Berliner Firma Loevy hergestellt wurden.[24]

Neben den am Bauhaus entworfenen Ausstattungselementen fanden Industrieerzeugnisse Verwendung, die als moderne Massenprodukte akzeptiert und eingebaut wurden. So lieferte die Firma Schofer aus Waiblingen die Kamine, die Firma Askania die verschiedensten Küchengeräte; die Sanitäreinrichtung mit Waschbecken und Badewannen für Bäder und Toiletten stammte von der Firma Bamberger & Leroi.

Besondere Berührungspunkte bestanden zwischen der Firma Junkers Dessau und dem Bauhaus. Kontakte unterhielten vor allem die Möbelwerkstatt und die Reklameabteilung des Bauhauses mit dem ortsansässigen Unternehmen. Gropius selbst hatte mit Hugo Junkers über die Möglichkeit einer seriellen Häuserfabrikation korrespondiert. Eine wirklich bedeutende Zusammenarbeit kam aber nicht zustande, was wohl auf das unterschiedliche Selbstverständnis der Beteiligten – hier privates Wirtschaftsunternehmen, dort öffentliche Hochschule – zurückzuführen war.[25] Junkers installierte in den Dessauer Meisterhäusern die wärmetechnischen Anlagen für Heizung (u. a. Heizkörper) und die Warmwasserversorgung (u. a. Gasbadeöfen, Wasserboiler). In Firmenprospekten für die Produkte zur Warmwasserversorgung wird mit den Meisterhäusern als Referenzobjekt geworben.[26]

„Das Haus und seine Warmwasserversorgung". Firmenschrift der Firma Junkers Dessau

## Die Erstbewohner

Die Meisterhäuser sind nicht nur Demonstrationsobjekte modernen Wohnens, die die idealtypischen Anschauungen des Architekten Walter Gropius beziehungsweise des Dessauer Bauhauses dokumentieren: Spätestens mit dem Einzug der ersten Bauhausmeister wurden sie auch zu Künstlerhäusern, nicht zu trennen von den dort lebenden Künstlerpersönlichkeiten, die ihre Wohnungen nach eigenen Vorstellungen einrichteten und ausgestalteten. Im August 1926 zogen die Bauhausmeister mit ihren Familien in die neuen Häuser an der Burgkühnauer Allee ein.[27] Die ersten Mieter der Häuser waren: Walter Gropius (Direktorenwohnhaus Burgkühnauer Allee 1), László Moholy-Nagy und Lyonel Feininger (Haus Burgkühnauer Allee 2/3), Georg Muche und Oskar Schlemmer (Haus Burgkühnauer Allee 4/5), Paul Klee und Wassily Kandinsky (Haus Burgkühnauer Allee 6/7).[28]

Der Umzug in die neuen Häuser stellte für die Bauhausmeister eine erhebliche Verbesserung ihrer Wohn- und Arbeitsbedingungen dar. Dennoch fanden die Häuser bei den Familien der Bauhausmeister ein geteiltes Echo.

Lyonel Feininger zeigte sich begeistert: „Ich sitze auf unserer Terrasse, die einfach wonnig ist. Der Überhang und die kurze Südwand, über die wir so unglücklich waren, auf dem Plan des Hauses, geben gerade das gemütliche Licht – ohne diese Vorsprünge wäre alles in Sonne und Mittagsglut gebadet. Es geht mit allen Räumen so – sie sind wohnlicher – und fast immer größer, als wir nach dem Hausplan und ohne Möbel vorstellten [...]."[29]

Kritik an den Häusern übte dagegen Nina Kandinsky, die rückblickend von ihrem Unbehagen über die anfängliche Wohnzeit im neuen Haus Burgkühnauer Allee 7 berichtet: „Besonders glücklich fühlten Kandinsky und ich uns in der Architektur von Gropius nicht. Es gab Mängel, die das Wohnen nicht sehr behaglich machten."[30]

Bekannt ist die von sozialem Skrupel geprägte Reaktion Oskar Schlemmers, als er erstmalig mit den Häusern konfrontiert wurde: „Ich bin erschrocken, wie ich die Häuser [...] gesehen habe! Hatte die Vorstellung, hier stehen eines Tages die Wohnungslosen, während sich die Herren Künstler auf dem Dach ihrer Villen sonnen."[31] Schlemmers Bedenken sind nachvollziehbar, wenn die Mietpreise zum Ausgangspunkt der Betrachtung herangezogen werden. Die jährlichen Mieten von 2500 RM für das Einzelhaus (ohne Hausmeisterwohnung) und 1500 RM beziehungsweise 1650 RM für eine Wohnung in den Doppelhäusern lagen weit über den ortsüblichen Mieten und bedeuteten für die Mieter eine nicht unwesentliche finanzielle Belastung.[32]

Die Äußerungen der Bauhausmeister lassen vermuten, dass ihnen Gropius' Entwurfsplanung für die Häuser bekannt gewesen sein dürfte. Eine grundsätzliche Beteiligung der Bauhausmeister am Planungsprozess ist aber eher auszuschließen. Hierfür spricht auch, dass ihnen die Häuser lediglich als Mietobjekte zur Verfügung gestellt wurden. Für die Stadt Dessau als Bauherrin war das Büro Gropius Vertragspartner beim Bau der Häuser.

Den Künstlerfamilien wurden die Häuser fertig eingerichtet zur Verfügung gestellt, inklusive aller fest installierten Einbauten (Einbauschränke, haustechnisches Gerät, Küchen- und Sanitärobjekte). Inwieweit Wünsche der Bewohner (z. B. hinsichtlich des Innenanstrichs) im Planungs- und Ausführungsstadium Berücksichtigung fanden, bleibt unklar.[33]

Ausstattungsstücke und Gegenstände, die bei Einzug als persönliches Eigentum von den Mietern selbst fest installiert wurden, sind als Anhang zum Mietvertrag in Form einer persönlichen Aufstellung über „auf eigene Kosten eingebautes Eigenin-

**Die Bauhausmeister Scheper, Schlemmer und Muche mit ihren Familien auf Balkon und Terrasse eines Doppelhauses (vermutlich Haus Muche), 1926**

ventar" festgehalten. Demnach ließ Muche im Erdgeschoss in der kleinen Kammer links vom Eingang eine Garderobe einbauen. Zu seinem persönlichen Besitz zählten auch „die Lampen im Atelier und den übrigen Räumen [...] bis auf die Besenkammerbeleuchtung und die Hausnummernbeleuchtung."[34] Oskar Schlemmers Liste nennt unter anderem folgende fest installierte Ausstattungsgegenstände: 1 Waschbecken im 2. Obergeschoss, eine Nickelvorhangstange an der Decke des Ateliers, 1 Nischeneinbau (schwarz lackiert) im Wohnzimmer.[35]

Unser heutiges Wissen um die persönliche Ausgestaltung der Wohnungen der Bauhausmeister mit Mobiliar, farbigen Wandgestaltungen oder Kunstgegenständen ist höchst unterschiedlich. Zu fragmentarisch sind die zeitgenössischen Quellen überliefert; lückenhaft und zufällig die Beschreibungen und Erinnerungen ihrer Bewohner. Gute Kenntnisse liegen für die Häuser des Bauhausdirektors Walter Gropius und Moholy-Nagy vor, obwohl diese Häuser wegen Kriegsverlust als Studienobjekte heute nicht mehr zur Verfügung stehen. Das Haus Moholy-Nagy ist durch die Fotografien Lucia Moholy-Nagys, 1926 die wichtigste Fotografin am Bauhaus, gut dokumentiert. Es lag nahe, autorisierte Fotos von den Meisterhäusern, die für eine Veröffentlichung und damit für eine Verbreitung der Ideen und der Arbeiten des Bauhauses benutzt werden sollten, vom eigenen Haus anzufertigen, zumal die Ausstattung durchweg Möbel und Lampen aus den Bauhauswerkstätten beinhaltete.[36]

### Ausgestaltung im Meisterhaus Muche/Schlemmer

Erstbewohner

Die ungünstige Quellenlage für das Meisterhaus Muche/Schlemmer erlaubt nur fragmentarisch Einblicke in die künstlerische Gestaltung dieser Wohnungen. Es gibt weder Farbentwürfe noch nennenswerte Aufzeichnungen der Hausbewohner oder anderer Zeitzeugen, die Aufschluss geben könnten über Raumfassungen, Wandgestaltungen, Mobiliar oder Kunst-

**Wohnzimmer Haus Muche, 1926**

**Wohnzimmer**
**Haus Muche, 1926**

gegenstände. Allein das Wohnzimmer im Haus Muche ist durch wenige Aufnahmen des Bauhausfotografen Erich Consemüller festgehalten, und eine Privataufnahme der Familie Schlemmer zeigt den Bauhausmeister zusammen mit seinen Kindern im Wohnzimmer des Hauses.

Im Haus Muche zeigen die Aufnahmen vom Wohnzimmer ein puristisches Raumkonzept mit sparsamster Möblierung, die nach Entwürfen von Marcel Breuer gefertigt wurde.[37] Am Fenster stand ein kleiner, in den Raum gestellter Schreibtisch, der – allseitig offen – eher wie ein Gestell wirkte; senkrecht dazu ein boxähnliches Möbelstück mit Schubladen, analog zum Schreibtisch in dunkler und heller Lackierung gehalten. An der gegenüberliegenden Wand war ein schmales, vom Fußboden bis zur Decke reichendes Regal befestigt. In der Nische und an der Längswand standen im rechten Winkel zwei baugleiche gepolsterte Sitzbänke. Schließlich vier identische Beistelltischchen, im Aufbau dem Schreibtisch vergleichbar, die in Kombination oder auch als Einzelstück locker im Raum verteilt werden konnten.

Fünf Bilder (vier Gemälde, eine Zeichnung) hingen im Raum , die – an einer umlaufenden Bilderleiste befestigt – in lockerer Hängung das Wohnzimmer schmückten. Bei den Bildern handelt es sich vermutlich ausschließlich um Werke von Georg Muche. Drei Werke können Muche eindeutig zugewiesen werden: das Ölgemälde 'Schwarze Maske' von 1922, das an der Stirnwand der Nische aufgehängt war, 'Zwei Vasen', ein großformatiges Gemälde von 1924 an der Langwand des Raumes, und an der Fensterwand das Gemälde 'Bild mit Gittermuster in der Mitte' von 1919.[38]

Oskar Schlemmer mit seiner Familie in der Nische seines Wohnzimmers, um 1927

Die Fotos von Consemüller geben helle Wand- und Deckenflächen wieder, ausgenommen die quadratische, in den Raum zeigende Wandfläche neben der Nische. Diese zeigt einen stark dunklen Anstrich, ist von einer Behängung durch Bilder freigehalten und lässt – zusammen mit dem dunklen Linoleumboden – einen auffälligen Kontrast zu den Wand- und Deckenflächen erkennen.

Die lackierten Innentüren weisen ebenfalls einen hellen Anstrich auf. Weiterhin setzen sich die umlaufende Bilderleiste und die Verkleidung des Rollladenkastens über dem Fenster in ihrer dunklen Farbgebung von den Wandflächen deutlich ab, ein nicht unwesentliches gestalterisches Detail für die Raumwirkung.

Das Wohnzimmer im Haus Muche dürfte auch Gropius' Ansichten moderner Wohnraumgestaltung weitgehend entsprochen haben. Eine Aufnahme des Wohnzimmers verwendete Gropius im Buch 'bauhausbauten dessau', in dem ansonsten nur von ihm autorisierte Fotos zum eigenen Wohnhaus und zum Haus Moholy-Nagy abgebildet wurden.[39]

Über Raum- und Wandgestaltungen im Haus Schlemmer, die nachweislich Oskar Schlemmer selbst zugeschrieben werden könnten, liegen so gut wie keine Hinweise vor. Eine Innenaufnahme zeigt Oskar Schlemmer mit seinen Kindern vor der Wandnische im Wohnzimmer mit dunkler Stirnwand und hellen Nischenseitenflächen. Die Nische ist allseitig mit einem circa 50 Zentimeter hohen Paneel ausgestattet, auf dem die Kinder Schlemmers sitzen. Ganz offensichtlich handelt es sich hierbei um jenen schwarz lackierten Nischeneinbau, den Schlemmer beim Einzug im Mietvertrag als eingebautes Eigeninventar angegeben hat.[40]

Außerdem soll Schlemmer für sein Meisterhaus eine Reihe von Möbeln entworfen haben, die in den Bauhauswerkstätten angefertigt und mit Stühlen von Breuer ergänzt wurden.[41]

## Spätere Bewohner

Über die Nutzungsgeschichte der Häuser für den Zeitraum späterer Bewohnergenerationen von Bauhausmeistern ist wenig bekannt. Standen die Meisterhäuser zum Zeitpunkt ihrer Fertigstellung und mit dem Einzug der ersten Meister als Demonstrationsobjekte des Bauhauses im Blickpunkt des Interesses, so dass sie auch öffentlich

**Abschiedsfest für Georg und El Muche im Haus Scheper, 1927**

Aufmerksamkeit auf sich zogen, um so weniger Beachtung fanden sie in späterer Zeit. Mit dem Ausscheiden von Walter Gropius als Direktor des Bauhauses im April 1928 fehlte nicht nur der Erbauer der Häuser, sondern auch deren wichtigster Patron, der sie als 'bauhausbauten' bekannt gemacht und erfolgreich als Musterbeispiele moderner Wohnkultur propagiert hatte. Sein Nachfolger als Bauhausdirektor, Hannes Meyer, hatte eine geringere Affinität zu den Häusern und verfolgte mit dem Aufbau der Architekturabteilung am Bauhaus auch eine andere Architekturlehre. Außerdem stand mit der Beauftragung zur Planung und zum Bau der Bundesschule des ADGB in Bernau bei Berlin ein Projekt im Vordergrund, mit dem das Bauhaus unter neuer Leitung neues Ansehen gewinnen konnte.

Die Mietverträge für die Häuser galten in der Regel nur für die Dauer des Beschäftigungsverhältnisses am Bauhaus. Das Ausscheiden eines Meisters bedeutete auch einen Bewohnerwechsel für die den Meistern und Jungmeistern vorbehaltenen Häuser in der Burgkühnauer Allee. Bei einer vorübergehenden Abwesenheit eines Meisters, zum Beispiel aufgrund eines anderweitigen Lehrauftrages, wurden die Wohnungen aber auch an andere Beschäftigte des Bauhauses zwischenvermietet.

Wohnzeit Hinnerk Scheper

Der erste Bewohnerwechsel trat im Juli 1927 ein, als Georg Muche das Bauhaus verließ, um als Lehrer an die von Johannes Itten geleitete Kunstschule in Berlin zu wechseln. Muches Weggang aus Dessau bedeutete den erstmaligen Einzug eines Jungmeisters in eines der erst seit einem Jahr in Nutzung befindlichen Meisterhäuser. Hinnerk Scheper, Leiter der Werkstatt für Wandmalerei, zog in das Haus Muche ein.[42] Scheper bewohnte das Haus mit Unterbrechungen bis Ende Juli 1933.[43] Er war zugleich der letzte Bauhausmeister, der nach der erzwungenen Auflösung des Bauhauses durch die Nationalsozialisten die Meisterhäuser verließ.

Über Schepers Zeit im Haus Burgkühnauer Allee 4 ist nichts bekannt. Nur der erhaltene Mietvertrag gibt Auskunft über einige Gegenstände, die er beim Einzug mitbrachte: diverse Beleuchtungskörper (u. a. Kugelleuchten für Atelier und Esszimmer), je ein Spiegel für Schlafzimmer und Bad, ein Kleiderregal im Mäd-

**Auszug der Familie Arndt 1933**

chenzimmer, mehrere Vorhangstangen.[44]

Von Juli 1929 bis September 1931 befand sich Scheper in Moskau, wohin er zur Mitarbeit beim Aufbau einer zentralen Beratungsstelle für Farbe berufen worden war.[45] Während dieser Zeit war Scheper von seinen Lehrverpflichtungen am Bauhaus Dessau befreit und seine Wohnung zur Zwischenvermietung freigegeben worden. Auf Vorschlag von Hinnerk Scheper wurde ein Teil der Wohnung an Frau Margarete Sachsenberg vermietet, die von der Stadt Dessau 1926 als Geschäftsführerin des Bauhauses bestellt worden war.[46] Im anderen Teil der Wohnung lebte im Juli 1929 der österreichische Architekt Anton Brenner, den Hannes Meyer kurzzeitig für eine Mitarbeit in der Bauabteilung hatte gewinnen können.[47] Schon im August zog Brenner wieder aus und neuer Mieter wurde der Typograf und Bildhauer Joost Schmidt, zu diesem Zeitpunkt Leiter der Plastischen Werkstatt und der Reklameabteilung. Joost Schmidt bewohnte die zweite Hälfte des Hauses von Oktober bis Dezember 1929, bevor er zum Januar 1930 in die frei gewordene Wohnung des Hauses Schlemmer wechselte.[48] Wie lange Frau Sachsenberg im Haus von Scheper gewohnt hat, vielleicht auch noch nach Schepers Rückkehr aus Moskau, und ob weitere Untermietverhältnisse bestanden, ist nicht bekannt.

Untervermietung an Hannes Meyer

Im Hause Schlemmer zog schon 1927 Hannes Meyer als Untermieter ein. Walter Gropius hatte den Schweizer Architekten im April des Jahres nach Dessau geholt, um den Aufbau der Architekturabteilung voranzutreiben. In einem Brief an den Oberbürgermeister der Stadt Dessau, den

Meyer zur Klärung offener Fragen anlässlich seiner bevorstehenden Anstellung als Meister der Architekturklasse verfasst hat, äußert er sich auch zu seiner zukünftigen Wohnsituation in Dessau. In dem Brief kündigt er an, mit der vorübergehenden Anmietung eines Teiles der Wohnung im Haus Schlemmer eine auf ein Jahr beschränkte Zwischenlösung für sich gefunden zu haben, ehe er und seine Familie in ein von ihm errichtetes „Versuchshaus" ziehen würden.[49] Meyers Aufenthalt im Hause Schlemmers war vermutlich auf nur wenige Wochen begrenzt.

### Wohnzeit Alfred Arndt / Joost Schmidt

Oskar Schlemmer und seine Familie bewohnten das Haus in der Burgkühnauer Allee 5 bis Ende September 1929.[50] Schlemmer hatte eine Professur an der Breslauer Akademie für Kunst und Kunstgewerbe angenommen, die er bis 1932 ausfüllte.[51] Vermutlich haben Differenzen mit der Studentenschaft wie mit Hannes Meyer über eine stärkere sozialpolitische Orientierung der Bühne ihn zu der Entscheidung bewogen, das Bauhaus in Dessau zu verlassen.

Für das frei gewordene Haus gab es gleich mehrere Bewerber, unter anderen Margarete Sachsenberg, die bei Scheper nur vorübergehend zur Untermiete wohnte, Gunta Stölzl, Meisterin der Webereiwerkstatt und zu diesem Zeitpunkt mit Arieh Sharon[52] verheiratet, sowie Alfred Arndt, Meister der Ausbau-Abteilung, und Joost Schmidt, der wie Frau Sachsenberg vorübergehend einen Teil des Hauses Scheper bewohnte.[53]

Die Stadt Dessau entschied sich dafür, sowohl Herrn Arndt als auch Herrn Schmidt einen Mietvertrag für das Haus Schlemmer zu geben. Die mit Wirkung zum 1. Januar 1930 ausgestellten Mietverträge legten fest, dass Alfred Arndt die Wohnung im Erdgeschoss und ein Zimmer im Dach erhielt, während Joost Schmidt das erste Obergeschoss mit dem Atelier und ebenfalls ein Dachzimmer zugesprochen wurde.[54] Arndt und Schmidt bewohnten das ehemalige Haus Schlemmer bis zum April 1933.[55] Bereits im Sommer 1932, als sich durch die geänderten politischen Verhältnisse eine Auflösung des Bauhauses in Dessau anbahnte, kündigte Alfred Arndt die von ihm gemietete Wohnung im Erdgeschoss des Hauses.[56]

Auch für die Zeit der Bewohnung des Hauses Schlemmer durch die Nachmieter Arndt und Schmidt gibt es keine Hinweise, die auf gestalterische Eingriffe der Bauhausmeister hindeuten würden. Von Arndt ist lediglich bekannt, dass er 1929 an der Westwand im Wohnzimmer einen Einbauschrank einbauen ließ.[57]

Es ist wahrscheinlich, dass die zahlreichen Neu- beziehungsweise Untervermietungen auch Eingriffe in die Bausubstanz bedeuteten, die Gropius' Konzeption der räumlich-funktionalen Erschließung und auch die künstlerischen Intentionen der ersten Bewohner zur Ausgestaltung ihrer Wohnungen beeinträchtigten. Hier erwies sich das Bestreben der Stadt Dessau als Eigentümerin der Häuser um eine Auslastung der Wohnungen mit entsprechenden Mieteinnahmen vorrangiger als die Wahrung der künstlerischen Interessen des Erbauers und der Bewohner.

### Bauliche Veränderungen

Die gleichzeitige Vermietung des Hauses Schlemmer an die Bauhausmeister Arndt und Schmidt bedeutete eine mit Umbauten einhergehende Zweiteilung des Hauses mit in sich abgeschlossenen Wohnungen und separater Gas- und Stromversorgung. Entsprechend erhielt die Wohnung von Arndt im Erdgeschoss „eine bade- und waschgelegenheit in der bestehenden küche", während die Wohnung von Schmidt durch „den einbau eines gasherdes und einer abwaschgelegenheit im kleinsten schlafzimmer" mit küchentechnischer Ausstattung versehen wurde.[58]

Schon bald nach Fertigstellung traten bei allen Meisterhäusern erste Bauschäden auf, die von Kritikern auf konstruktive Mängel oder fehlerhafte Ausführung beim Bau zurückgeführt wurden. Neuverputzungen und Neuanstriche, die aufgrund dauerhaft auftretender Feuchteschäden notwendig wurden, gehörten zu den wiederkehrenden Ausbesserungsmaßnahmen der Bauabteilung des Bauhauses.[59]

Im nachhinein wurde für das Auftreten der Feuchteschäden die Mangelhaftigkeit der Flachdächer in ihrer Konstruktionsart mit der verwendeten Eindeckung verantwortlich gemacht.[60] Hans Volger, in leitender Funktion bei der Bauabteilung des Bauhauses, räumt konstruktive Probleme bei den nach außen vorkragenden Deckenplatten ein, die zu Schwitzwasserbildungen führten und schließlich größere Bauschäden nach sich zogen.[61]

Am Haus Muche/Schlemmer traten 1930 Risse im Dachauflager auf, die ein Abplatzen des Putzes in diesem Bereich bewirkten. Um das Problem zu lösen, wurde am Dachauflager umlaufend eine Dehnungsfuge angebracht, die als außen sichtbare Baumaßnahme das Erscheinungsbild des Hauses beeinträchtigte.[62]

Probleme bereitete auch die Haustechnik, besonders die Heizung und die Warmwasserversorgung. Immer wieder gab es Klagen der Bewohner über die mangelhafte Erwärmung der Wohnungen[63], so dass sich einige Bewohner Öfen setzen ließen.[64] Große Schwierigkeiten bereitete die Beheizung der Ateliers mit ihren großen Fensterflächen. Die Beheizung der verglasten Ateliers und Treppenhäuser trieb die Heizkosten in die Höhe. Um dem Problem der Beheizung der Ateliers wirksam entgegentreten zu können, wurde 1931 die untere Scheibenreihe der Atelierfenster mit Isolierplatten gegen eindringende Kaltluft verkleidet,[65] nachdem bereits kurz nach Fertigstellung der Häuser die untere Fensterscheibenreihe einen Anstrich zum Schutz gegen Witterung erhalten hatte.[66]

Die schlecht funktionierende Heizung, eine Niederdruck-Dampfheizung, erforderte ein Nachrüsten der Anlage. Die Heizkessel im Keller waren mit dem Kamin des Hauses (System Schofer), der zu den Rauchgaszügen auch Lüftungszüge erhielt, über einen längeren Bodenkanal zur Ableitung der Rauchgase verbunden. Die gewählte Kombination von Heizung und Kaminsystem erwies sich als sehr anfällig.[67] Darum wurde am Standort der Heizkessel 1929 ein eigener Kamin für jede Wohnung errichtet. Die Baumaßnahme bewirkte zwar eine deutliche Verbesserung der Wärmewerte, hatte aber zur Folge, dass der neue Kamin mitten durch das Atelier verlief: eine starke Beeinträchtigung nicht nur der Raumwirkung, sondern auch für die praktische Tätigkeit des Künstlers.[68]

## Bau- und Nutzungsgeschichte nach 1933

Nutzung während der Zeit des Nationalsozialismus

Die politisch-ideologisch bedingte Auflösung des Bauhauses 1932 bedeutete eine einschneidende Zäsur in der Geschichte der Meisterhäuser, die nun ihres ursprünglichen Zweckes als Wohn- und Arbeitsstätte bedeutender Künstler beraubt worden waren. Auch wenn die Häuser, die man ab August 1933 bevorzugt an Mitarbeiter der örtlichen Junkers Werke vermietete,[69] weiterhin als Wohnhäuser genutzt wurden, hat sich aufgrund der andersartigen Wohnvorstellungen und Bedürfnisse der neuen Mieter das Erscheinungsbild weiter verändert. Zahlreiche Anstrich- und Renovierungsarbeiten begleiteten die Geschichte der Häuser in den dreißiger Jahren.

Den verbalen Anfeindungen der Natio-

Umbau eines Doppelhauses 1939

nalsozialisten gegen die Architektur des Bauhauses folgten in der zweiten Hälfte der dreißiger Jahre verstärkt Forderungen nach deren Beseitigung. Auch die Dessauer Meisterhäuser wurden zunehmend Gegenstand ideologischer Attacken der Nationalsozialisten, die auf eine Entfernung der „bewußt betonten Ärmlichkeit des Dessauer Bauhausstiles“ abzielten.[70]

Anfang 1939 verkaufte die Stadt Dessau die Grundstücke mit den früheren Meisterhäusern an die Junkers Flugzeug- und Motorenwerke AG. Das Ausmaß der Verachtung, das den Dessauer Bauhausbauten entgegengebracht wurde, wie auch der Wille, die verhasste Architektur zu beseitigen, drückt sich augenfällig in einer Klausel zum Verkauf der Häuser aus, die den Käufer explizit vertraglich dazu verpflichtet „diese Häuser im Einvernehmen mit dem Stadtbauamt außen jetzt umzugestalten, so daß die wesensfremde Bauart aus dem Stadtbild verschwindet.“[71]

Noch im gleichen Jahr wurden die „Bauhaus-Irrtümer berichtigt“ und die Meisterhäuser „zu wirklichen Wohnungen umgestaltet“, so ein bissiger Zeitungsartikel in der Mitteldeutschen Zeitung vom Juli 1939, unterlegt mit zwei Fotoaufnahmen, die eines der Meisterhäuser vor dem Umbau mit Atelierfenster und nach dem Umbau mit ‘Berliner Fenster’ zeigen.[72] „Damit verschwinden die letzten Zeugen einer Epoche, die mit der Aufführung ernüchternd kahler Betonwürfel ohne jegliche Verbindung zur Landschaft einen neuen deutschen Baustil zu schaffen glaubte,“ so das abschließende Urteil zum „Umbau der Dessauer 'Bauhäuser'“ in der Architekturzeitschrift ‘Bauen, Siedeln, Wohnen’.[73] Dass „die in ihrer ganzen Bauweise in unserer Landschaft absolut unorganisch wirkenden Betonwürfel“ nicht gänzlich dem Erdboden gleichgemacht und weiterhin als „Fremdkörper in der Landschaft“ belassen wurden, wird mit der drängenden Wohnungsnot begründet, die allein den Fortbestand der Häuser rechtfertigte.[74]

Ein Totalumbau der Häuser getreu der verordneten Gestaltideologie der Nationalsozialisten blieb allerdings aus. Ihre kubische Architektur mit Terrassen und vorkragenden Balkonen blieb weitgehend erhalten.[75] Weder wurden die Häuser mit traditionellen Schmuckelementen versehen

Umbau des Hauses Muche, 1940

noch erhielten sie das vorgeschriebene, dem Heimatstil verpflichtete Satteldach. Mit der Beseitigung der Atelier- und Treppenhausfenster und dem Einbau kleinerer Fenster wie auch der Abtragung des Treppenhauskopfes beim Haus Muche erfolgten aber Eingriffe, die auf eine bewusste Unkenntlichmachung der Bauhaus-Architektur abzielten, und die somit auch die künstlerischen Intentionen des Erbauers und der früheren Nutzer der Häuser zerstörten.[76]

Alle anderen baulichen Veränderungen müssen vor dem Hintergrund funktionaler Notwendigkeiten bewertet werden, unter anderem um eine bessere Vermietbarkeit der Häuser zu erreichen. So wurden die nicht mehr benötigten Atelierräume geteilt und zu Wohnräumen umgenutzt. Die Teilung hatte auch den Einbau neuer Fens-

Meisterhaus Muche/Schlemmer, Straßenansicht, um 1970

ter an der Rückseite der Häuser zur Folge.

Im Erdgeschoss des Hauses Muche wurde das Esszimmer gartenseitig bis auf die Tiefe des Wohnzimmers erweitert. Mit dem dadurch bedingten Verlust der Terrasse ist auch die direkte Anbindung des Wohnzimmers zum Garten aufgegeben worden.[77]

Schwierigkeiten bereitete weiterhin die Heizungsanlage im Keller, die 1929 zu ihrer Verbesserung neue Schornsteine erhalten hatte. Diese wurden wieder aufgegeben und abgerissen, da man den Standort der Heizkessel in die Mitte des Hauses zum Hauptkamin verlegte, der vergrößert und umgebaut worden war.[78]

Kriegsbedingte Baumaßnahmen erfolgten im Keller mit dem Einbau von Luftschutzräumen in beiden Haushälften. Die Luftschutzräume erhielten bis zu 50 Zentimeter starke Wände. Sie sind bis heute erhalten geblieben.

### Kriegszerstörungen

Das heutige Ensemble der Meisterhäuser weist gegenüber der ursprünglichen Bebauung empfindliche Verluste auf. Es fehlen das Einzelwohnhaus für den Direktor des Bauhauses, ebenso die östliche Hälfte des benachbarten Doppelwohnhauses, das Haus Moholy-Nagy. Beide Häuser sind bei einem Luftangriff im März 1945 zerstört worden. Lediglich der Keller des Direktorenwohnhauses blieb erhalten und ist heute Bestandteil eines nach dem Krieg errichteten Einfamilienhauses.[79] Die anderen Meisterhäuser haben den Krieg weitgehend unversehrt überstanden.

### DDR-Zeit

Die Nutzungsgeschichte der Häuser nach 1945 umfasst einen fast fünfzigjährigen Zeitraum, in dem die Meisterhäuser unbeachtet von der Öffentlichkeit als reine Zweckbauten funktionierten, losgelöst von ihrer ursprünglichen Bedeutung als Wohn- und Arbeitsstätte berühmter Künstlerpersönlichkeiten. Die nach 1933 einsetzende Entwicklung einer am bloßen Bedarf orientierten Nachnutzung der Häuser, die eine Reduzierung auf eine den temporären Bedürfnissen von Eigentümern und Bewohnern entsprechende Verfügbarkeit bedeutete und weitere Umbauten und Veränderungsmaßnahmen an den Häusern zeitigte, setzte sich in der DDR-Zeit unvermindert fort.

Die unsensible Weiternutzung der Häu-

Meisterhaus Muche/Schlemmer, Straßenansicht, 1976

ser, die zum Teil auch eine Umnutzung für Bürozwecke nicht ausschloss,[80] erklärt sich zum Teil aus der Nichtwürdigung des kulturellen Erbes der Bauhauszeit durch die Verantwortlichen der DDR-Kulturpolitik. Dies gilt besonders für die fünfziger Jahre, in der die Bauhaus-Architektur offen abgelehnt wurde und die DDR-Baupolitik ein 'Bauen in nationaler Tradition' propagierte. Das im Krieg zerstörte Meisterhaus Moholy-Nagy wurde nicht wiederaufgebaut. Im Falle des Einzelhauses Gropius ist auf dem bauzeitlichen Kellergeschoss 1956 ein traditionelles Wohnhaus mit Satteldach entstanden.[81]

Auch die Mitte der sechziger Jahre in der DDR einsetzende Wiederentdeckung und Rehabilitierung des Bauhauses, die 1974 mit der Aufnahme von Bauhausgebäuden in die zentrale Denkmalliste der DDR und 1976 mit der unter denkmalpflegerischen Gesichtspunkten durchgeführten Wiederherstellung des Bauhaus-Gebäudes erste Würdigungen erfuhr, blieb ohne Auswirkungen auf die Meisterhäuser. Besonders in der an Mangelwirtschaft leidenden Spätphase der DDR fehlten die Mittel nicht nur für die Wiederherstellung der veränderten Gebäude, sondern selbst für notwendige Instandhaltungsmaßnahmen, die eine denkmalgerechte Sicherung der Bausubstanz gewährleistet hätten. So führte allein die Summe der über einen langen Zeitraum vorgenommenen Maßnahmen, überwiegend kleinere Eingriffe zur Verschönerung und Modernisierung, zu einem schleichenden Veränderungsprozess an den Häusern und zum sukzessiven Verlust originaler Ausstattungselemente.

Die aufgezeigten Rahmenbedingungen bestimmten auch das Geschick des Meisterhauses Muche/Schlemmer zwischen 1945 und 1990. Während dieser Zeitspanne sind kleinere und größere Eingriffe vorgenommen worden, die zu einer weiteren Verunklarung des früheren Erscheinungsbildes führten.

Verhältnismäßig gering fallen die Maßnahmen ins Gewicht, die beim ersten Betrachten des Hauses als Zutaten aus der DDR-Zeit erkennbar sind. Hierzu gehören den Fassaden vorgesetzte Schornsteine, die darauf zielten, die Räume mit einer zusätzlichen Heizmöglichkeit auszustatten, ein im Obergeschoss des Hauses Muche

Meisterhaus Muche/Schlemmer, Straßenansicht, 1976

angefügter Anbau zwischen Schlafzimmer und früherem Atelier sowie das Aufbringen eines groben Spritzputzes auf diversen Fassadenflächen. Darüber hinaus veränderte der Einbau von Fenstern und Fenstertüren unterschiedlichster Bauart das Fassadenbild.

Im Innern des Gebäudes finden sich vereinzelt Grundrissänderungen, ohne dass die Raum- und Erschließungsstruktur grundlegend aufgegeben wurde. So kam es im Haus Muche im Wohnzimmer zur Abtrennung eines Erschließungsflures und zur Teilung der ehemaligen Anrichte durch den Einbau eines Bades.

Diverse Modernisierungsmaßnahmen und anhaltende Vernachlässigung grundlegender Instandhaltungsmaßnahmen führten zum Verlust originaler Ausstattungselemente (Türen, Einbauschränke, Waschbecken). Der Austausch dieser Elemente war jedoch häufig verschleißbedingt und erfolgte nicht generell, so dass einige originale Ausstattungselemente bis heute erhalten geblieben sind. Die meisten Veränderungen sind als normale und durchaus übliche Spuren der Wohn- und Lebensgeschichte eines Hauses zu betrachten. Es ist vielmehr die Vielzahl der Eingriffe, die – im Zusammenhang mit größeren Umbaumaßnahmen der Vorkriegs- und Nachkriegszeit – zu einer Überformung von Baukörper, Bauteilen und Oberflächen führte, die deren Erscheinungsbild erheblich beeinträchtigte und die Häuser ihrer überzeugend wirkenden Architektursprache beraubte.

Nach dem Ende der DDR verstärkten sich auf vielen Ebenen die Bemühungen, die Dessauer Meisterhäuser als eines der bedeutendsten Architekturensembles des Bauhauses wie auch des individuellen Wohnungsbaus in der Geschichte des Neuen Bauens wieder erstehen zu lassen. Mit der Wiederherstellung des Hauses Feininger in den Jahren 1992 bis 1994, des Meisterhauses Kandinsky/Klee in den Jahren 1998 bis 2000 und den im Jahr 2002 abgeschlossenen Instandsetzungsarbeiten am Meisterhaus Muche/Schlemmer ist die besondere Leistung des Bauhauses für Architektur und Gestaltung nun auch anhand der revitalisierten Wohn- und Arbeitshäuser der Bauhausmeister wieder anschaulich erfahrbar.

# Denkmalpflegerische Maßnahmeberatung und ihr Leitziel

**Falko Funkat**

Ateliertrakt nach der Wiederherstellung, 2002

I

Allein das Erscheinungsbild der vernachlässigten Meisterhäuser wirkte in den letzten Jahrzehnten bedrückend. Mehr noch sorgten sich die Denkmalpfleger um die steigenden Verluste der bauzeitlichen Substanz. Dabei begann die Baugeschichte 1925 so optimistisch. Das Bauhaus stand in der Planungsphase. Walter Gropius dachte an den gleichzeitigen Bau seines Wohnhauses und dreier Doppelwohnhäuser mit Ateliers für sechs seiner 'Meister' in einer angemessenen Entfernung vom Bauhaus. Es wird von einem Spaziergang Walter Gropius' mit dem damaligen Oberbürgermeister von Dessau Fritz Hesse zur Auffindung eines geeigneten Grundstückes berichtet.[1] Das gut erreichbare, mit hohen schlanken Kiefern bestandene städtische Grundstück westlich der Tempelruine im Park Georgium zwischen der Großkühnauer Straße – heute Ebert-Allee – und der Ziebigker Straße muss Gropius besonders inspiriert haben. Der Gedanke von horizontal betonten Baukörpern, die in Kontrast zum hohen Kiefernbestand stehen sollten, war bald geboren. An exponierter Stelle, dem östlichen Bereich des Geländes, plante Walter Gropius sein komfortables Wohnhaus mit einer Garage für sein noch zu kaufendes Automobil. Den Abschluss des Geländes

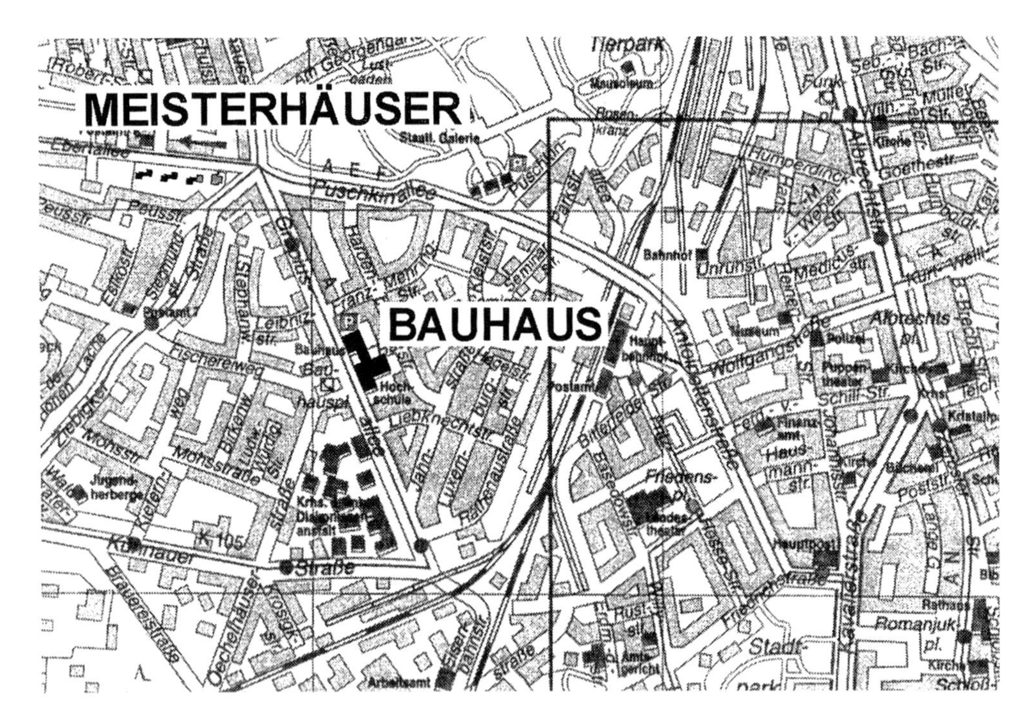


Lage der Meisterhaus-Siedlung und des Bauhauses in Dessau

in Richtung Stadt bildete eine Mauer. Später fügte Ludwig Mies van der Rohe am äußersten Zipfel einen Getränkekiosk ein, sein einziges in Dessau ausgeführtes Bauwerk.[2] In der entgegengesetzten Richtung entstanden die drei Doppelhäuser für die 'Meister'. Das in Nachbarschaft zum Haus Gropius stehende Doppelhaus bezogen Laszlo Moholy-Nagy, später Josef Albers, und Lyonel Feininger. Das folgende Doppelhaus bewohnten Georg Muche, dann Hinnerk Scheper, und Oskar Schlemmer, dem Alfred Arndt folgte. Im dritten Doppelhaus schließlich wohnten Wassily Kandinsky und Paul Klee.

II

Walter Gropius charakterisierte die Doppelhäuser so: „Alle sechs Wohnungen in den drei Doppelhäusern sind gleich bis ins Detail. Vereinfachung durch Multiplizierung ist Verbilligung und Beschleunigung. Hauptraum ist das Atelier. Der Grundriss der einen der beiden Wohnungen ist das verschränkte, um 90 Grad von Ost nach West gedrehte Spiegelbild der anderen. Genau die gleichen Teile sind verwendet, die Ansichten beider Hälften verschieden."[3]

In Weimar war der Versuch einer Bauhaussiedlung gescheitert, hier in Dessau konnte Gropius den Gedanken in die Tat umsetzen. Heute gehören, die Kriegszerstörungen ausgenommen, das Wohnhaus Gropius und die Meisterhäuser zu den berühmtesten Architekturensembles des 20. Jahrhunderts. Wie das Bauhaus selbst sind die villenartigen Wohnhäuser zu baukünstlerischen Urbildern der klassischen Moderne geworden.

Die Grundstücke und Gebäude blieben Eigentum der Stadt Dessau. Die Angehörigen des Bauhauses zahlten also Miete. Ab 1933 wohnten andere Dessauer Bürger, auch Mitarbeiter der Junkers-Werke, in diesen Häusern. An die Junkers-Werke wurden dann die Häuser 1939 verkauft, und im selben Jahr wird auch erstmalig von Eingriffen in die Bausubstanz berichtet. Die wesentlichen die Architektur verändernden Maßnahmen werden nachfolgend dargestellt.

Die Eingriffe betrafen nach heutiger Erkenntnis die beiden Häuser Ebert-Allee 65/67 und 69/71.[4] Es wurden Trennwände eingezogen, insbesondere in den Ateliers, die seit dem Auszug der Bauhaus-Künstler ihrer eigentlichen Funktion enthoben waren. Die Atelier-Stahlfenster und die Treppenhaus-Stahlfenster mussten kleinformatigen Holzfenstern weichen. Die südlichen Fassaden erhielten zusätzliche Fenster. Der über das Flachdach hinausragende Teil der Treppenhäuser der östlichen Haushälften wurde abgetragen. Zur Vergrößerung der Wohnfläche versetzte man jeweils eine Wand des Speiseraumes nach außen bis zur Kante des darüberliegenden Balkons.

Der Krieg hat auch diese kleine Siedlung nicht verschont. Das Haus von Walter Gropius und die Haushälfte Moholy-Nagy fielen den Bomben zum Opfer. Damit gibt es auch keine Nachweise über etwaige bauliche Veränderungen in den dreißiger Jahren. Auf den ruinösen Grundmauern des Gropius'schen Wohnhauses entstand 1956 – die Reste einbeziehend – ein Einfamilienhaus im traditionellen Stil. Die Ruine der Haushälfte Moholy-Nagy wurde leider total abgeräumt. Vielleicht ließe sich im unterirdischen Bereich noch Gründungsmauerwerk auffinden.

Nach dem Ende des Krieges gelangten die Häuser wieder in städtisches Eigentum. In drei der Häuser zogen für kurze Zeit Dessauer Künstler ein. Die Wohnungsnot ließ die Wunschvorstellung einer Wiederbelebung als Künstlerkolonie nicht zu. In der Haushälfte Feininger installierte man eine Poliklinik. Die anderen Häuser behielten weiterhin ihre kleinteilige Wohnnutzung. Später wurde über die Speiseraumerweiterung noch ein massives Gehäuse gebastelt.

Die ohnehin maroden Zentralheizungen in den Doppelhäusern konnten nicht mehr betrieben werden. Die ursprünglich für Koksbrand ausgelegten Kessel versagten die benötigte Leistung mit der seinerzeit nur möglichen Braunkohlebeschickung. Es kam zur Aufstellung von Einzelöfen in den Wohnungen. Die notwendigen Schornsteine wurden aus praktischen Gründen außen an die Fassaden gesetzt und erreichten so ungewollt den Status von Baukörpergestaltung. Als der westliche Teil des Balkons am Haus Kandinsky infolge von Durchfeuchtung und Stahlkorrosion verloren ging, kam an seine Stelle eine immerhin äußerlich ähnliche Ersatzkonstruktion.

Auch die Oberflächen erfuhren in den sechziger Jahren Überarbeitungen. Auf die Fassaden, außer im Bereich der Eingänge, wurde mit Hilfe einer damals modernen Spritzputz-Technologie ein sehr dünner grauer Zementputz direkt auf die vorhandene Oberfläche aufgespritzt. Diese spröde Putzhaut konnte bei der jetzigen Sanierung ohne große Mühe abgeho-

**Carl Fieger: Entwurfszeichnung (Vorentwurf) Meisterhäuser Dessau. Perspektivische Ansicht, 1925**

ben werden – es war eine ungewollte Konservierung der bauzeitlichen Putz- und Farbschichten. Auf die undicht gewordene bauzeitliche Dachdeckung erfolgte der Auftrag von Gefällebeton und mehrerer Schichten Bitumendachpappe. Im Laufe der Zeit verschwanden die inzwischen verfallenen Fahrradhäuschen, die die Zugangswege zu den Häusern rechtsseitig flankierten. Das ursprünglich nur durch Wege und Kiesflächen minimal gestaltete Gartengelände um die Häuser nutzten die Bewohner für individuelle Anpflanzungen, zum Bau von Garagen oder eines Wasserbeckens.

Im Inneren überdauerten – in den einzelnen Häusern in unterschiedlichem Maße – eine Vielzahl von Ausstattungsteilen die Zeiten. So sind wesentliche Teile von Einbauschränken erhalten geblieben. Die meisten Türen mit Teilen von Beschlägen sind vorhanden. Leider gingen durch Buntmetallräuber vor allem in der Haushälfte Feininger viele Beschläge verloren. Weiterhin sind die kompletten Innentreppen, einige Linoleumfußböden, Holzfenster und Holzjalousien, ansatzweise die Bilderablagen (die Konstruktion war in jedem Haus unterschiedlich) in den Ateliers, verschiedene Installationsdetails, große Bereiche von Putzen und Farben und die stählernen Einbaurahmen der Atelierfenster überliefert. Von den Profilen der Stahlfenster existiert leider kein einziges Befundstück. Nicht der natürliche Alterungsprozess der Substanz, sondern grobe Vernachlässigung der ungeliebten Bauten, Kriegsschäden und erhebliche Verletzungen ihrer Architektur brachten die Siedlung in den schlimmen Zustand.

Auf das hochinteressante Feld der Farbe wird hier nicht im Einzelnen eingegangen, dazu sei auf den Beitrag in dieser Veröffentlichung von Thomas Danzl verwiesen.

III

Die Voraussetzungen für die Sanierung der einzelnen Meisterhäuser entwickelten sich auf unterschiedliche Weise. Die Stadtverwaltung Dessau erreichte als erstes die Baufreiheit für die Haushälfte Feininger. So konnten 1992 die vorbereitenden Arbeiten beginnen. Die Zeit war nach der Wiedervereinigung Deutschlands von einer Aufbruchstimmung geprägt. Großzügige Förderprogramme führten oft zu vorschnellem Handeln. Hinzu kam der Mangel an baudenkmalspezifisch qualifizierten Ausführungspartnern. Und doch gelang gemeinsam mit der engagierten Denkmalschutzbehörde der Stadt Dessau der Einstieg in eine neue Qualität der Vorbereitung der Sanierung eines Baudenkmals der Moderne. Nach einer langen Zeit der Nichtachtung der Meisterhäuser erlebten alle Beteiligten die Sanierungsaufgabe des Feininger-Hauses als eine besondere Herausforderung.

Der in der Öffentlichkeit endlich anerkannte Wert der schöpferischen Leistung von Gropius und der desolate Zustand des Gebäudebestandes und seines Umfeldes förderten den Gedanken einer möglichen Wiedergewinnung des bauzeitlichen Erscheinungsbildes der kleinen Siedlung. Vor diesem Hintergrund ist die Formulierung der Zielstellung verständlich, die ursprüngliche gestalterische, funktionale und didaktische Idee Walter Gropius' wieder sichtbar zu machen. Dabei wurden nicht nur das einzelne Haus, sondern von Anfang an, trotz der Verluste und einer unsicheren Zukunft, immer die gesamte Siedlung als ein in sich geschlossenes Gesamtkunstwerk des berühmten Architekten gesehen. In damaligen Diskussionen schlossen die Untere Denkmalschutzbehörde Dessau und das Landesamt für Denkmalpflege Sachsen-Anhalt eine Rekonstruktion der äußeren Hüllen der zerstörten Haushälfte Moholy-Nagy und des Gropius-Hauses sowie der Mauer – viel-

Meisterhaus Feininger/Moholy-Nagy im Zustand der Kriegsbeschädigung 1945

leicht auch des Getränkekiosks – nicht prinzipiell aus. Hinter solchen Maßnahmen stand der Wunsch einer Vervollständigung des Kulturdenkmals Meisterhaus-Siedlung.

IV

Das Landesamt für Denkmalpflege und die Untere Denkmalschutzbehörde der Stadt Dessau vereinbarten als erstes gemeinsam die denkmalpflegerische Konzeption für die Sanierung der Haushälfte Feininger. Mit der Umsetzung dieser Konzeption wurde das Architekturbüro Brambach und Ebert aus Halle/Saale betraut. Es sollte das Erscheinungsbild des Hauses aus der Erbauungszeit und des gartenlandschaftlichen Umfeldes angestrebt werden.

Sämtliche bauzeitliche Substanz musste erhalten bleiben, sollte konserviert und bei Bedarf restauriert werden. Nur durch Verrottung und Zerstörung völlig funktionsuntüchtige Bau- und Ausstattungsteile waren in adäquater Weise zu ersetzen beziehungsweise zu rekonstruieren. Die Anschlussflächen zur ehemaligen zweiten Haushälfte und die dazu notwendigen statisch-konstruktiven Baumaßnahmen sollten in Farbe und Oberflächenstruktur erkennbar abgesetzt werden. Aus der denkmalpflegerischen Aufgabenstellung für das Architekturbüro sei zitiert: „Für das Haus ist vor Beginn aller Planungs- und Bauarbeiten eine wissenschaftliche Bestandsaufnahme anzufertigen. Hierzu zählen die Aufnahme des architektonischen Bestandes und eine restauratorische Befunduntersuchung, die besonderes Augenmerk auf noch vorhandene ursprüngliche Farbspuren legt, sowie Untersuchungen zur Frei- und Grünflächenplanung, zum Tragwerksystem, zur technischen Ausrüstung und zur Bauphysik. Danach hat die eigentliche Ausführungsplanung zu erfolgen. Diese hat besondere Rücksicht auf den originalen Bestand zu nehmen und ihn so wenig wie möglich anzugreifen. Während der Bauphase sind die einzelnen Maßnahmen stetig mit den Bestandsaufnahmen zu vergleichen und fotografisch und textlich festzuhalten."[5]

Im Rahmen dieser Aufgabenstellung zog der Architekt eine Vielzahl von Archivalien, Fotos und Literaturhinweisen zur

Feststellung ursprünglicher Zustände heran. Insbesondere war es nach der Wiedervereinigung erstmalig möglich, auch die Sammlungen im Bauhaus-Archiv in Berlin (West) zu besuchen. Für die Sonderleistungen, wie Restaurierung, Bauphysik und Statik, konnten Spezialisten einbezogen werden. Ständige Konsultationen der Unteren Denkmalschutzbehörde Dessau mit dem Landesamt für Denkmalpflege, dem Architekten und den Handwerkern schafften so eine Grundlage, die die Realisierung der denkmalpflegerischen Zielvorstellung möglich machte.

Bezogen auf die Zeit der Planung und Ausführung der Häuser in den Jahren 1925 bis 1926 kann heute von Experimentalbauten mit all ihren bauphysikalischen Unzulänglichkeiten gesprochen werden. Zusätzlich waren durch die jahrzehntelange Vernachlässigung der Gebäude auch an den Rohbauteilen intensive Sanierungsmaßnahmen notwendig. Als Beispiel sei der auskragende Balkon genannt, dessen Abdichtung und Entwässerung von Anfang an nicht funktionierte und somit an den Randbereichen zu einer sehr starken Korrosion der Stahlbewehrung und damit zu Abplatzungserscheinungen des Betons geführt hat. Es wurden moderne Sanierungsmethoden und -mittel angewendet, um die Originalsubstanz überhaupt zu erhalten, wobei aber das ursprüngliche Erscheinungsbild wiedergewonnen werden konnte.

Ähnliche Probleme ergaben sich bei der Dachdeckung. Die Probleme der Flachdachkonstruktion konnten zur Bauzeit nicht befriedigend gelöst werden, so dass ebenfalls eine Sanierung mit adäquaten modernen Baumaterialien erfolgen musste. Andererseits wurde um die Erhaltung jedes originalen Baudetails gerungen, wie beispielsweise um bauzeitliche Putzflächen. Bauteile, die einem normalen Verschleiß unterliegen, wurden in einer adäquaten Art und Weise, soweit es möglich war, ersetzt, wie zum Beispiel die Dachentwässerung oder die Elektro-, Heizungs- und Wasserinstallation. Aber auch hier galt es, originale Ausstattungsteile wiederzuverwenden. So wurden im Feininger-Haus die noch vorhandenen Junkers-Heizkörper (Radiatoren) aus der Erbauungszeit aufgearbeitet und wiederverwendet. Das gleiche betrifft Holzfenster und -türen. Die originalen Atelier- und Treppenhausfenster gehören zu den Totalverlusten. Die Balkongeländer waren infolge der Korrosion nicht mehr funktionstüchtig. Für diese Stahlbauelemente war eine Rekonstruktion notwendig. Die Rekonstruktion des Atelierfensters und des Treppenhausfensters zeigte sich sehr schwierig. Anhand von Fotos und Zeichnungen musste in sehr aufwendigen Vergleichen die ursprüngliche Maßsystematik ermittelt und danach die Fenster gebaut werden. Bei der Projektierung dieser Fenster konnten heute geltende statische und bauphysikalische DIN-Vorschriften nicht berücksichtigt werden.

Beim Innenausbau, also bei Verkleidungen, Einbauschränken und Türen, gab es noch genügend Originalbauteile oder Reste solcher Bauteile, um in wichtigen Fällen adäquate Ergänzungen zu schaffen. Die methodische Herangehensweise an die Sanierung glich also prinzipiell der bei älteren Baudenkmalen praktizierten.

## V

Im Verlauf der Vorbereitungsarbeiten zeigte sich sehr bald die Notwendigkeit, auf die häufigen, teils sensationellen Befundüberraschungen mit einer laufenden Qualifizierung und Fortschreibung der denkmalpflegerischen Zielstellung zu reagieren. Den Restauratoren gelang beispielsweise der fast vollständige Nachweis der ersten Farbfassung. Die wiederentdeckte Farbigkeit konnte einerseits das Farbkonzept von Alfred Arndt (Wandmalereiklasse unter Hinnerk Scheper am Bauhaus) nicht vollständig bestätigen und anderseits war so manche jahrzehntelange Auffassung über die Farbigkeit der Meisterhäuser zu korrigieren.[6] Die nach den Befunden rekonstruierte Farbigkeit verursachte beim Bauherrn eine Irritation. Erstmalig konnte eine fast komplette Farbkonzeption des Bauhauses erlebt werden. Die ungewöhnlichen Farben und ihre teils starken Kontraste untereinander bedurften der Gewöhnung. Da das Feininger-Haus eine öffentliche Einrichtung aufnehmen sollte, glaubte man, eine so aufregende Farbfassung den Nutzern nicht zumuten zu können und orientierte sich seitens des Bauherrn auf ein konservierendes, farblich moderateres Überstreichen. Vom Landesamt für Denkmalpflege wurde dagegen auf Gewöhnungszeit gesetzt – mit Erfolg, die Erstfassung blieb.

## VI

Die bei der Sanierung des Feininger-Hauses erlangten Erkenntnisse, Befunde und Reparaturerfahrungen bilden einen wichtigen Grundstock bei der Planung der Instandsetzung der anderen beiden Meisterhäuser. Die Ausgangszustände zeigten sich sehr ähnlich denen des Feininger-Hauses. Die denkmalpflegerischen Zielvorstellungen wiederholten sich zumindest prinzipiell.

Die nächste Instandsetzungsmaßnahme betraf das Meisterhaus Kandinsky/Klee. Zur inzwischen für die Kommune zur übergroßen Belastung gewordenen Finanzierung konnte die Firma Hochtief AG als mithelfender Sponsor gewonnen werden, die den jungen Architekten Ralf Pfeifer aus Berlin mit der Planung betraute.

Die theoretische Herangehensweise glich den Vorstellungen, wie sie bereits beim Feininger-Haus formuliert wurden. Jetzt traten jedoch die Umbauten von 1939 in den Vordergrund. Wie waren diese historischen Eingriffe zu bewerten und wie sollte man damit umgehen? Die sich hinziehenden Verhandlungen der Kommune als Bauherr mit dem Sponsor zogen einen Zeitverlust in der Vorbereitung der Ausführungsplanung nach sich. Für ausführliche Recherchen in Archiven blieb kaum Zeit. Hinzu kam der dezidierte Wunsch des Bauherrn nach einer Wiederherstellung der bauzeitlichen Gestalt des Hauses. Aufbauend auf die erste denkmalpflegerische Konzeption für die Haushälfte Feininger wurde für das Meisterhaus Klee/Kandinsky von Seiten der Denkmalpflege die Gestalt des Hauses in der Zeit vor 1933 zum Ziel erklärt. Dazu waren – prinzipiell dargestellt – die im Folgenden beschriebenen Maßnahmen erforderlich.

Der bisher aus nicht nachweisbaren Gründen 1939 abgebrochene Treppenhauskopf (der Treppenlauf endete abrupt unter der neu eingezogenen Decke und der für die Begehung des Daches wichtige Ausgang fiel weg) konnte nach Auswertung von historischen Fotografien und originalen Ausbauzeichnungen rekonstruiert werden. Die südliche Außenwand des südöstlichen Speisezimmers (Wohnung Kandinsky) wurde an ihren ursprünglichen Standort zurückversetzt. Das darüber auf die Balkonplatte von Bewohnern gebastelte Räumchen verschwand.

Ein heikles Thema warf die östliche Balkonplatte auf. Nur auf ästhetische Wirkung bedacht, erfüllte die Konstruktion und Gestaltung nicht die bauphysikalischen Erfordernisse. Womöglich hatte dieser Teil des Balkons auch nicht die nötige Sorgfalt bei der Ausführung erfahren. Durchfeuchtung, Frostabsprengungen und Zerrostung der Bewehrungsstähle führten zum Versagen der Platte. In den fünfziger Jahren nahm man einen Austausch der Konstruktion vor. Die monolithischen Kragbalken, die aus der Geschossdecke austraten, wurden abgetrennt. An ihre Stelle trat eine längs vor die Wand separat auf Stützen gestellte Stahlträgerkonstruktion, ausgefacht mit Stahlbetonplatten. Außer einer sehr unbefriedigenden Ästhetik hatte das Bauteil auch keinen Gebrauchswert mehr.

Für die Sanierung beziehungsweise die Rekonstruktion in bauzeitanaloger Gestalt boten sich zwei Möglichkeiten an: eine wiederum separate vorgestellte Konstruktion mit Stützen; oder es könnte die innere Geschossdecke abgebrochen und die bauzeitliche Konstruktion mittels monolithischer, auskragender Stahlbetonbalken rekonstruiert werden. Im Landesamt für Denkmalpflege fiel die Entscheidung für die erste Variante. Für die Rekonstruktion der bauzeitlichen Konstruktion die komplette Geschossdecke aufzugeben, schien ein zu hoher Preis. Dafür müssen jetzt drei knapp dimensionierte Doppel-T-Stützen in Kauf genommen werden. Innenseitig konnten die in der Wand vom Abbruch der alten Platte vorhandenen Aussparungen als Auflager genutzt werden.

Auch für das Meisterhaus Klee/Kandinsky plante der Bauherr eine öffentliche Nutzung; das Haus dient heute – teils hochrangigen – Ausstellungszwecken. Damit waren Maßnahmen verbunden, die der denkmalpflegerischen Zielstellung und Methodik entgegen liefen. Es wurde eine Vollklimatisierungsanlage eingebaut, zwischen den beiden Wohnungen schaffte man im Erdgeschoss einen höchst irritierenden Durchbruch, Stromschienen-Spot-Beleuchtungssysteme zergliedern die Decken, auffällige Sicherheits-Bilderschienen aus Metall und eine umfangreiche sichtbare Alarmtechnik wirken störend. Diese baulichen und ästhetischen Eingriffe mögen aus der Sicht des Bauherrn notwendig gewesen sein, mindern aber die authentische Aussagekraft des Baudenkmals. Die Vertreter des Landesamtes für Denkmalpflege und der Unteren Denkmalschutzbehörde beteiligten sich intensiv an den Diskussionen über diese Maßnahmen und erreichten immerhin eine Minimierung der Eingriffe und des Aufwandes.

## VII

Nachdem zwei Objekte der Siedlung saniert worden waren und ein umfangreicher Schatz an Erfahrungen vorlag, hätte man glauben können, das dritte Objekt gerät zur Routinearbeit. Doch dazu kam es glücklicherweise nicht. Zur Unterstützung der Stadt Dessau bei der Sanierung des Meisterhauses Muche/Schlemmer engagierte sich die Wüstenrot Stiftung und ihr wissenschaftlicher Beirat. Den Auftrag für die Planung erhielt das Architekturbüro Winfried Brenne, Berlin.

Die Vorbereitung der Sanierung wurde auf zwei Ebenen entwickelt. Zum einen begann das Architekturbüro mit der sorgfältigen Zustands- und Bauzeitendarstellung, begleitet von restauratorischen Befunduntersuchungen und archivalischen Recherchen. Die zweite Ebene betraf die wissenschaftliche Vorbereitung der Ausführungsplanung. Sie stützte sich auf die Auswertung der bisherigen Erfahrungen. Aus der intensiven Diskussion der Wissenschaftler des Beirates und des Landesamtes für Denkmalpflege, des Bauherrn und des Architekten entstand das Leitziel für die Sanierung des Meisterhauses Muche/Schlemmer.

Aus den teils kontroversen Gesprächen sei an dieser Stelle der Standpunkt des Landesamtes für Denkmalpflege wiedergegeben. Am Anfang von denkmalpflegerischen Konzepten steht die Frage nach der überlieferten, meist veränderten Baugestalt. Es ist abzuwägen, ob ein Gestaltwandel als Störung oder als Fortschreibung empfunden wird. Die Frage nach der Hierarchie von Ursprünglichkeit, Nachträglichkeit oder Gleichwertigkeit der Gestaltmomente ist zu stellen. Nachträglich-

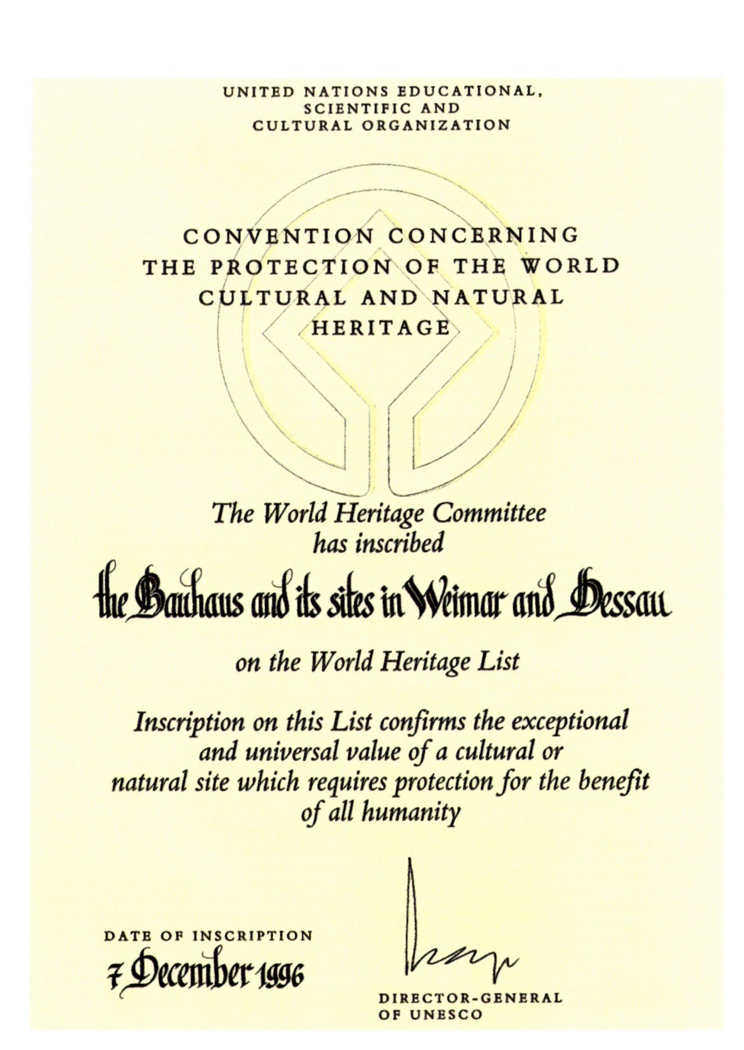
UNITED NATIONS EDUCATIONAL, SCIENTIFIC AND CULTURAL ORGANIZATION

CONVENTION CONCERNING THE PROTECTION OF THE WORLD CULTURAL AND NATURAL HERITAGE

*The World Heritage Committee has inscribed*

the Bauhaus and its sites in Weimar and Dessau

*on the World Heritage List*

*Inscription on this List confirms the exceptional and universal value of a cultural or natural site which requires protection for the benefit of all humanity*

DATE OF INSCRIPTION
7 December 1996

DIRECTOR-GENERAL OF UNESCO

**Urkunde zur Aufnahme der Gebäude des Bauhauses in Weimar und Dessau in die Liste des Weltkulturerbes**

keit kann aber auch in grober Entstellung enden, so dass die tragenden Züge der ursprünglichen Baugestalt und seine ästhetisch wirksamen Eigenschaften überdeckt werden.

Mit der Aufnahme des Bauhauses und der Meisterhäuser in die Liste des Weltkulturerbes der UNESCO wird die weltweite Bedeutung der Bauhausstätten für die Architektur, die bildende Kunst und das Industriedesign der Moderne gewürdigt. Die Meisterhäuser bilden mit dem Bauhaus einen Zusammenhang. Der Eintrag in die Weltkulturerbeliste erfolgte trotz der Eingriffe in die Bausubstanz und der Veränderungen des Erscheinungsbildes der Gebäude. Die Gesamtform der Baukörper (abgesehen von den Kriegsverlusten) und eine Vielzahl von architektonischen Details blieben aber im Wesentlichen erhalten. Die Feststellung als Weltkulturerbe bekräftigte das denkmalpflegerische Leitziel des Landesamtes für Denkmalpflege zur Wiederherstellung der Baugestalt und des Erscheinungsbildes der Meisterhaussiedlung.

Die äußere Gestalt der wiederhergestellten Häuser lieferte im Vergleich mit der durch die Veränderungen seit der Erbauungszeit belasteten Bausubstanz des Meisterhauses Muche/Schlemmer die Anschauung dafür, dass Zeitspuren, wie Ausbau der Stahlfenster, Einbau neuer Fensteröffnungen, Abbruch von Treppenhausoberteilen, Schornsteinanbauten, Überputzungen und Übermalungen, durch das rekonstruktive Vorgehen zwangsläufig verloren gehen. Die damit ausgelöste Fachdiskussion stützte sich auf eine sorgfältige Dokumentation der drei Bauphasen: der Erbauungszeit, der dreißiger Jahre und der Jahrzehnte nach dem zweiten Weltkrieg. Neben den materiellen Zeugnissen dieser drei Zeitabschnitte, die sich in ihren Spuren nur relativ zuordnen lassen, war zu klären, ob die baulichen Eingriffe der beiden letzten Nutzungsphasen einen bewusst umgesetzten politisch-ideologischen Hintergrund haben und damit erhaltenswert sind oder das Ergebnis pragmatischer Notwendigkeiten darstellen. Einiges spricht für die Absicht zur Korrektur der Bauhausarchitektur insgesamt, vor allem in der nationalsozialistischen Zeit. Als Beispiel dient die damals öfter in der Fachwelt zum Ausdruck gebrachte Ablehnung des Bauhauses, eine Entschließung der Stadtverordnetenversammlung vom 2. Februar 1939 und dazu ein Zeitungsartikel, der die im Jahr 1939 erfolgten Eingriffe als eine schon lange fällige Aktion begrüßte.[7] In den beiden zuletzt genannten Zeitabschnitten erfolgten schließlich gleichermaßen eklatante Eingriffe, die zusammen mit der Vernachlässigung den Häusern schwere Schäden zufügten.

Das vertiefende Aktenstudium durch das Landesamt für Denkmalpflege bestätigt bisher keinen bewussten, ideologisch begründeten Einfluss auf die Häuser als alleiniges Handlungsmotiv, vor allem während der nationalsozialistischen Zeit.[8] Klagen über Beeinträchtigungen der Wohnqualität durch Baumängel wurden von Anfang an von den Mietern vorgetragen und konzentrierten sich besonders auf eine schlechte Beheizbarkeit durch die großen Fenster. Diese wurden von den den Bauhausmeistern folgenden Mietern, die durchaus ein Interesse an den Wohnangeboten dieser Häuser hatten, nicht mehr benötigt. Sie drängten immer wieder auf eine Veränderung, die erst nach dem Verkauf der Häuser 1939 an die Junkers-Werke umgesetzt wurde. Die Feststellung einer schweren Vermietbarkeit der Häuser führte weiterhin zu einer Veränderung der Raumaufteilung, vor allem der großen Ateliers im Obergeschoss. Kleinere Räume korrespondierten seitdem mit den neu hergestellten Fensteröffnungen. Die Eingriffe nach dem zweiten Weltkrieg zielten darauf, die Räume mittels außen vorgesetzter Schornsteine mit einer zusätzlichen Heizmöglichkeit auszustatten. Ein rauher Spritzputzüberzug auf den Außenwänden beeinträchtige seit dieser Zeit ganz erheblich das Erscheinungsbild. Eine Information zum Hintergrund dieser Maßnahmen konnte den Akten bisher nicht entnommen werden. So sind die Veränderungen als häufig zu beobachtende Spuren der Wohn- und Lebensgeschichte eines Hauses zu betrachten.

Wollte man die Gesamtheit der Geschichtsspuren ernstnehmen und daraus folgernd konsequent handeln, dürfte man an den Häusern nichts verändern, denn jeder Eingriff mit dem Ziel der Erhaltung ausgewählter Zeitspuren hat ohnehin immer ein neues, bisher nicht dagewesenes Bild zu Folge.

Nach Auffassung des Landesamtes für Denkmalpflege rechtfertigen weder die Eingriffe der dreißiger Jahre noch die nach dem Zweiten Weltkrieg eine besondere Wertschätzung. Dagegen ist der Wert des aufzudeckenden Bestandes außerordentlich hoch, was durch den umfangreich erhaltenen Bestand bauzeitlicher Substanz bestätigt wird. Die Idee des Ar-

**Luftaufnahme der im Kiefernwald eingebetteten Meisterhäuser, 1926**

Das sanierte Meisterhaus Muche/Schlemmer 2002, Ostseite, inmitten des Kiefernhains

chitekten Walter Gropius sollte wieder aus den verfälschenden Überformungen herausgearbeitet werden. Damit gewinnt der erhaltene Teil der kleinen Siedlung deutlich an Geschlossenheit.

VIII

Auch die Wiederherstellung der Außenanlagen wird dazu beitragen. Auf der Grundlage von Fotografien, archäologischen Untersuchungen und Plänen können die Flächen mit hoher Sicherheit das bauzeitliche Bild zurückerlangen. Mit großzügiger Unterstützung der Wüstenrot Stiftung entstand ein Zwei-Phasen-Plan. Die erste Phase gilt der Planung der zur Zeit zur Verfügung stehenden Flächen, während der Plan der zweiten Phase das ursprüngliche Gesamtgelände, also bis zum Getränkekiosk, zum Inhalt hat. Die Voraussetzung für die Realisierung wäre allerdings der vorherige Rückbau des in den sechziger Jahren aufgeweiteten Verkehrsknotens.

Eine denkmalpflegerische Besonderheit bezüglich der Wiederherstellung des bauzeitlichen Baumbestandes ist gegenwärtig zu beobachten. Ein großer Teil des historischen Kiefernbestandes ist gesund und noch nicht überaltert. Der restliche Bestand ist teils überaltert, teils schadhaft, einige Bäume fehlen ohnehin seit längerer Zeit. Eine fachgerechte Auslese war notwendig. An einigen für die Sicht auf die Häuser von der Straße her wichtigen freigewordenen Standorten wurden hochstämmige Kiefern nachgepflanzt. Um für alle weiteren Fälle zukünftig Reservebäume zur Verfügung zu haben, legte man vorsorglich kleine 'Haine' aus jungen Bäumen an – was sicherlich für einige Zeit viele Betrachter irritieren wird.

IX

Die Maßnahmen an einem Baudenkmal sind in aller Regel durch Konservieren, Restaurieren, Rekonstruieren und Erneuern und deren Überlappungen charakterisiert. So auch im Falle des Meisterhauses Muche/Schlemmer. Das oberste Prinzip bei der Herangehensweise bedeutete die Erhaltung und Sicherung von originaler Substanz aus der Zeit nach der Erbauung, also von 1925 bis 1932. Es ist die Zeitspanne, in der Bauhäusler das Haus bewohnten. Ausgenommen von dieser Regel sind solche Bauteile, die ihre eigentliche Funktion nicht mehr erfüllen können. Mögliche Belegexemplare aus solchen Fällen werden den Bauhaussammlungen zugeführt.

Im Folgenden wird anhand von Beispielen auf die Methodiken bei der Sanierung des Meisterhauses eingegangen. Zu konservieren waren insbesondere Oberflächen wie Putze, Farbschichten und Fußböden. Überraschenderweise blieben die Außenputze und Farbanstriche unter der dünnen, gering haftenden Zement-Spritzputzschicht aus den sechziger Jahren gut erhalten. Die Spritzputzschicht ließ sich mühelos mit dem Spachtel abheben. Nach restauratorischen Vorbehandlungen und Reparaturen konnte letztendlich die rekonstruierende, abschließende Farbschicht aufgetragen werden.

Ohne jede Funktionstüchtigkeit zeigte sich die Dachdeckung. Auf dem bauzeitlichen Aufbau lagerten nachträglich aufgebrachte Schichten von Bitumendachpappe, Beton und nochmals Dachpappen. Das Ganze hielt nicht dicht, die großteils noch vorhandene Torfoleum-Dämmung aus den zwanziger Jahren befand sich im Zersetzungsprozess. Ein ausgewähltes Referenzstück vom bauzeitlichen Aufbau wurde bewahrt. Ansonsten erfolgte ein völliger Neuaufbau der Dachdeckung nach heutigen Erkenntnissen und mit modernen Materialien, einschließlich einer maximal möglichen Wärmedämmung. Dabei achtete der Architekt Brenne auf die befundgerechte Ausbildung des Zinkblech-Dachrandabschlusses – bis zur 'Sichtkante'. Dahinter, nicht sichtbar, verbirgt sich der nun höhere Dachaufbau.

Als schwieriges Problem wiederholte sich auch beim Meisterhaus Muche/Schlemmer die Problematik der Rekonstruktion der Stahlfenster. Die Stahlfenster werden mit ihrer spezifischen Ästhetik als unverzichtbarer Bestandteil der Gropius'schen Architektur gesehen. In diesem Sinne entwarf der Architekt eine eigene moderne Konstruktion, für die Ateliers mit Isolierglasscheiben, deren äußeres Erscheinungsbild den bauzeitlichen Fenstern weitgehend angeglichen ist. Bei der Rekonstruktion von Holzfenstern traten kaum Probleme auf, da einige bauzeitliche Fenster die Zeiten überdauert hatten und als Vorbild dienen konnten.

Ein sehr großes Problem war die Erhaltung und Sanierung der Balkone. Mehrere bauphysikalische und konstruktive Fehler führten letztendlich zur Funktionsuntüchtigkeit. Die Balkone sind im Grunde als nach außen herausgezogene, auskragende Geschossdecken, so genannte Stahlsteindecken, zu sehen. Die Wärmebrücke fand keine Beachtung, es gab keine Ausdehnungsfugen, die Dimensionierung der Betonstahlbewehrung bewegte sich an der untersten Grenze, eine Ausgleichsbewehrung gegen thermische Spannungen gab es nicht und das Gefälle der dünnen Zementestrichschicht konnte nicht gemessen werden. Aus dem letzteren Grund erhielten die Balkone wohl unmittelbar nach der Fertigstellung außen vorgehängte Regenrinnen. Es entstanden zwangsläufig viele Risse, die folgende Durchnässung führte zum Verrosten der Bewehrung. Rost- und Frostabsprengungen ruinierten schließlich die Balkonplatten. Dennoch konnte eine Resttragfähigkeit (Betreten nur zu Wartungszwecken) nachgewiesen werden. Es folgte eine Stahlbetonsanierung nach moderner Technologie. Das bedingte auch die Entfernung der Reste des alten Estrichbelages. Der neue Aufbau mit kunststoffvergüteten Materialien soll nun die historische Balkonkonstruktion zuverlässig vor neuerlicher Durchfeuchtung bewahren, er verfügt über ein, wenn auch geringes, Gefälle und ermöglicht durch wasserdichte Dehnfugen den schadensfreien Ausgleich von thermischen Spannungen. Ein Nachteil bleibt in der Freude über die gelungene Rettung und Sanierung der Balkonplatten: Die Höhe der Stirnflächen der Balkone ist infolge des neuen Bodenaufbaus um rund sechs Zentimeter gewachsen.

Auch im Inneren des Gebäudes wurde nach den zuvor dargestellten Grundprinzipien gearbeitet. Jedes Detail war auf seine Wertigkeit und Weiterverwendbarkeit zu prüfen. Die aus der Bauhauszeit verbliebenen Türbeschläge und -schlösser wurden sorgfältig aufgearbeitet und wieder eingebaut. Fehlende Beschläge konnten mit den noch heute nach den Bauhausmodellen gefertigten Teilen ersetzt werden. Die vorhandenen historischen Linoleum-Fußbodenbeläge wurden restauriert, Fehlflächen mit möglichst farbgleichem Linoleum heutiger Produktion ergänzt.

Viele Ausbaudetails sind im Verlauf der Geschichte des Hauses verlorengegangen oder verändert worden. Sie wurden aber nur dort rekonstruiert, wo sie für das Verständnis des Raumes im Sinne der eingangs postulierten denkmalpflegerischen Zielstellung unbedingt gebraucht wurden. Die vielfältigen und oft groben Verletzungen der Oberflächen erfuhren eine nur ausgleichende Behandlung, so dass nicht der Eindruck einer perfekten, neuen – also geschichtslosen – Oberfläche entstand.

Die weitestgehend rekonstruierende Fassung über sämtliche Oberflächen schützt und konserviert die darunter liegenden vielfachen historischen Schichten, lässt aber durch die sensible handwerkliche Behandlung die Zeitspuren in einer unaufdringlichen Weise erleben. Das fertiggestellte Gebäude wird seine Totalsanierung nicht verbergen können. Mit diesem Ergebnis müssen Denkmalpfleger leben, wenn es gilt, ein derartig heruntergekommenes Baudenkmal für kommende Zeiten zu sichern. In Zukunft wird sich hoffentlich das selbstverständliche Altern des Baudenkmals mit maßvollen Werterhaltungsmaßnahmen die Waage halten.

Die Sanierungsmaßnahme hat einen beispielhaften Charakter. Damit soll weniger auf das herausragende Objekt oder eine spektakuläre Sanierungsmethode hingewiesen werden, sondern es geht insbesondere um die integrative und wissenschaftliche Methode bei der Vorbereitung und Durchführung der Sanierung eines Baudenkmals.

Die Kommune steht zu ihrem Meisterhaus Muche/Schlemmer. Die Wüstenrot Stiftung mit ihrem wissenschaftlichen Beirat übernahm neben der wesentlichen Mitfinanzierung eine große Verantwortung mit der Führung der Maßnahme, sie bestellte ein kompetentes Architekturbüro, ebensolche Restauratoren, Planer und Handwerker. Die Stiftung beförderte eine höchst sorgfältige Bauzustandsanalyse, Bauzeitenpläne, restauratorische Befunduntersuchungen und die Erstellung von Fachgutachten. Auf dieser Basis entwickelten sich die fachwissenschaftlichen Diskussionen zwischen dem wissenschaftliche Beirat der Stiftung, dem Landesamt für Denkmalpflege und anderen Partnern. Erst der engagiert erstrittene Konsens führte zur Formulierung des denkmalpflegerischen Leitzieles der Sanierung. Der häufige Kontakt und der Erkenntnisaustausch insbesondere zwischen Planern, Restauratoren und Handwerkern mit den Mitarbeitern des Landesamtes für Denkmalpflege hat zu einem herausragenden Arbeitsergebnis geführt.

# Zur Auseinandersetzung um ein Instandsetzungskonzept

**August Gebeßler**

**Iwao Yamawaki: Der Schlag gegen das Bauhaus. Fotocollage, 1932**

Die Instandsetzung des Meisterhauses Muche/Schlemmer, der Weg zu deren Ergebnis ist nur mit Blick auf die Gesamtsituation und die Gesamtgeschichte der Meisterhaus-Siedlung nachvollziehbar.

Die drei Künstler-Doppelhäuser wurden – zusammen mit der Einzelvilla für den Direktor Walter Gropius – 1925/26 gleichzeitig und gleichartig gebaut. Sie teilen nach Auflösung des Bauhauses in Dessau 1932 forthin auch ein ähnliches Geschick: zunächst die Wohnvermietung an Mitarbeiter der Flugzeug-Motorenwerke Junkers und 1939 der Verkauf an die Junkers-Werke. Mit dem Umbau der Künstlerwohnungen zu Mietwohnungen wurde durch rein zweckhafte, behelfsmäßige Eingriffe und Anbauten, die die Wohnnutzung verbessern sollten, auch die NSDAP-Forderung nach Beseitigung der bauhaus-charakteristischen Architekturelemente durchgesetzt.

Nach der Wende wurden die drei auch baupflegerisch weithin vernachlässigten Gebäude in den letzten zehn Jahren nacheinander – beginnend mit der Haushälfte Feininger – instandgesetzt.[1] Dabei wurde durch die neu wirkenden Oberflächen und durch die Rekomplettierung der Gropius-Baugestalt für den Gesamteindruck dieser Baugruppe zunächst wiederum Gleichartigkeit und Zusammenhang erreicht.

Für die fragende Begegnung mit dem jeweiligen Instandsetzungsergebnis der einzelnen Gebäude erschließen sich freilich Unterschiede, die nun auf andere Weise Zusammenhang stiften: Im zeitlichen Nacheinander der drei Instandsetzungen spiegelt sich ein Wandel im denkmalpflegerischen Verständnis der Bauhauszeugnisse wider; nämlich der Wandel in der Wertschätzung von zunächst alleine der ursprünglichen Architekturleistung im Denkmal nun hin zu dessen Wertung auch als Geschichtszeugnis. Dieser Wandel im denkmalpflegerischen Verständnis hat – entsprechend der zeitlichen Maßnahmeabfolge – vor allem im zunehmend reparierenden Umgang mit der Geschichtssubstanz der einzelnen Gebäude seinen Niederschlag gefunden. Das Ausmaß der Substanzerneuerung im vorhergehenden Instandsetzungsresultat wurde zur kritischen Erfahrung für die jeweils nächste Maßnahme und führte dort zu mehr bestandsschonender, erhaltender Reparatur.

So spiegelt sich auch in der Wiederherstellung der Meisterhäuser beispielhaft jener von bitteren Erkenntnissen gesäumte Weg wider, den vorher schon in Westdeutschland die ernsthafte Denkmalpflege vom befundgesicherten Substanzaustausch und Perfekterneuern zum befundgestützten Substanzerhalten gegangen ist. In Ostdeutschland verläuft derselbe Weg sozusagen im Zeitraffer. In diesem Sinne vermittelt in diesem Buch der Beitrag von Falko Funkat auch den denkmalpflegerischen Erfahrungszugewinn, der aus den beiden ersten Meisterhaus-Instandsetzungen (Haushälfte Feininger 1992/94 und Meisterhaus Kandinsky/Klee 1996/99) zustande kam und für die dritte Maßnahme von entscheidender Bedeutung werden konnte.[2]

Für diese abschließende Instandsetzungsaufgabe in der Meisterhaus-Siedlung am Doppelhaus Muche/Schlemmer war die Wüstenrot Stiftung Bauherrin. Dementsprechend wurde die Unternehmung auch begleitet vom fachübergreifend besetzten wissenschaftlichen Beirat der Stiftung.[3] Das Wirken dieses Beirates konnte sich zu diesem Zeitpunkt bereits auf die anerkannte Einflussnahme bei Instandsetzungen von Denkmälern in Ostdeutschland berufen, unter anderem in Potsdam (Einsteinturm), Löbau (Haus Schminke) und Dresden-Hellerau (ehemalige Pensionistenhäuser beim Festspielhaus). Hauptaufgabe des Beirates ist es, zusammen mit dem jeweils zuständigen Landesamt für Denkmalpflege und dem beauftragten Architekten die Fragen zum Umgang mit dem Geschichtlichen, das in der Substanz und Gestalt des Denkmals angelagert ist, zu vertiefen und in diesem Sinn auch ein Höchstmaß an erhaltender Reparatur mit möglich zu machen.

In diesem Sinne war die Erhaltungsaufgabe beim Meisterhaus Muche/Schlemmer mit zweierlei unterschiedlichen Facetten des Geschichtlichen verbunden. Zum einen wurden die reparierende Erhaltung des bauhauszeitlich überkommenen Bestandes sowie der Umgang mit den so genannten Zeitspuren aus Alterung und Gebrauch des Gebäudes zu einer besonderen Herausforderung. Diese Aufgabe konnte am Meisterhaus Muche/Schlemmer überzeugend gelöst werden.

Zum anderen stellte sich die Frage nach dem Umgang mit den Umbaueingriffen des Dritten Reiches von 1939. Analog zum Vorgehen bei den vorausgegangenen Meisterhaus-Instandsetzungen war auch beim Haus Muche/Schlemmer von allen seitens der Stadt und der Landesdenkmalpflege verantwortlich Beteiligten die denkmalpflegerische Zielsetzung auf den rekonstruierenden Rückbau der Gropius-Baugestalt ausgerichtet. Trotzdem wurde durch den Beirat an diesem letzten Instandsetzungsbeispiel der Siedlung nochmals die Frage nach dem geschichtlichen Stellenwert dieses gezielt entstellenden

Umbaueingriffes aufgeworfen.

Die kontroverse Auseinandersetzung um diese Wertungsfrage führte zu einer erheblichen Belastung der Maßnahmeplanung. In großer Beratungsrunde (im Dezember 1999) wurde offensichtlich, dass der rekonstruierende Gropius-Rückbau seitens der Stadtverwaltung Dessau als bereits beschlossen anzusehen ist. Um die Instandsetzung als solche nicht zu gefährden, stellte die Wüstenrot Stiftung ihre Bedenken gegen diesen Beschluss zurück; dies allerdings unter der strikten Bedingung, dass am bauhauszeitlich überkommenen Bestand die „unverzichtbaren geschichtlichen Spuren" als grundlegender Bestandteil des Denkmalcharakters – soweit nach heutigen fachlichen Standards möglich – erhalten und gesichert werden.[4]

Obwohl es sich bei dieser Frage – aufs Ganze gesehen – nur um eine kurzzeitig währende Auseinandersetzung gehandelt hat, soll sie hier nochmals aufgegriffen werden; denn auch dieser Konflikt gehört in seinem grundsätzlichen Zuschnitt zur Chronik der Meisterhäuser. Ferner spiegelt die Auseinandersetzung die besondere Konstellation dieser Maßnahme und die verschiedenen Facetten eines kontroversen Argumentierens wider, in dem sowohl Prinzipielles als auch Zeit- und Situationsbedingtes im Denkmalwollen verzahnt erscheinen. Zudem gilt auch hier die Erfahrung, wonach der Disput um das denkmalpflegerische Leitkonzept nicht minder aufschlussreich und für die Zukunft hilfreich sein kann als das jeweils vorliegende Maßnahmeergebnis.

## II

Mit dem 1939 erfolgten Umbau der Meisterhäuser wurde beides eingelöst: zum einen die Berücksichtigung der Bedürfnisse der neuen Mietbewohner beziehungsweise die Behebung der bauzeitbedingten Mängel, insbesondere der von Anfang an bekannten Beheizungsnachteile; zum anderen die Umsetzung des am 2. Februar 1939 gefassten Beschlusses des NSDAP-dominierten Stadtrates, wonach der Verkauf der Meisterhäuser an die Junkers-Werke zu verbinden war mit der Auflage, „diese Häuser im Einvernehmen mit dem Stadtbauamt außen jetzt umzugestalten, so daß die wesensfremde Bauart aus dem Stadtbild verschwindet".

Es ist müßig, darüber zu reflektieren, welche der einzelnen entstellenden Umbaueingriffe – Veränderungen im Zuschnitt der Innenräume, Beseitigung der großen Fensterflächen usw. – jeweils auf eine dieser beiden Vorgaben zurückgeht; eindeutig ist dies nur bei der vom Wohnthema her völlig überflüssigen, also politisch befohlenen Beseitigung der signifikanten Treppenhausüberhöhung. Für die vom Beirat aufgeworfene Frage nach der Denkmalbedeutung in dieser Verstümmelung muss zunächst jene stadtpolitisch-emotional aufgestaute Bauhausfeindlichkeit gesehen werden, die – ebenso wie schon 1936 beim Arbeitsamt Dessau von Walter Gropius – nun endlich Gelegenheit zum bewusst verfremdenden Handanlegen fand. Die Presse begrüßte die „Berichtigung der abstoßend unorganisch wirkenden Betonwürfel und Fremdkörper in unserer Landschaft".[5]

Mehr aber noch muss an den kulturpolitischen Hintergrund erinnert werden, von dem aus das Bauhaus seit seinen Anfängen politisch-gesellschaftlich bekämpft wurde. Seit seiner Gründung im Jahr 1919 in Weimar war das Bauhaus den immer schärferen Angriffen jener Rechtskonservativen ausgesetzt, die sich im ästhetischen Traditionalismus, in der deutschnationalen Gesinnung, im Antibolschewismus und im Antisemitismus als Bauhausgegner vereint wussten. Nach der politisch erzwungenen Auflösung des Bauhauses in Weimar und nach der Neugründung in Dessau 1925 war es in erster

Flugblatt der Dessauer Nationalsozialisten für die Gemeinderatswahl am 25. Oktober 1931

# Wähler und Wählerinnen Dessaus!

Der 25. Oktober gibt in Anhalt dem schaffenden Volke die Möglichkeit, den Grundstein zur Neugestaltung der politischen und wirtschaftlichen Verhältnisse zu legen. Die Not der Gemeinden ist eine Not des Volkes, entstanden aus den ungeheuren Fehlschlägen einer marxistisch-demokratisch-pazifistischen Außen- und Innenpolitik. Dem Elend und der Not durch eigene Kraft restlos zu steuern, wird den Gemeinden so lange eine Unmöglichkeit sein, so lange in Reich und Ländern nicht die letzten Vertreter der sterbenden Welt der Demokratie aus ihren Machtpositionen verschwunden und an ihre Stellen Vertreter des Volkes berufen sind, die es als ihre heilige und ernste Aufgabe ansehen, die nationalen und sozialen Belange des schaffenden Volkes zu vertreten und durchzusetzen.

Am 25. Oktober treten auch in Dessau zur Gemeindewahl erstmalig nationalsozialistische Kämpfer vor das schaffende Volk Dessaus und rufen ihm zu:

## Wählt Nationalsozialisten!

Was wir Nationalsozialisten in der Gemeindevertretung wollen, ist **Arbeit und Brot** für unsere Mitbürger zu schaffen. Wir stehen grundsätzlich auf dem Standpunkte, daß diese Aufgabe nur durch eigene Kraft gelöst werden muß und nicht durch Aufnahme von Krediten, die das Gemeindevermögen aufzehren und durch eine drückende Zinslast die weitere Aufbauarbeit unmöglich machen.

Wir fordern deshalb größte Sparsamkeit im Gemeindehaushalt und sofortige Streichung sämtlicher Ausgaben, die nicht lebensnotwendig für unsere Mitbürger sind.

### Wir fordern:

**Sofortige Streichung sämtlicher Ausgaben für das Bauhaus.**

Ausländische Lehrkräfte sind fristlos zu kündigen, da es unvereinbar ist mit der Verantwortung, die eine gute Gemeindeführung gegenüber ihren Bürgern zu tragen hat, daß deutsche Volksgenossen hungern, während Ausländer in überreichlichem Maße aus den Steuergroschen des darbenden Volkes besoldet werden. Deutsche Lehrkräfte sind durch Vermittlung der Gemeinde in Dessau oder anderwärts unterzubringen.

Für die im Bauhaus befindlichen Handwerkerschulen ist Unterkunft andernorts zu schaffen.

**Der Abbruch des Bauhauses ist sofort in die Wege zu leiten.**

### Wir fordern:

**Abbau der Stadtratsstelle Sinsel.**

Die dieser Stadtratsstelle bisher obliegenden Aufgaben sind den einzelnen Ressorts zuzuteilen.

### Wir fordern:

**Streichung sämtlicher Aufwandsentschädigungen für städtische Beamte und Bedienstete.**

**Festsetzung des Oberbürgermeistergehaltes auf höchstens 9000.— RM jährlich.**

**Kürzung sämtlicher städtischer Gehälter über 6000.— RM jährlich um 25—30%.**

### Wir fordern:

**Sofortige Einführung einer Filial- und Sondersteuer** für Konsumgenossenschaften, Warenhäuser und Einheitspreisgeschäfte.

### Wir fordern:

**Laufende Winterhilfe** für Kleinrentner, Kriegsbeschädigte, Kriegshinterbliebene, kinderreiche Familien und Wohlfahrtsempfänger.

### Wir fordern:

**Errichtung guter und billigster Kleinwohnungen** für Minderbemittelte, dazu **Rückführung der Hauszinssteuer zu ihrem eigentlichen Zweck,** auch zur Instandsetzung der vielen alten baufälligen Häuser.

### Wir fordern:

**Unbedingten Mieterschutz,** so lange die Wohnungsnot nicht behoben und ausreichende und billige Wohnmöglichkeiten geschaffen sind.

### Wir fordern:

**Zurückführung der Städtischen Sparkasse auf den ihr zukommenden Zweck,** nämlich die Bereitstellung langfristiger Darlehen zu niedrigen Zinssätzen an Handel- und Gewerbetreibende.

Wir betrachten diese Forderungen als Mindestforderungen und erklären, daß wir bei unserer Arbeit im Stadtparlament alle weiteren Wege rücksichtslos aufzeigen und ausschöpfen werden, die geeignet sind, Arbeit und Brot zu schaffen.

Unsere Arbeit wird unter der Losung des erwachenden Deutschlands stehen:

## Gemeinnutz geht vor Eigennutz!

Wer diesen Grundsatz zur Tat umgesetzt wissen will, der

## Wählt Liste 5

Liste **Nationalsozialisten.** N.S.D.A.P. Ortsgruppe Dessau.

Linie die Persönlichkeit des kultivierten und politisch mutigen Oberbürgermeisters Fritz Hesse, der großzügig den Bau des Bauhausgebäudes und der Meisterhäuser ermöglichte. Aber auch im Stadtrat wurde das Bauhaus alsbald von der verstärkten Formierung rechtskonservativer Politik eingeholt.

Die Kommunalwahlen 1931 wurden – ebenso wie die Landtagswahlen – von der nationalsozialistischen Partei unter der Kampfparole gegen das „bolschewistische" Bauhaus geführt. Programmpunkt eins in ihrem Wahlaufruf war die „Streichung sämtlicher Ausgaben für das Bauhaus". Die Forderung, das Bauhausgebäude abzubrechen, war fortan ein – Handlungswillen signalisierendes – Propagandaziel der Nationalsozialisten. 1932 lieferte der kulturkonservative Architekt Paul Schultze-Naumburg opportunistisch-bereitwillig ein Gutachten gegen das „deutschfeindliche" Bauhaus. Aber auch nach den dramatischen Schritten zur Auflösung der Einrichtung in Dessau 1932 wurde noch versucht, die Neuformierung des Bauhauses in Berlin staatsanwaltschaftlich (von Dessau aus!) zu verbieten.

Das Geschick des Bauhauses im Dritten Reich ist Teil der Bauhausgeschichte. In diesem Sinne wird auch der verachtende Baueingriff an den Meisterhäusern – in fachlich neutraler Umschreibung: die 'geschichtlich bedingte Störung' – durch den Beirat als mahnend-erinnernswertes Geschichtszeugnis, als denkmalwert begriffen. Es dürfte wohl keine Bausituation geben, in der das damalige Bauhausverbot, das heißt das verachtende Eliminieren einer international anerkannten Baukultur, schlüssiger und zwingender zur Begegnung hätte werden können als in der ehemaligen Meisterhaus-Siedlung.

Dem entgegen stand seitens der Landesdenkmalpflege die Auffassung, wonach „beide das Gebäude in seiner Erscheinung erheblich zerstörenden Bauphasen", nämlich die politisch gezielte 'Entgropiusierung' von 1939 und ebenso die behelfsmäßig nutzungsbedingten Veränderungen aus der DDR-Zeit in der Geschichtsaussage undifferenziert als unerheblich zu gelten haben. „Weder der Eingriff von 1939, noch die Veränderungen nach dem Zweiten Weltkrieg rechtfertigen eine bedeutsame Einschätzung, auch nicht die eines geschichtlichen Wertes [...]. Dagegen ist der Wert des aufzudeckenden (Gropius-)Baubestandes außerordentlich hoch, was durch den umfangreich erhaltenen Bestand bauzeitlicher Substanz zusätzlich unterstützt wird."[6] Vor diesem Hintergrund gab es auch im fachlichen Disput keine reelle Möglichkeit, am Beispiel Meisterhaus-Siedlung die seinerzeit mehrfach geschehenen politisch bedingten Umbauten und Verunstaltungen bei Architekturzeugnissen der Klassischen Moderne als ein Phänomen der ideologisch-baukulturellen Vergangenheit kritisch dingfest und mahnend bewusst zu machen.

Die strittige Frage zum So-oder-so-Umgang mit dem Gestaltzustand 1939 wurde in der Diskussion immer wieder auch als denkmalpflegerischer Grenzfall umschrieben. Mehr aber noch bestätigt sich hier wieder einmal die Erfahrung, wonach Denkmalpflege ihrem Wesen nach vor allem eine Verhaltensweise zur Geschichte ist.

## III

Die Denkmalpflege hat auch „die stille Provokation der Denkmale zu artikulieren".[7] In diesem Sinne wurde beim Meisterhaus Muche/Schlemmer durch den Beirat ein vertieft abwägendes Nachdenken zur (stadt-)politischen Brisanz des Umbaueingriffes 1939 eingefordert. Dies letztendlich aber auch mit dem Ziel, das Nazi-Zeugnis in der gezielt verunstalteten Gropius-Architektur wenigstens an diesem

Meisterhaus nicht zu tilgen.

Dagegen standen allerdings 'Hürden', die hier nun nicht mit fragwürdigem Denkmalverständnis abgetan, sondern vielmehr als Einzelbeobachtungen in ihrem situations- und zeitbedingten Zuschnitt wenigstens beispielhaft benannt werden sollen. Dabei wäre es freilich eine leichtfertige und für eine uninformierte Stadtöffentlichkeit verunglimpfende Unterstellung, den Gropius-Rückbaubeschluss – wie es von namhafter Seite der Fachpresse her geschehen ist – als eine Art populistische Wunscheinlösung zu erklären, weil alles andere „die Sympathie der Stadt nicht gefunden hätte".[8] Es wäre auch zu kurz gedacht, den Willen zur Gropius-Rekomplettierung nur bei der politischen Stadtöffentlichkeit und dort wiederum nur in jenem bekannten Denkmalverständnis zu sehen, dessen Interesse in erster Linie nicht auf das Geschichtliche im Denkmal ausgerichtet ist, sondern auf die makellose Gestalt, auf das (ursprüngliche) Bild. Zudem ist in Erinnerung zu rufen, dass sich ein solches Verständnis erst artikulieren konnte anhand jener vielen 'historisch gerechten' Praxisresultate einer Fachdenkmalpflege aus den letzten Jahrzehnten, die eben diese Erwartung mit erzeugt und als beifallsicheren Leistungsnachweis oft genug eingelöst hat.

Vielmehr lag die wohl größte Hürde für ein alternatives Mitdenken direkt nebenan auf der Baustelle: die sichtbare Gropius-Vollendung des Meisterhauses Kandinsky/Klee. Kritische Fragen zum Haus Muche/Schlemmer wurden nicht mehr ernst genommen, da sie in den scheinbar überzeugenden Rekonstruktionsresultaten der beiden Nachbargebäude als längst beantwortet galten. Gemessen an diesen beiden so genannten Gropius-Wiederherstellungen wurde der wahrlich schäbig-marode überkommene Bauzustand des Hauses Muche/Schlemmer undifferenziert als Summe aller entstellend verändernden Eingriffe gewertet, die mit dem Umbau 1939 ihren Anfang genommen hatten und nun als Ganzes endlich wieder zu bereinigen sind.[9]

In dieser Situation konnte auch die als Entscheidungshilfe gedachte Präsentation von eigens dafür hergestellten Anschauungsmodellen des Meisterhauses sowohl im ursprünglichen Erscheinungsbild als auch im Umbauzustand 1939 nicht weiterführen. Im Gegenteil: der wertende Vergleich anhand von Baumodellen gerät, auch wenn es sich – wie hier – nur um eine Instandsetzung handelt, immer zur Architekturwertung, die den geschichtlichen Sachverhalt ausblendet und insofern ganz selbstverständlich für die ungestörte (Gropius-)Baugestalt votiert.

Schließlich gab es in diesem weithin emotionalisierten Rahmen auch keine Aufmerksamkeit mehr für die Tatsache, dass das Meisterhaus durch den Umbau ja nicht auf den Zuschnitt eines trivialen, mit Dachkörper versehenen Wohngebäudes gebracht, sondern noch immer als – massiv beeinträchtigte – Gropius-Architektur zu erkennen war. Die baupflegerische und substanzschonende Instandsetzung des 'Störungs'-Zustandes von 1939 hätte immerhin ein Resultat ergeben, in dem wesentliche Gropius-Qualitäten, etwa das Kubushafte und die alten Putzoberflächen, immer noch den Ton angegeben hätten.

Die zuständige Landesdenkmalpflege stand über das Schwierige einer Vermittelbarkeit solcher Überlegungen hinaus zudem im unlösbaren Konflikt mit einer generellen Beobachtung: Im ostdeutschen Denkmalgeschehen wird die Wiederherstellung von verwahrlosten Geschichtszeugnissen vielfach und jedenfalls mehr als sonst wohl auch als eine Möglichkeit zu gesellschaftlicher Orientierung im Sinne von kultureller Rückbindung, von wieder ansehenswert und von Identitätssicherung empfunden.

Die Landesdenkmalpflege hat sich die

**Bericht über die Hausdurchsuchung am 12. April 1933 im „Bauhaus Steglitz" in Berlin**

# Haussuchung im „Bauhaus Steglitz"

## Kommunistisches Material gefunden.

Auf Veranlassung der Dessauer Staatsanwaltschaft wurde gestern nachmittag eine größere Aktion im „Bauhaus Steglitz", dem früheren Dessauer Bauhaus, in der Birkbuschstraße in Steglitz durchgeführt. Von einem Aufgebot Schutzpolizei und Hilfspolizisten wurde das Grundstück besetzt und systematisch durchsucht. Mehrere Kisten mit illegalen Druckschriften wurden beschlagnahmt. Die Aktion stand unter Leitung von Polizeimajor Schmahel.

Das „Bauhaus Dessau" war vor etwa Jahresfrist nach Berlin übergesiedelt. Damals waren bereits von der Dessauer Polizei zahlreiche verbotene Schriften beschlagnahmt worden. Ein Teil der von der Polizei versiegelten Kisten war jedoch verschwunden, und man vermutete, daß sie von der Bauhausleitung mit nach Berlin genommen worden waren. Die Dessauer Staatsanwaltschaft setzte sich jetzt mit der Berliner Polizei in Verbindung und bat um Durchsuchung des Gebäudes. Das Bauhaus, das früher unter Leitung von Professor Gropius stand, der sich jetzt in Rußland aufhält, hat in einer leerstehenden Fabrikbaracke in der Birkbuschstraße in Steglitz Quartier genommen. Der augenblickliche Leiter hat es aber vor wenigen Tagen vorgezogen, nach Paris überzusiedeln. Bei der gestrigen Haussuchung wurde zahlreiches illegales Propagandamaterial der KPD. gefunden und beschlagnahmt.

**Alle Anwesenden, die sich nicht ausweisen konnten, wurden zur Feststellung ihrer Personalien ins Polizeipräsidium gebracht.**

**Der Bauhaus-Student Ernst Louis Beck vor dem Bauhaus in Berlin-Steglitz, um 1932/33**

fachlichen Fragen am Meisterhaus Muche/Schlemmer in amtsinterner (und dabei durchaus nicht konfliktfreier) Erörterung besonders angelegen sein lassen. Im Folgenden werden daher die denkmalamtlich-konservatorischen Argumentationspunkte festgehalten, die für beides ausschlaggebend gewesen sind: einerseits für die Rückbauentscheidung und andererseits aber auch für die beispielhaft substanzschonende Reparatur des Überkommenen. In der Hauptsache stützt sich die Argumentation auf die Aufnahme des Meisterhauses in die Liste des Weltkulturerbes der UNESCO, auf die Charta von Venedig und – im Hintergrund – auf die immer noch andauernde Theoriediskussion zum denkmalpflegerischen Umgang mit Bauzeugnissen der Klassischen Moderne.

IV

Die Meisterhäuser wurden – zusammen mit den anderen Bauhauszeugnissen in Weimar und Dessau – 1996 in die Liste des Weltkulturerbes aufgenommen. Sämtliche Stellungnahmen zur Maßnahme Meisterhaus Muche/Schlemmer – die stadtpolitische, die denkmalamtliche und die der Architekten – fordern die Wiederherstellung der Gropius-Baugestalt zuallererst mit Bezugnahme auf diese neu zuerkannte Bedeutung: „Für die Wiederherstellung der Meisterhäuser muss deren Feststellung als Weltkulturerbe als ein denkmalpflegerisches Programm verstanden werden. [...] Die Idee des Architekten Walter Gropius gilt es aus den verfälschenden Überformungen wieder herauszuarbeiten."[10] Die durchaus generalisierbare Frage liegt nahe: Darf die besondere Wertung, das herausragende Classement eines Kulturdenkmals auch verstanden werden als verpflichtende Vorgabe für einen bestimmten konservatorischen Umgang mit dem Denkmal als Geschichtsdenkmal?

Der fraglos gute Sinn der Weltkulturerbe-Konvention ist erklärtermaßen ausgerichtet auf den Schutz herausragender Kulturleistungen und – eine wesentliche Voraussetzung dafür – auf deren Bekanntmachung und Wertverankerung im öffentlichen Bewusstsein. In der auszeichnenden Bewertung der Meisterhäuser und unter Bezugnahme auf den mit dem Haus Feininger begonnenen Instandsetzungsprozess stellt die UNESCO-Kommission dem örtlich zuständigen Denkmalpfleger allerdings auch konservatorisch-praktische Bedingungen: „[...] die Restaurierung eines der Doppelhäuser ist das Ergebnis gründlicher Forschungen und entspricht dem Anspruch der Echtheit. Die Zukunft der anderen Doppelhäuser ist ungewiss, daher ist es zu früh, ihre Echtheit zu beurteilen. Sollten sie auf die gleiche Weise restauriert werden wie die Ebertallee Nr. 63 [Haus Feininger], wäre die Frage der Echtheit befriedigend gelöst."[11] Das Bauhaus-Geschick in den Meisterhäusern blieb offenbar ausgeblendet.

Nun weiß man aus Erfahrung inzwischen um die mitunter nachteiligen Auswirkungen im Zusammenhang mit einer

DAS BAUHAUS IN BERLIN

Schüler der Textilklasse bringen die Webstühle in den Lehrsaal

Die Kunstschule auf dem Fabrikhof

Die Bitte der ordnungsliebenden Polizei

Der Hauptlehrsaal drei Tage vor Beginn des Unterrichts

... und inmitten des Einzugs beginnt schon der Unterricht

Aufnahmen Reinke-Degephot

Eine amerikanische Bauhaus-Schülerin beim Anstreichen der Wände ihres neuen Lehrsaals in Berlin. Hier hat sich das aus Dessau vertriebene Bauhaus in einer stillgelegten Fabrik eingerichtet


**„Das Bauhaus in Berlin" in: Berliner Tageblatt, Beilage 'Weltspiegel' Oktober 1932**

Auszeichnung als Weltkulturerbe;[12] beispielsweise die Folgen, die sich aus der Aufbereitung des Denkmalortes für Tourismusbedürfnisse ergeben, die Vernutzung, oder auch die Instrumentalisierung der Weltkulturerbe-Objekte für politische Imageansprüche, die nicht zuletzt der Konservatorenarbeit im Nacken sitzt. Oder die Nachteile dieser neuen Bedeutungskategorie für die anderen Schützlinge des denkmalpflegerischen Alltags und auch für das allgemeine Denkmalverständnis, das heißt die Folgen aus einer neuen Spielart der schon immer fragwürdigen Denkmalklassifizierung.

Das eigentliche Dilemma zeigt sich aber dort, wo einer globalen Besucheröffentlichkeit gedanklich das Bedürfnis unterstellt wird, in den ausgezeichneten Denkmalen auf ihrer Reiseliste möglichst 'unverfälschten' Kulturleistungen und möglichst dem Erscheinungsbild der Entstehungszeit zu begegnen. Denkmale also, die sich auf Anhieb von selbst erklären und aus ihrem Gang durch die Geschichte keine zusätzlichen Vermittlungsfragen aufwerfen. Diese (unterstellte!) Erwartung bedeutet für den örtlich zuständigen Konservator immer eine Gratwanderung; schließlich trägt er auch beim Weltkulturerbe-Sonderschützling die Verantwortung für jenes Geschichtsdenkmal, das sich nur aus dem jeweiligen Geschichtsraum und nur aus einem materiellen Einwirken dieser Geschichte erschließt und deswegen auch als Monument von Weltrang befragbar gehalten werden muss.

Ernsthafte Konservatoren interpretieren für ihre Praxis die kompliziert gefassten Konventionskriterien für die besondere Weltkulturerbe-Schutzwürdigkeit im Sinne unserer grundsätzlich gültigen Werteregeln: „Herausputzen des Erbes ist ebenso wenig das Ziel der Schutzkonvention wie etwa die Rekonstruktion verlorener Zustände oder wie das Anbringen wie auch immer gearteter so genannter Verbesserungen an der vorgefundenen Erscheinung".[13]

Am Beispiel des Meisterhauses Muche/Schlemmer wurde diese Interpretation wenigstens in der vorbildlichen erhaltenden Substanzreparatur eingelöst. Ob und wie weit in den anschaulich erhaltenen Alterszeugnissen für die erwarteten Besucher aus aller Welt dann auch der Geschichtsort – also nicht nur die Architekturgeschichte, sondern das Geschichtliche in der Architektur – bewusst gemacht werden und zum Nachdenken anregen kann, wird am Anspruch der künftigen Vermittlung liegen.

## V

Die denkmalfachliche Argumentation für die Wiederherstellung des ursprünglichen Erscheinungsbildes des Meisterhauses stützt sich auf die Charta von Venedig (1964): Die gestalterische Bedeutung des bauhauszeitlichen Gropius-Zustandes rechtfertigt die Beseitigung aller späteren, weniger bedeutsamen Veränderungen.[14] Damit stellt sich – als wiederum generalisierbar – die Frage: Ob und wie weit kann die als Regelwerk gefasste Grundsatzerklärung in der Charta von einer Wertung der Geschichtsfragen am Einzeldenkmal entlasten? Zumindest kann diese Frage nicht abgelöst gesehen werden vom wachsenden Stellenwert, der der Charta innerhalb der verfügbaren fachlichen Orientierungsgrundlagen von der heutigen Denkmalpraxis beigemessen wird.

Gerade auch angesichts der wieder unsicher und offen gewordenen Diskussion um die Rekonstruktion, um die Wiederherstellbarkeit von verlorenem Denkmalbestand, sucht der konservatorisch fragende Umgang mit Geschichtswerten im Denkmal eine abgesicherte Antwort mehr und mehr in den Faustregeln der Charta von Venedig. Sie wurde nicht zufällig in den letzten Jahren neu übersetzt, aktualisiert und zu größerer Verbreitung gebracht. [15] Gleichzeitig wurden die von Alois Riegl formulierten und seitdem ein Jahrhundert hindurch zumindest sinngemäß gültigen Grundwerte des Denkmals einigermaßen leichtfertig in Frage gestellt.

Die Charta von Venedig wird in ihren artikelweisen Festlegungen und mehr noch in ihren Ausnahmeerklärungen nicht selten verstanden als ein beliebig zitierfähiges Belegarsenal für jedweden Denkmalumgang: als theoriegestützte Absicherung, je nachdem, wie die denkmalpolitisch oder denkmalfachlich bereits festliegende Marschrichtung im Einzelfall sein soll. Dabei ist die Kernaussage in den einzelnen Artikeln der Charta ebenso unmissverständlich als Warnung vor jedem rückführend-verbessernden Handanlegen zu verstehen wie in der Präambel die „Verpflichtung, die Denkmale im ganzen Reichtum ihrer Authentizität weiterzugeben".

Im Fall des Meisterhauses Muche/Schlemmer wird in der denkmalfachlichen Argumentation zunächst Artikel 11 der Charta zitiert, wonach „die Beiträge aller Epochen zu einem Denkmal respektiert werden" müssen. Dann aber stützt sich die Argumentation auf die Ausnahmemöglichkeit, dass „eine Aufdeckung verdeckter Zustände nur dann gerechtfertigt [ist], wenn das zu Entfernende von geringer Bedeutung ist, wenn der aufzudeckende Bestand von hervorragendem historischem, wissenschaftlichem oder ästhetischem Wert ist und wenn sein Erhaltungszustand die Maßnahme rechtfertigt". Die Argumentationstauglichkeit dieses Artikels müsste zunächst schon im Verbalen hinterfragt werden: 'Aufdecken' von verborgen vorhandenen Denkmalschichten ist nicht gleich rekonstruierend-ergänzendes Neuherstellen. Zudem ist die Charta von 1964 bekanntlich in Detailpunkten entsprechend den zeitbedingten Erfahrungen stets neu zu interpretieren. Das heißt in diesem Zusammenhang: ein konservatorisches Handeln, das immer noch nach Gesichtspunkten von weniger oder mehr Denkmalbedeutung entscheidet, folgt im Prinzip jener schon zitierten Klassifizierung, die in ihren unseligen Auswirkungen – das Bessere als Feind des Guten – als überwunden gelten sollte.

Die Charta ist jedenfalls weder ein Instrument, um in Geschichtsfragen am einzelnen Denkmal sicheren Entscheidungsboden zu gewinnen, noch ist sie ein Hilfsmittel, um gesellschaftspolitische Hürden, die einem wertenden Abwägen des Meisterhaus-Geschickes im Dritten Reich entgegenstehen, fachlich 'salonfähig' zu machen. Die Denkmalpflege allein kann auch durch den hilfsweisen Zugriff auf die Denkmaltheorie nicht leisten, was der Gesellschaft im Ganzen noch nicht gelungen ist: Die Hinterlassenschaft des Dritten Reiches wird in ihren Bauleistungen als Zeugnis- und Erinnerungswert inzwischen vielfach zwar akzeptiert, aber noch nicht das Nachdenkenswert-Mahnende in der ideologisch begründeten (Zer-)Störung der damals modernen Baukultur.

## VI

Die Instandsetzung des Meisterhauses Muche/Schlemmer kann nicht abgelöst gesehen werden von der aktuellen Diskussion zum denkmalpflegerischen Umgang mit Bauten der Klassischen Moderne.

Der Leipziger ICOMOS-Kongress 'Konservierung der Moderne?' im Jahr 1996 widmete sich mit guten Gründen ausschließlich diesem Thema.[16] Nun ist das Fragezeichen im Thema – gemessen an den inzwischen erreichten Erhaltungsmöglichkeiten in diesem Objektbereich – zunächst überflüssig. Auch die Bauten der Klassischen Moderne gelten mittlerweile als Geschichtszeugnisse. Die mit den damals neuen Baustoffen und Bautechniken verbundenen Erhaltungs- und Reparaturschwierigkeiten bleiben zwar auch nach dreißig Jahren Erkenntnisgewinn in jedem neuen Einzelfall eine besondere Herausforderung, aber wesentlich ist doch: Ernsthafte Denkmalpflege sieht auch in den wenig dauerhaften, oft experimentierend eingesetzten Materialien und Techniken das Zeugnishafte einer eigenen Baukultur. Die Vergangenheitsspuren dieser Bauten, ihre materiellen Schäden und Schrunden werden nicht mehr nur als ein 'hässliches Altern' verstanden, sondern als mehr und mehr reparaturfähige Aussagen zu ihrem Gang durch die Zeit.[17]

Gerade auch das vorbildhafte Vorgehen beim bauhauszeitlich überkommenen Bestand am Meisterhaus Muche/Schlemmer kann als eindrucksvoller Beleg für den mittlerweile erreichten Kenntnisstand gelten – in der analytischen Erkundung der damaligen Technologie-Besonderheiten, in deren Reparaturmöglichkeiten und im Umgang mit Ersatzstoffen ebenso wie in der abwägenden Hinnahme von unvermeidbaren Eingriffen.

Diese Entwicklung sieht sich allerdings immer wieder herausgefordert – und daher auch das Fragezeichen im Leipziger Kongressthema – durch zweierlei Auffassungen, die nicht nur in der Theoriediskussion offen vertreten werden, sondern uneingestanden immer wieder auch in die Praxis hinein weiterwirken.

Das ist zum einen die verbreitete Behauptung, dass das eigentliche Wesen eines Bauwerkes nicht im tatsächlich Gebauten besteht; auch für die Qualität des Baudenkmals gilt demnach nicht zuallererst der real überkommene Bestand, sondern der Entwurf, die Idee der jeweiligen Architektur. Breiter bekannt geworden ist diese Auffassung (ebenso wie die konservatorisch entschiedene Entgegnung[18]) im Zusammenhang mit dem Wiederaufbau der Dresdener Frauenkirche. 'Die Idee des Architekten' ist inzwischen als Argument für die aktuelle und vor allem von politischen Erwartungen getragene Tendenz zur fragwürdigen Neuherstellung längst verlorener oder fragmentierter Baudenkmale besetzt. Auch die denkmalpflegerische Begründung für den Gropius-Rückbau am Meisterhaus Muche/Schlemmer bezieht sich auf die 'verpflichtende Entwurfsidee' des Architekten. Dabei war die kurzzeitige Bezugnahme auf die Rekonstruktionsfrage als Argumentationshilfe von vornherein überflüssig; denn als lediglich gestalterisch ergänzendes Wiederherstellen müsste der Vorgang wohl keine ernsthaften konservatorischen Grundsatzfragen aufwerfen. Wohl aber das damit verbundene endgültige Löschen des zeugnishaften Nazi-Eingriffes, dem der Beiratseinspruch gegolten hat. Insofern muss und wird sich die zuständige Denkmalpflege auch nicht festlegen lassen auf eine gedankliche Partnerschaft mit der zitierten, unsinnigen Theorieposition. Aber sie muss stets gewärtig sein (siehe Abschnitt VII), dass ihr das einmal ausgesprochene Argument im Gegenwind der heutigen Tendenz zur beliebigen Denkmal-Neuauferstehung nun als Waffe begegnen kann.

Die zweite, in der Theoriediskussion häufig vertretene Auffassung geht davon aus, dass die Bauten der Klassischen Moderne in ihrer kubisch-glatten, technisch perfekten Baugestalt von ihren Architekten als alterungslos gedacht waren und dementsprechend auch von der heutigen Denkmalpflege wiederum auf makellose Neuwertigkeit zu behandeln sind. Nicht nur für theoretische Überlegungen, sondern auch für die denkmalpflegerische Praxis ist es wichtig, um die seinerzeit emphatisch vorgetragenen, weithin geschichtsfremden Idealvorstellungen zu wissen, mit denen die damalige Avantgarde dort und da ihr Bauen begleitet hat. Die Kenntnis zeitgenössisch hochfliegender Architekturerklärungen, wie die 'ewige Jugendlichkeit', die Vorstellung von Alterungslosigkeit und so weiter tragen zum Verständnis bei, wenn in diesen Bauten der Moderne nicht nur neue Materialien und neue Techniken begegnen, sondern auch Experimentelles, ja ein fast vorsätzliches 'nicht von Dauer', und immer auch Baustoffe wie Beton oder Eisen, die nicht im herkömmlichen Sinn patinieren. Andererseits aber ist es doch bestürzend, wenn diese Zitate und der Verweis auf das Formvollendete dieser Architektur dazu benützt werden, um auf dem Weg dialektischen Theoriedenkens für diesen Teil unseres baulichen Erbes die Entwicklung einer abweichenden, ja neuen Denkmaltheorie einzufordern.[19] Die in den letzten einhundert Jahren gefestigten und für alle Denkmalepochen gültigen Grundsätze sachgerechter Denkmalpflege werden so für die Bauzeugnisse der Moderne in der Endkonsequenz über Bord geworfen. Und mehr noch: Ein Denkmaldenken und Denkmalwollen, das schließlich immer ja nur aus der Begegnung mit den Denkmalen in unserer Gegenwart möglich ist, wird damit bei den damaligen Architekten der Moderne angesiedelt und solchermaßen förmlich auf den Kopf gestellt. Selbst Alios Riegl wird bemüht, um dessen 'Alterswert' – anstatt ihn stets neu zu interpretieren – in seiner Mitverbindlichkeit auch für die Zeugnisse der Klassischen Moderne für nicht mehr gültig zu erklären. Vor allem Eberhard Grunsky hat dem am schlüssigsten widersprochen, freilich ohne dass damit eine gesamtdenkmalpflegerisch längst fällige Grundsatzklärung dieses Themas hätte in Gang gebracht werden können.[20]

Von Walter Gropius gibt es zur Frage der Geschichtlichkeit in seinem Bauen keine unmittelbar aussagekräftigen Quellen. In der Summe seiner publizierten Gedanken steckt für sein Architekturanliegen zwar auch der Bruch mit der Vergangenheit. Dies aber im Sinne einer notwendigen Distanz zu Kunst- und Baugeschichte, um Freiräume zu gewinnen und um sich konsequent auf das Neue konzentrieren zu können. Für die Maßnahme Meisterhaus Muche/Schlemmer wurden in dieser Richtung allerdings auch keine besonderen Erhebungen angestellt. Maßgebend war vielmehr die Einsicht: „Gerade weil die Moderne den Bruch mit der Geschichte zum Programm gemacht und die eigene Geschichtlichkeit stets geleugnet hat, ist die auf Denkmäler gestützte Erinnerung an ihre vergangenen Kämpfe, an ihre Erfolge und auch an das Scheitern einiger Zielsetzungen sehr lohnend."[21]

Die Maßnahme hat zudem eines wieder deutlich gemacht: Auf der Instandsetzungsbaustelle der Klassischen Moderne braucht es über den Konservator und den Restaurator hinaus in erster Linie jene modern sachkundigen Fachleute, seien es der Bauingenieur, Tragwerksplaner, Bautechniker, der Architekt oder Bauklimatiker, deren Wissen erst die Quelle ist, um mit konstruktiver Neugierde die Experimente, die damals bautechnisch innovativen Leistungen zu erforschen, zu befragen und zu begreifen. Nur mit dem Wissen dieser Fachleute kann den Mitzeugnissen der damaligen Baukultur Hilfe zur Selbsthilfe gegeben und sie so auch erhalten und weitergegeben werden. Von einem Fachmann in diesem Sinne und nicht vom Konservator stammt der Satz: „Aber selbst wenn es so wäre, dass die Bauhausmeister eine temporäre, vergängliche Architektur planten oder nur Versuchshäuser bauten, nehmen wir uns das Recht, dieses Testament nicht anzunehmen, sondern die Lebensdauer dieser Gebäude auf unbestimmte Dauer zu verlängern, – nicht als ein Versuchsfeld für Sanierungstechnologien, sondern um, solange es geht, die Geschichte erlebbar zu lassen, also mit Ende, aber ohne Verfallsdatum."[22]

## VII

Das Ergebnis der Instandsetzung des Meisterhauses Muche/Schlemmer wurde bei der Wiedereröffnung und im Echo der Fachpresse weithin zustimmend gewürdigt. In der Summe wurde vor allem anerkannt, dass im Gesamteindruck beides in Einklang gebracht werden konnte: die Wiederherstellung der Baugestalt aus der Ursprungszeit und die sichtbaren Spuren aus der Vergangenheit.

Gerade auch angesichts des ästhetisch beeindruckenden Resultates konnte die Auffassung des Beirates der Wüstenrot Stiftung zur Geschichtstatsache des Nazi-Eingriffes 1939 selbst bei den fachkundigen Medien keine vertiefende Nachdenklichkeit finden. War das kritische Anmahnen des Beirates, über das hier berichtet wird, demnach überflüssig oder verfehlt? Oder gilt nicht auch hier die Erfahrung, wonach die am Denkmal aufgegriffene und ins Gespräch gebrachte Geschichtsfrage doch weiterwirken wird, – weiterwirken in jenem oft schwierigen Prozess der Sinnverständigung, den es braucht, um am Denkmal auch unangenehmes Erinnern als Bewahrenswertes zu erkennen und anzunehmen.

Die am Meisterhaus Muche/Schlemmer strittige Position – und sie ist im Konservatorenkreis inzwischen nicht nur die Auffassung des Beirates – ist zudem gerade auch dort uneingeschränkt weiterzutragen, wo sogar aus den Reihen der Denkmalpfleger und in namhafter publizierter Weise wieder einmal und öffentlich unwidersprochen versucht wird, den grundlegenden Stellenwert der geschichtlichen Dimension im heutigen Denkmaldenken in Frage zu stellen.[23] „Geschichte ist kein Thema der Baukunst". Das heißt letztlich: zurück zur Denkmalpflege als Pflege des Schönen.

Schließlich ist es für die beiden Beiratsmitglieder dann auch in der Rückschau kein Widerspruch, wenn sie über den kritischen Zeitpunkt des amtlichen Rückbaubeschlusses hinaus die Maßnahme bis zu ihrem Ende intensiv beratend begleitet haben. Sie folgten damit der für Denkmalpraktiker immer noch gültigen Konservatorenauffassung, wonach man auch im Fall der fachlichen oder schutzrechtlichen 'Niederlage' eine Denkmalbaustelle solange nicht im Stich lässt, solange für das Geschichtszeugnis im Denkmal noch immer etwas zum Besten herauszuholen ist. In diesem Sinne wird daher auch das jetzige Instandsetzungsresultat dort mitgetragen, wo nicht zuletzt durch den Beirat das hohe Ausmaß an Bestandserhaltung erreicht werden konnte.

Dabei galt es als selbstverständlich, dass die Sprache des Geschichtlichen in den so genannten Altersspuren, die in erster Linie die Qualität des Zeitlichen im Denkmal vermitteln, eine andere ist als beispielsweise das zeitlich fixierte und insofern historisch aussagefähige Eingriffszeugnis in der Meisterhaus-Gestalt, das auf seinen erinnernswerten Hintergrund konkret befragbar gewesen ist.

Die ausführliche Würdigung des hohen Ausmaßes an alten Substanzbereichen stimmt lediglich dort nachdenklich, wo – durch einige Stimmen der Fachpresse – im Gesamteindruck des erneuerten Gropius-Baues der 'angenehme Anteil' an Altersspuren hervorgehoben wird. Man wird jedenfalls erinnert an die generelle Wertschätzung jener geschichtsneutralen Patina, die heutzutage im Nebeneinander mit Neuem beziehungsweise Erneuertem nicht selten als eine Art willkommener Zugabe an ästhetischer Dimension verstanden und vermittelt wird: „Die Patina steht dem Haus gut zu Gesicht."

Es sind in erster Linie immer die kompetenten Fachmedien, die – über die rasch zugänglichen ästhetischen Qualitäten einer Instandsetzung hinaus – auch den geschichtlichen Sachverhalt zu sehen und wertend in das allgemeine Denkmalinteresse hinein zu vermitteln, zu 'übersetzen' haben. In diesem Sinne hat die Fachpresse dann auch zur jetzt vorgesehenen Neunutzung dieses Meisterhauses zustimmend berichtet. Gerade die Nutzungsfrage wurde nicht zuletzt durch den Beirat während der Gesamtmaßnahme beständig kritisch im Gespräch gehalten.

Vorgegeben war eine öffentliche Nutzung. Damit sollte einerseits die Besichtigungsmöglichkeit sichergestellt und andererseits den möglichen Nachteilen privater 'Vernutzung' vorgebeugt werden. Man mag der Auffassung sein (und wird dabei möglicherweise von imponierenden Besucherzahlen bestätigt), dass die 'museale Neunutzung der Meisterhäuser' mit dem – auf die Dessauer Beispiele bezogenen – Anliegen Gropius' einer permanenten Architekturausstellung „auf sinnfällige Weise korrespondieren".[24] Beim Meisterhaus Muche/Schlemmer wurde allerdings bewusst Abstand genommen von jener ausschließlich musealen Präsentation des Hausinneren, bei der die Besucher mit distanziertem Staunen dem ästhetisch zwar überraschenden, zugleich aber doch leblos-sterilen Charakter der einstigen Künstler-Familienräume begegnen, – einer Scheinvergangenheit unterm Vitrinensturz, der das Persönliche weithin entzogen ist. Ganz abgesehen von den notwendigen, immer problematischen technischen Klima- und Sicherheitseinrichtungen.

Im Meisterhaus Muche/Schlemmer haben sich das Designzentrum Sachsen-Anhalt und die Stiftung Bauhaus Dessau mit Büros eingerichtet. Es wird dabei auch Ausstellungen geben. Interessierte Besucher aber werden das Haus beim Wiederweggehen nicht nur als ein Stück Vergangenheit verlassen, sondern als einen Ort, in dem wieder Leben zu Hause ist mit Menschen, die dort im Sinne der Bauhausidee täglich hantieren.

## VIII

Mit der Instandsetzung des Meisterhauses Muche/Schlemmer ist die Wiedergewinnung der Meisterhaussiedlung, soweit sie aus der Vergangenheit überkommen ist, abgeschlossen. Als Wiederherstellung ist sie – zumindest gedanklich – offenbar noch nicht zu Ende.

Bei Wiedereröffnung des Meisterhauses Muche/Schlemmer wurde durch die Stadt Dessau die Absicht bekannt gemacht, wonach künftig auch die kriegszerstörten Teile der Meisterhaussiedlung – die Direktorenvilla und die Haushälfte Moholy-Nagy – wieder aufgebaut werden sollen, das heißt 'Original'-Neuaufbau nur anhand von überlieferten alten Plänen und Schwarz-Weiß-Fotos. Nun ist dieses Rückgängigmachen längst verjährter Denkmalverluste eine nahtlos anschließende Folge aus jenem 'Zurück zu Gropius' an den noch vorhandenen Meisterhäusern, das als Parole auch nachträglich erklärt, dass und warum das unter Fachleuten am Meisterhaus Muche/Schlemmer zumindest kritisch erörterte Löschen des Nazi-Handanlegens offenbar keine ernsthafte Frage sein konnte.

Auch mit diesem Replik-Vorhaben stehen erneut all die bekannten Kernfragen

Meisterhaus Walter Gropius, 1925/26, Straßenansicht von Nord/Nordwest

zur Unwiederholbarkeit von materiellen Geschichtszeugnissen im Raum, mit denen heute die prominenten Neuherstellungsbeispiele immer wieder kritisch kommentiert werden, obwohl sie in der politischen Öffentlichkeit ihren kulturellen Passierschein längst erhalten haben. Als Argumenthilfe ist die Rede von 'Wiedergutmachung an Gropius'. Wie weit aber lässt sich zum Wiedergutmachen auch das Rad der Geschichte zurückdrehen? Hieße dies nicht, in der beliebigen 'Wiederaufführbarkeit' seiner einmaligen Bauzeugnisse Gropius den Respekt des Besonderen, des Unwiederholbaren zu verweigern?

In diesem Zusammenhang gibt es zwar immer wieder die Auffassung, wonach Denkmal-Neubauten mit Denkmalpflege und deren Erhaltungsauftrag nichts zu tun haben. Aber gehört es nicht mit zum Denkmalthema, wenn das Neubauvorhaben in der Meisterhaussiedlung dazu führen müsste, dass es dann im Ganzen der Siedlung künftig überhaupt keine Lücken mehr gäbe, die noch Rückfragen an die Vergangenheit aufwerfen könnten, – dass die überkommenen Originalgebäude sich als beliebig wiederholbar kompromittiert sehen müssten und dass für künftige Besucher dann – ausgenommen die stille Sprache der so genannten Altersspuren – nichts mehr konkret erinnert an die siebzigjährige Vergangenheit dieses Geschichtsortes?

Mit solchen Fragen erklärend auf diese aktuelle Arrondierungsabsicht einzuwirken, liegt nicht nur bei den vom konservatorischen Auftrag her zwar berufenen, aber doch als 'Partei' apostrophierten Denkmalverantwortlichen. Vielmehr ist hier die fachkundige Öffentlichkeit, sind die Fachmedien mitgefordert. Alles andere hieße, die Stadtverantwortung im Missverständnis ihres emotionalen Gropius- und Denkmalwollens und die Meisterhaussiedlung selbst im Stich lassen. Und hieße nicht zuletzt auch: Gerade die jetzt so uneingeschränkt anerkannte Hingabe, mit der die Architekten, Handwerker und Restauratoren beim Meisterhaus Muche/Schlemmer Untersuchung, schonende Reparatur und Erhaltung geleistet haben, würde im künftigen Ganzen einer neuen Gropius-Nachbarschaft abgestempelt zur bloßen Marginalie.

# Impressionen von dem instandgesetzten Meisterhaus Muche/Schlemmer

4

# Instandsetzungsplanung zwischen Erhaltung, Reparatur und Neubau

**Winfried Brenne**

**Straßenansicht vor der Wiederherstellung, 1998 und nach der Wiederherstellung, 2002**

1997 konnte zwischen der Stadt Dessau als Eigentümerin des Hauses und der Wüstenrot Stiftung als Bauherrin eine Vereinbarung zur Wiederherstellung und zur Neunutzung des Meisterhauses Muche/ Schlemmer erzielt werden. Die Erfahrungen der Stiftung mit zuvor durchgeführten Denkmalprojekten, zu denen auch bedeutende Architekturzeugnisse der Klassischen Moderne gehörten, ließen eine fachgerechte, behutsame Wiederherstellung des Hauses erwarten. Der Stiftungsgedanke, ein „Maximum an Originalsubstanz unter Berücksichtigung der Spuren der Bau- und Nutzungsgeschichte zu erhalten"[1], setzte die konzeptionelle Herangehensweise zur Wiederherstellung des Gebäudes bereits fest.

Von besonderer Bedeutung für die Wiederherstellung war die zukünftige Nutzung des Gebäudes, die in vielerlei Hinsicht über das Restaurierungs- und Instandsetzungskonzept entschied. Es galt Nutzungsansprüche zu berücksichtigen, die sowohl dem Baudenkmal als auch einer zeitgemäßen Gebrauchstüchtigkeit gerecht werden. Die Vereinbarung zwischen den Vertragspartnern sah eine öffentliche Nutzung vor. Dies entsprach sowohl dem Interesse der Stadt Dessau, die eine öffentliche kulturelle Nutzung beabsichtigte, als auch der Stiftung, deren Satzung nur eine Beteiligung an öffentlich zugänglichen Projekten festschreibt.

Angesichts der architekturgeschichtlichen Bedeutung des Meisterhauses, das seit 1996 mit anderen Bauhausbauten Weltkulturerbe der UNESCO ist, und der daraus erwachsenen Verantwortung zum Erhalt des Gebäudes wurde an der Maßnahme auch der wissenschaftliche Beirat der Wüstenrot Stiftung beteiligt, der die Erarbeitung des Konzeptes wie auch die Arbeiten zur Wiederherstellung des Gebäudes aus fachgutachterlicher Sicht begleitete. In der Diskussion und in der täglichen Praxis aller am Objekt Beteiligten (Eigentümer und Nutzer, Denkmalbehörden, Architekt, bauausführende Gewerke) kam dem Beirat eine kritische Beratungs- und Kontrollfunktion zu.

Dem Architekten oblag – in Absprache mit den am Wiederherstellungsprozess Beteiligten – die Erarbeitung eines Konzeptes, das einerseits dem Erhalt und der Wiederherstellung des Baudenkmals (unter anderem substanzerhaltende Maßnahmen der Reparatur und der Pflege, Restaurierungs- und Rückbaumaßnahmen) dient und andererseits eine Wiedernutzbarkeit des Hauses mit zeitgemäßen Ausbaustandards sicherstellt. Diese hatten neben dem Einlösen bautechnischer Anforderungen des Schall-, Wärme- und Brandschutzes auch in gestalterisch-architektonischer Hinsicht qualitätvolle Lösungen für neu hinzuzufügende Bauelemente zu berücksichtigen. Leitgedanke bei der Erarbeitung eines denkmalpflegerischen Konzeptes war stets eine ganzheitliche Betrachtung, die sowohl Lösungen für eine Gestaltbild gebende Architektur als auch für den Erhalt und die Sicherung der vorhandenen Bausubstanz und zur Gebrauchsfähigkeit des Hauses in den Blickpunkt der Überlegungen stellte.

Der Rahmenplan zur Bestandsaufnahme, zur Konzeptfindung, zur Restaurierung und Instandsetzung des Gebäudes sah eine zwei- bis dreijährige Wiederherstellungsphase bis zum Zeitpunkt der Inbetriebnahme vor. Der Maßnahmenkatalog sollte aus dem Planungsprozess auf der Grundlage einer umfassenden und sorgfältigen Bestandsaufnahme entwickelt werden; die Umsetzung der Wiederherstellungsmaßnahmen orientierte sich am Ergebnis einer flexiblen, im laufenden

**Meisterhaus Muche/Schlemmer vor der Wiederherstellung, 1998**
**Gartenansicht**

Straßenansicht,
Grundriss Obergeschoss

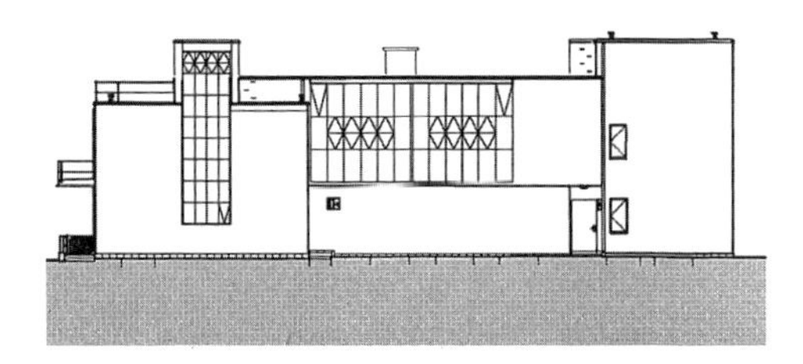

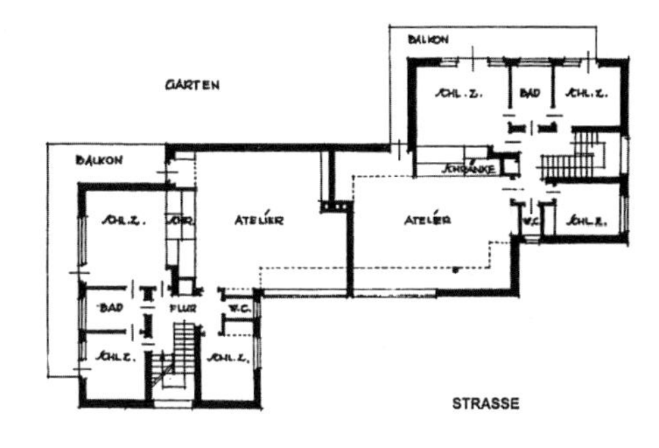


Bauzeitlicher Zustand
1926-1933

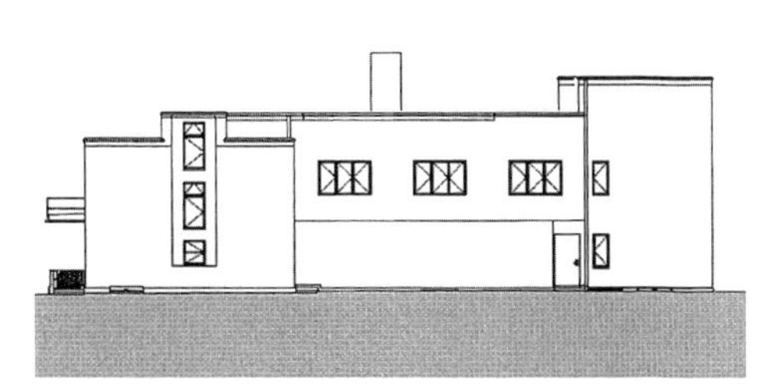

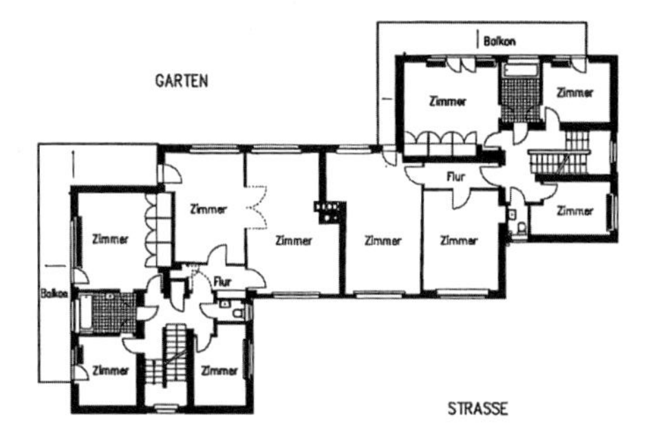


Zustand 1939

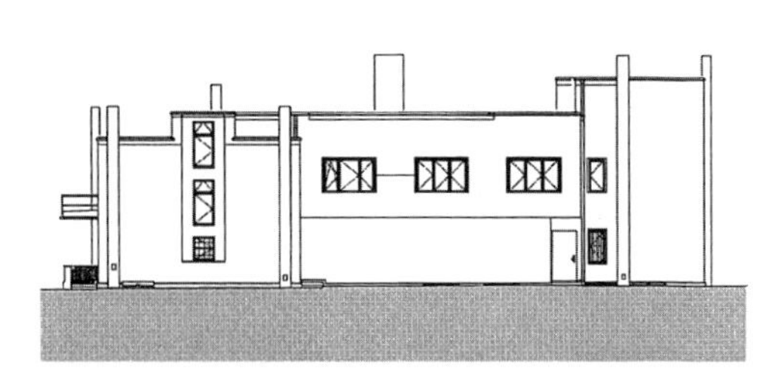

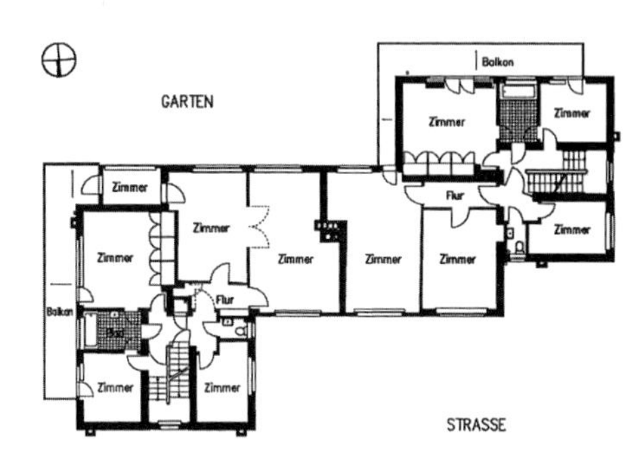


Zustand 1998

Planungs- und Baugeschehen gewonnenen Kenntnis der Bausubstanz.

Der augenscheinlich ruinöse Zustand des Gebäudes erforderte zunächst grundlegende Sofortmaßnahmen zur Bestandssicherung, um das Gebäude vor dem weiteren Verlust wertvoller Bausubstanz zu bewahren. Hierzu gehörten Arbeiten am Dach zur Gewährleistung einer kontrollierten Entwässerung, die notwendige Grundinstandsetzung der Haustechnik (unter anderem die Heizungsanlage), um auch für die Wintermonate substanzsichernde bauklimatische Voraussetzungen zu schaffen, sowie ein Verschließen des ungenutzten Gebäudes nach außen.

**Bestandsaufnahme**

Vor den eigentlichen Arbeiten zur Wiederherstellung des Gebäudes wurde eine umfassende Bestandsaufnahme durchgeführt, die als Entscheidungsgrundlage für das Instandsetzungskonzept diente. Zunächst fehlten sämtliche Planungsvoraussetzungen: Bestandspläne, die den Gebäudebestand in Ansichten und Grundrissen wiedergeben, sowie eine fotografische Erfassung zur Dokumentation des Ist-Zustandes. Aufbauend auf diesen notwendigen Unterlagen erfolgte die eigentliche Bestandsaufnahme zur Klärung verschiedener Aspekte, unter denen das Gebäude zu betrachten war:

- Ermittlung der erhaltenen bauzeitlichen Substanz;

- Erfassung späterer Zeitschichten mit signifikanten baulichen Veränderungen;
- Untersuchung auf bauphysikalische und bautechnische Mängel (konstruktive Mängel, Schadensbilder an Fassaden und Bauteilen);
- Begutachtung der haustechnischen Anlagen (Heizung, Sanitär, Elektro).

Zu Beginn der Untersuchungen lag ein Schwerpunkt auf der Ermittlung der bauhauszeitlichen Substanz der ersten Nutzungsphase von 1926 bis 1933, dem Zeitraum der Bewohnung durch die Bauhausmeister. Die vorgefundene Bausubstanz aus dieser Zeit – mithin die Architektur des von Walter Gropius entworfenen Gebäudes, die in den Bauhauswerkstätten angefertigte Ausstattung, wie auch erhaltene, farbig gefasste Oberflächen, die den persönlichen Gestaltungswillen des jeweiligen Bauhausmeisters dokumentieren – sollte Ausgangspunkt eines zu entwickelnden Instandsetzungskonzeptes sein, das als vorrangiges Ziel die Wiederherstellung des bauzeitlichen Zustandes in den Mittelpunkt der Überlegungen stellte. Vor diesem Hintergrund waren die anfänglichen Untersuchungen zielorientiert, und zwar sowohl die Bestandserfassung am Objekt als auch die archivalische Grundlagenermittlung mit umfangreicher Quellen- und Literaturrecherche.

Die Auswertung der gefundenen Archivalien und ihre Überprüfung mit den Ergebnissen der Untersuchungen am Objekt ermöglichten erste Einblicke in eine bewegte Bau- und Nutzungsgeschichte, geprägt von diversen baulichen Eingriffen in späteren Nutzungsphasen mit nachhaltigen Auswirkungen für die Substanz und das Erscheinungsbild des Hauses. Es zeigte sich, dass eine Bestandserfassung, die eingeengt nur die Bauhausphase zum Gegenstand der Betrachtung hat, einer komplexeren Bau- und Nutzungsgeschichte nicht hinreichend gerecht werden würde. Besonders in nationalsozialistischer Zeit vorgenommene, ideologisch bedingte bauliche Eingriffe, die auf eine bewusste Beseitigung der Bauhausarchitektur abzielten, ließen eine Bewertung jüngerer Geschichtsspuren als Teil der Bauhausgeschichte, verbunden mit der Frage nach deren Erhaltungswürdigkeit, in einem anderen Licht erscheinen.

Eine vertiefende Bauforschung sollte Klärung zu den am Objekt erhaltenen Zeitschichten bringen. Es galt die erhaltenen Zeitspuren zu lokalisieren, zu bewerten und Aussagen zu deren Erhaltungswürdigkeit und -fähigkeit aufzustellen. Hierzu wurde die Untersuchungsmethodik zum Objekt ausgeweitet, ein Gebäudebuch und ein Bauteilkatalog erstellt, um eine Erfassung der Bausubstanz raumweise als auch bauteilbezogen zu ermöglichen. Dadurch erhöhte sich der Aufwand für die restauratorischen Befunduntersuchungen, da nicht mehr nur die Ermittlung bauzeitlicher Fassungen im Mittelpunkt stand, sondern auch die Herausfilterung von Farbschichten späterer Zeitschienen.

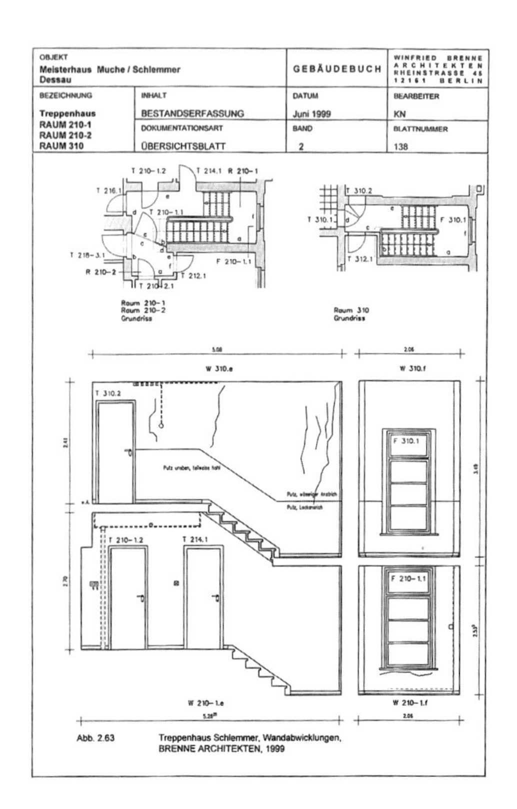

| OBJEKT<br>Meisterhaus Muche / Schlemmer<br>Dessau | | GEBÄUDEBUCH | WINFRIED BRENNE<br>ARCHITEKTEN<br>RHEINSTRASSE 45<br>12161 BERLIN |
|---|---|---|---|
| BEZEICHNUNG<br>Treppenhaus<br>RAUM 210-1<br>RAUM 210-2<br>RAUM 310 | INHALT<br>BESTANDSERFASSUNG | DATUM<br>Juni 1999 | BEARBEITER<br>KN |
| | DOKUMENTATIONSART<br>ÜBERSICHTSBLATT | BAND<br>2 | BLATTNUMMER<br>138 |



Abb. 2.63 Treppenhaus Schlemmer, Wandabwicklungen, BRENNE ARCHITEKTEN, 1999

Modelle des Meisterhauses Muche/Schlemmer

Bauzeitlicher Zustand, 1926-1933

Zustand 1939

Zustand 1998

Links: Bestandserfassung: Gebäudebuch

| OBJEKT<br>Meisterhaus Muche / Schlemmer<br>Dessau | | BAUTEILKATALOG | WINFRIED BRENNE<br>ARCHITEKTEN<br>RHEINSTRASSE 45<br>12161 BERLIN |
|---|---|---|---|
| BEZEICHNUNG<br>FENSTER UND FENSTERTÜREN | INHALT<br>BESTANDSERFASSUNG | DATUM<br>Juni 1999 | BEARBEITER<br>KN |
| | DOKUMENTATIONSART<br>ÜBERSICHT | BAND<br>3 | BLATTNUMMER<br>193 |

Erdgeschoss

Fenster

F 101.1 Fensternummer
H (A) Fenstertyp, (bauzl.Fenstertyp)
(-) keine bauzl. Fensteröffnung

Fensterbrett
Rahmen
Sohlbank

bis 1933
1933-1945
nach 1945

Abb. 3.118 Erdgeschoss,
Codierungsplan der Fenster

Quelle BRENNE ARCHITEKTEN, April 1999

Links: Bestandserfassung: Bauteilkatalog

Parallel zu den Untersuchungen zur Bau- und Nutzungsgeschichte beziehungsweise zur Aufnahme des Bestandes aus den verschiedenen Nutzungsphasen des Gebäudes wurden am Objekt von Fachgutachtern und -ingenieuren bautechnische und bauphysikalische Untersuchungen zum Tragwerk (Statik/Konstruktion des Gebäudes und ausgesuchter Bauteile), zum Material (Zusammensetzung/Wärmeleitfähigkeit von Baustoffen, besonders von Mauerwerk und Putz mit Schadensbildung), zum Bauklima (Wärmeschutz, Baufeuchte) und zur Haustechnik (Sanitär, Heizung, Elektro) durchgeführt.

## Konzeptfindung

Mit der Intensivierung der Bestandsuntersuchungen weitete sich der Blick für das Meisterhaus Muche/Schlemmer, insbesondere seine Bedeutung für das überlieferte Ensemble der Meisterhäuser. Es kristallisierten sich – unter Ausblendung der Geschichte des Hauses als kulturelles Erbe des Bauhauses – im wesentlichen drei Nutzungsphasen heraus, die für das Gestaltbild des Hauses prägend waren: Nutzung als Wohn- und Arbeitsstätte für die Meister des Bauhauses (1926-1933), Wohnnutzung für Mitarbeiter der Junkers Flugzeug- und Motorenwerke Dessau in nationalsozialistischer Zeit (1933-1945) mit ideologisch bedingten Eingriffen, Nachnutzung (Wohn- und Büronutzung) in der DDR-Zeit (1945-1990). Anhand der am Objekt durchgeführten Bestandsaufnahme konnte die vorhandene Substanz der jeweiligen Nutzungsphasen weitgehend ermittelt werden.

Die Bestandsuntersuchungen ergaben, dass sich trotz der Überformung des Gebäudes durch zahlreiche bauliche Veränderungen in hohem Maße Gebäudesubstanz aus der Bauhauszeit erhalten hatte. So ist die Gebäudekonstruktion mit ihrem aus Jurkosteinen (Leichtbetonsteine) errichteten Mauerwerk und den Geschossdecken, wie auch die Grundstruktur der im Gropiusschen Entwurf angelegten Anordnung der Räume mit ihren auf Funktionalität abgestimmten Raumfolgen, der Aufteilung in Wohn- und Wirtschaftsräume im Erdgeschoss, Schlaf- und Arbeitsräume im Obergeschoss, weitgehend erhalten geblieben, einschließlich vieler originaler Ausstattungselemente (Türen, Fenster, Einbauschränke, Beschläge etc.). Selbst der ursprüngliche Außenputz hatte sich zum großen Teil erhalten, wenn auch verdeckt unter einem groben, nach dem Krieg aufgebrachten Spritzputz.

Modelle Meisterhaus Muche/Schlemmer

Bauzeitlicher Zustand, 1926-1933

Die in nationalsozialistischer Zeit vorgenommenen Eingriffe, die auf eine gewollte Unkenntlichmachung der Bauhausarchitektur abzielten – im besonderen die Entfernung der Atelier- und Treppenhausfenster sowie des Treppenhauskopfes am Haus Muche –, prägten über fünfzig Jahre das äußere Erscheinungsbild der Meisterhäuser. Diese Eingriffe, Akt einer gezielten Beseitigung der als 'unorganisch' abgeur-

Zustand 1998

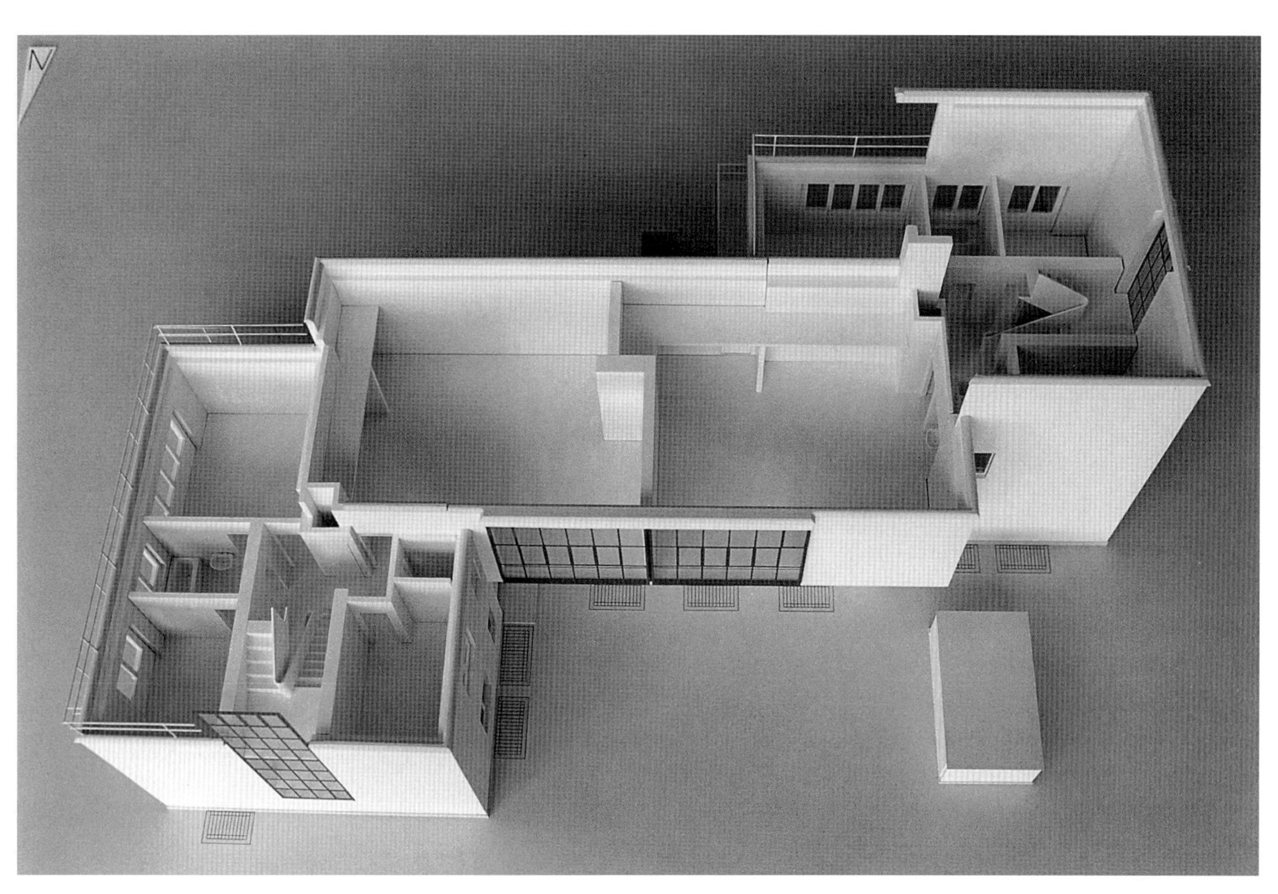

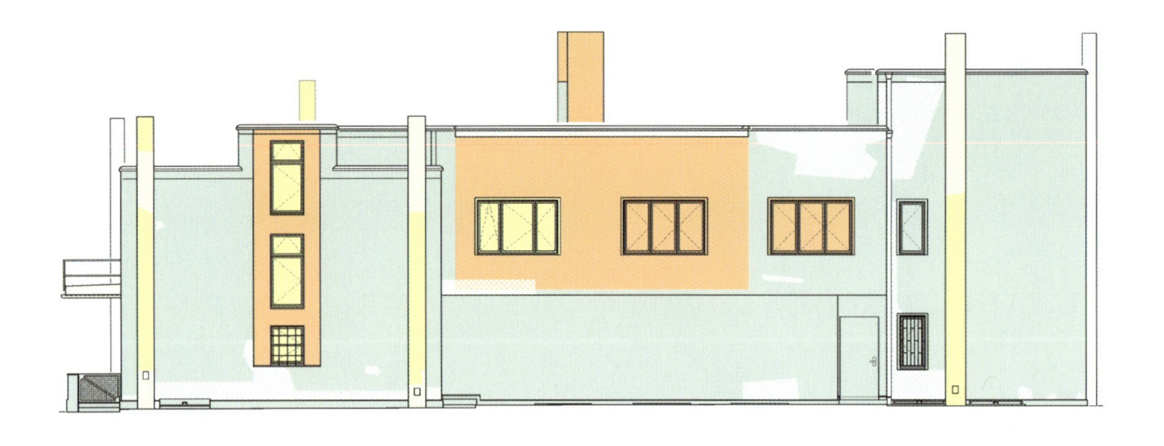

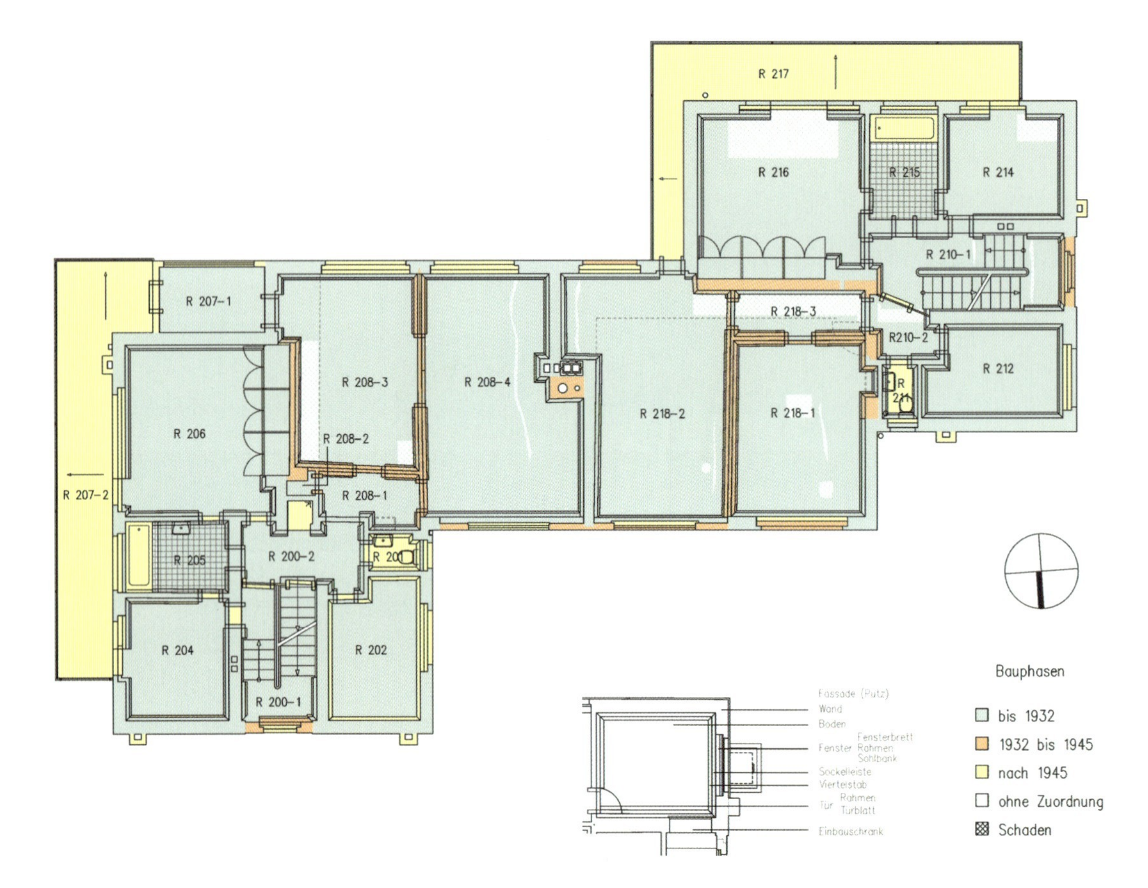


**Straßenansicht und Grundriss Erdgeschoss, 1998**

teilten 'Betonwürfel', stehen in einer Reihe mit der erzwungenen Schließung des Bauhauses im Jahr 1932 und können somit als bedeutender Baustein in der Geschichte des Dessauer Bauhauses und dessen Beseitigung durch die Nationalsozialisten verstanden werden. Die Eingriffe selbst, einschließlich der damit verbundenen Umbauten (Grundrissveränderungen, Einbau neuer Fenster und Ausstattungselemente etc.) waren in ihrer Substanz vorhanden. Die Frage des Erhalts dieser Geschichtszeugnisse spielte in der Diskussion um ein Wiederherstellungskonzept eine nicht unbedeutende Rolle. Eine Wiederherstellung des Meisterhauses Muche/Schlemmer im Nebeneinander von bauzeitlicher Substanz und späteren Umbauten als Geschichtsbuch einer erweiterten Bauhausgeschichte wurde durchaus in Erwägung gezogen. Schließlich entschlossen sich alle am Planungs-

Haus Muche vor der Wiederherstellung, 1998
Gartenansicht

und Bauprozess Beteiligten – mit Ausnahme des wissenschaftlichen Beirats der Wüstenrot Stiftung –, auf einen Erhalt dieser baulichen Veränderungen zu verzichten; dies nicht zuletzt vor dem Hintergrund der Wiederherstellung des Gesamtensembles 'Meisterhäuser Dessau der Bauhauszeit' und dessen baukünstlerischer Bedeutung.

**Wiederherstellungskonzept**

Im Rahmen der Wiederherstellung des Meisterhauses Muche/Schlemmer nahm die Phase der Bestandserfassung, der Auswertung der Archivalien und der Untersuchungen am Objekt wie auch der parallel zur Bestandsaufnahme stattfindenden gemeinsamen Beratungen von Eigentümer, Fachbehörden und -beteiligten, wissenschaftlichem Beirat und Architekten über ein Wiederherstellungskonzept einen breiten Raum ein.

Haus Muche nach der Wiederherstellung, 2002
Gartenansicht

Die letztendliche Entscheidung, eine Wiederherstellung des bauzeitlichen Zustandes der ersten Nutzungsphase anzustreben, erfolgte vor dem Hintergrund der Ergebnisse der Bestandserfassung als auch unter konservatorischen Gesichtspunkten: Ausschlaggebend waren der hohe Anteil erhaltener bauzeitlicher Bausubstanz aus der ersten Nutzungsphase, eine gesicherte Erhaltungs- beziehungsweise Wiederherstellungsfähigkeit der Bausubstanz aufgrund der Befundsituation und die Möglichkeit der Rekonstruktion von Bauteilen aufgrund des vorliegenden Wissens um ihre bauzeitliche Ausbildung und Beschaffenheit.

Vor allem restauratorische Gründe legten eine Wiederherstellung bauzeitlicher Zustände nahe. So ließ die Befundsituation bei den Fassaden und im Innenbereich bei Wand-, Deckenflächen und Bauteilen Interpretationen zu, die eine gesicherte Wiederherstellung zeitlich eingrenzbarer Fassungen von Oberflächen (Materialität und Farbigkeit) aus der bauhauszeitlichen Nutzungsphase ermöglichten. Für spätere Nutzungsphasen stellt sich die Befundsituation weit weniger vollständig dar, so dass sich aus restauratorischer Sicht kein schlüssiges Konzept zur Wiederherstellung von Räumen oder gar Raumfolgen für die Zeit nach 1933 aufstellen ließ. Da die Befundsituation allerdings keine lückenlose Rückgewinnung

bauzeitlicher Raumfassungen ermöglichte, sah das Konzept vor, Bereiche und Bauteile, die sich nicht wiederherstellen oder rekonstruieren ließen, als erkennbar lesbare Geschichtsspuren späterer Nutzungsphasen zu belassen oder als neuzeitliche neutrale Gestaltungslösungen auszuweisen.

Die Umsetzung des Wiederherstellungskonzeptes erforderte vom Architekten eine Planung, die im Spannungsfeld von Erhalt, Reparatur, Wiederherstellung, Rekonstruktion und Neubau verschiedenste Aspekte zu berücksichtigen hatte:

- Sicherstellung der Gebrauchsfähigkeit des Gebäudes in bautechnischer und bauphysikalischer Hinsicht;
- Erhalt und Sicherung der originalen bauzeitlichen Substanz;
- Wiederherstellung des bauzeitlichen Gebäudes, unter Einbeziehung von Zeitspuren späterer Nutzungsphasen;
- Anpassung des Gebäudes an heutige Nutzungsanforderungen;
- Ergänzungen in neuzeitlicher Architektursprache.

**Bautechnische und bauphysikalische Gebrauchsfähigkeit des Gebäudes**

Die vorhandene bauzeitliche Tragwerkskonstruktion – im Wesentlichen ein zwei- oder einschaliges Mauerwerk für Außen- beziehungsweise Innenwände aus Leichtbetonsteinen (Platten im Format 54 x 32 x 10 cm, Hersteller: Deutsche Jurko-Gesellschaft, Leipzig), ein im damaligen Baugeschehen als innovativ geltender Baustoff, sowie Stahlsteindecken in den Geschossen – zeigte nur unbedeutende Schadensbilder und genügte vollauf heutigen statischen Anforderungen.

Schon in den ersten Jahren der Nutzung traten bei den Häusern Baumängel (diverse Feuchtschäden) auf, für die schon damals die „experimentelle Bauweise“[2] der Häuser verantwortlich gemacht wurde. Sie sind entweder auf fehlerhafte Ausführungen beim Bau der Häuser zurückzuführen, die sich zum Teil aus der mangelnden Erfahrung mit den eingesetzten neuen Baustoffen beziehungsweise den angewandten Bautechniken erklären lassen, oder aber wegen der unausgereiften Haustechnik (schlecht funktionierende

Meisterhaus Muche/Schlemmer vor der Wiederherstellung, 1998 Straßenansicht

Meisterhaus Muche/Schlemmer nach der Wiederherstellung, 2002 Straßenansicht

Heizungsanlage) entstanden. Zum Teil dürften diese Mängel auch als Folge damaliger Baubedingungen aufgetreten sein, zum Beispiel durch einen Baustellenstreik, der die Bauzeit in die Wintermonate verlängert hatte, so dass sich die Trockenwohnzeit beziehungsweise Gebrauchsfähigkeit der Häuser über einen längeren Zeitraum hinzog.

Die Untersuchungen zum Wärme- und Schallschutz von Wänden und Decken ergaben Werte, die den bauzeitlichen Bestimmungen entsprochen haben mögen, nach heutigem Stand aber unzureichend sind. Dennoch wurden bautechnische und bauphysikalische Verbesserungen nur an Stellen vorgenommen, die Eingriffe zwingend erforderten. So erhielt die schadhafte, mit einer Torfoleumschicht als Wärmedämmung ausgebildete Dachdecke eine neue, zeitgemäße Lösung, um heutigen Anforderungen an ein gebrauchsfähiges Flachdach zu genügen. Die Maßnahmen konnten ausgeführt werden, ohne das Erscheinungsbild nachhaltig verändern zu müssen. In anderen Fällen (Stichwort: Fassadendämmung) mussten zugunsten des Baudenkmals gängige energetische Vorstellungen und Ansprüche an eine uneingeschränkte Nutzbarkeit des Gebäudes zurückgestellt werden.

Die haustechnischen Anlagen für Heizung, Sanitär und Elektro bedurften einer kompletten Erneuerung nach heutigen Standards. Eine im Rahmen der Bestandserfassung erhobene Kartierung bauzeitlicher Leitungskanäle ermöglichte eine weitgehende Wiedernutzung der alten Leerrohrsysteme, so dass eine Zerstörung originaler Oberflächen vermieden werden konnte.

## Erhalt und Sicherung originaler Bausubstanz

Eines der denkmalpflegerisch-konservatorischen Hauptanliegen galt dem Erhalt und der Sicherung der originalen Bausubstanz. Eingriffe sollten auf ein notwendiges Maß reduziert, substanzerhaltenden und -sichernden Maßnahmen der Vorzug gegenüber der Neuwertigkeit von Bauteilen eingeräumt werden. Die Bewertung der erhaltenen Bausubstanz aus den verschiedenen Nutzungsphasen, die Beurtei-

Einbauschrank im Schlafzimmer Haus Muche, 2002

lung von deren Erhaltungswürdigkeit und Erhaltungsfähigkeit erforderten eine in die Gesamtplanung eingebundene Entscheidung im Detail.

Nahezu alle vorhandenen Ausbauelemente, zum Beispiel Einbauschränke, Fenster und Türen mit Beschlägen, erwiesen sich als reparaturfähig. Zum Teil ließen sich auch deren farbig gefasste Oberflächen aufgrund vorliegender restauratorischer Befunde wiederherstellen. Nur wenige Bauelemente mussten infolge von Abnutzung durch Witterung oder Nutzungsbeanspruchung erneuert werden.[3] Zu den Austauschelementen im Außenbereich zählen die Gitterroste der Kellerlichtschächte und die Fensterverblechungen, die durch haltbarere Titanzink-Verblechungen ersetzt wurden. Innen erhielten einzelne Räume neue Linoleumböden, die in Materialität und Farbgebung den originalen Vorlagen angepasst wurden.

Ein Problemfeld stellten Erhalt und Sicherung der originalen Putze dar, besonders im Außenbereich des Gebäudes. Diese waren unter einem nachkriegszeitlich aufgebrachten Spritzputz weitgehend erhalten geblieben. Allerdings prägten erhebliche Schäden das Fassadenbild: großflächige Putzfehlstellen sowie Hohlraumbildungen zwischen Mauerwerk und Putz. Es gelang, den später aufgebrachten Spritzputz vom bauzeitlichen Putz zu lösen und letzteren vor dem Herabfallen zu sichern. Über labortechnische Analysen wurden notwendige Aussagen zu den Bindemitteln und Zuschlagstoffen des Putzes ermittelt, nicht zuletzt um die Verträglichkeit der neu aufzubringenden Anstrichsysteme angleichen zu können. Putzfehlstellen wurden nach restauratorischem Befund mit einem glatt gestrichenen Kalkputz ausgeglichen, so dass eine dem Original entsprechende Homogenität in

Haus Schlemmer, Wiederherstellung des Wohnzimmers unter Beibehaltung der Heizkörper aus DDR-Produktion, 2002

Struktur (Materialität) und Aussehen (Oberflächenbehandlung, Farbigkeit) erzielt werden konnte.

Die Untersuchungen zur Polychromie der Fassaden brachten überraschende Befunde zu Tage, die von den Ergebnissen der zuvor wiederhergestellten Nachbarhäuser stark abwichen. So ließen sich für die Balkonuntersichten kräftige Farbtöne in Orange (Haus Muche) und Gelb (Haus Schlemmer) nachweisen; die Eingangsfront zum Haus Muche besaß eine graue Farbgebung.

**Wiederherstellung des Gebäudes**

Die Entscheidung, das bauhauszeitliche Gebäude, so wie es von Gropius geplant und ausgeführt worden war, wiederherzustellen und nachweislich von den Bauhausmeistern gestaltete Innenbereiche soweit möglich wieder sichtbar zu machen, verlangte – neben der Sicherung und dem Erhalt der überkommenen Bausubstanz aus dieser Zeit – auch die Rekonstruktion nicht mehr vorhandener Bauteile und Raumfassungen, sofern Kenntnisstand und Befundsituation dies zuließen.

Von entscheidender Bedeutung für die Wiedergewinnung des Gropiusschen Architekturbildes war die Rücknahme baulicher Veränderungen aus späteren Nutzungsphasen, die eine Beeinträchtigung und Verunklarung der bauhauszeitlichen Architektur nach sich gezogen hatten. Für die Außenwirkung des Gebäudes war in der Hauptsache eine Wiederherstellung der großflächigen Verglasungen von Atelierräumen und Treppenhäusern, der Wiederaufbau des abgetragenen Treppenhauskopfes am Haus Muche und die Beseitigung von Anbauten gefordert.

Bezüglich der wiederherzustellenden Stahlfenster der Ateliers und Treppen-

Haus Schlemmer vor der Wiederherstellung, 1998
Gartenansicht

häuser lagen indes keine ausreichenden Kenntnisse vor, die eine detailgetreue Rekonstruktion ermöglicht hätten.[4] Darum ist eine Lösung gewählt worden, die der ursprünglichen Ausführung der Fenster (Form, Teilung, Verglasung) weitgehend nahe kommt, um das für die Architektur der Meisterhäuser so bedeutende Erscheinungsbild zurückzugewinnen. Im Detail stellen diese Fenster aber architektonische Neuschöpfungen dar.

Beim Wiederaufbau des Treppenhauskopfes am Haus Muche war weniger die Wiederherstellung der Kubatur mit ihren Details das Problem als vielmehr die Vermauerung eines geeigneten Materials mit gleichem bauphysikalischem Verhalten zum vorhandenen Originalmauerwerk. Mit der Verwendung eines Feuchtigkeit aufnehmenden, zuschneidbaren Tuffsteins, der die Anfertigung maßstäblich gleicher Steine ermöglichte, konnte eine sinnvolle Alternative zu dem heute nicht mehr hergestellten Jurko-Schlackebetonstein gefunden werden.

Im Inneren des Gebäudes galt es die Gropiussche Grundrissstruktur (Raumgrößen, Raumfolge etc.) zurückzugewinnen. Nur an wenigen Stellen musste korrigierend eingegriffen werden. Neben dem Wiederaufbau des Treppenhauskopfes am Haus Muche wurden Anbauten entfernt, zum Beispiel im Erdgeschoss (Anbau aus nationalsozialistischer Zeit zum Wohnzimmer Haus Muche) und Obergeschoss (Nachkriegsanbau zum Schlafzimmer Haus Muche) sowie einige nachträglich eingezogene leichte Trennwände, zum Beispiel in den zu Wohnzwecken umgebauten Ateliers.

Mit der Wiederherstellung des Hausgrundrisses von Erd- und Obergeschoss ist das von Gropius überzeugend gelöste Raumkonzept mit seinen auf Funktionalität bedachten Raumfolgen und -bezügen wieder uneingeschränkt nachvollziehbar.

Haus Schlemmer nach der Wiederherstellung, 2002
Gartenansicht

Lediglich im Haus Muche ist auch nach der Wiederherstellung eine im Grundriss kaum wahrnehmbare Abweichung gegenüber der bauzeitlichen Situation feststellbar: Ein nicht mehr vorhandener Geschirrschrank, der als Durchreiche die Wand zwischen Anrichte und Speisezimmer gebildet hatte, ist nicht rekonstruiert worden. Die heutige Situation integriert an dieser Stelle die bei Beginn der Wiederherstellungsarbeiten vorgefundene Wand einer späteren Nutzungsphase.

Eine Ausnahme bildet der veränderte Keller mit seinen um 1939 eingebauten Luftschutzbereichen aus massivem Mauerwerk. Hier ist auf eine Wiederherstellung des früheren Kellergrundrisses bewusst verzichtet worden, um Zeitspuren der jüngeren Nutzungsgeschichte des Hauses sichtbar zu belassen.

Reine Rekonstruktionsmaßnahmen betrafen fehlende Ausstattungselemente, für deren Neuanfertigung bauzeitliche Vergleichsmuster am Objekt oder bei den benachbarten Meisterhäusern zur Verfügung standen. Dies gilt zum Beispiel für Bilderleisten, Sockelleisten und auch für die Fenster des Gebäudes, Holz-Einfachfenster, die in ihrer schlichten Konstruktion und Ausführung den Ansprüchen des Hauses voll genügten. Sie konnten nach historischem Original wiederhergestellt werden, weil die Kenntnis auch im Detail ausreichend war, im Unterschied zu den Stahlfenstern für Ateliers und Treppenhäuser. Zu den nachbaufähigen Ausstattungselementen zählen auch die in Holz ausgeführten Außen- und Innentüren. Fehlende Exemplare konnten durch Nachbauten gemäß historischem Vorbild (einschließlich der Beschläge) ersetzt werden.

Problematischer gestaltete sich die Umsetzung des denkmalpflegerischen Konzeptes bezüglich des Erhalts und der Wiederherstellung von Oberflächen mit Anstrichen auf Wänden, Decken und Aus-

Speisezimmer
Haus Schlemmer, 2002

stattungselementen. Während sich für den Außenbereich relativ sichere Aussagen zur Polychromie aufstellen ließen, wiesen im Innenbereich die Ergebnisse der restauratorischen Untersuchungen eine höchst unterschiedliche Befunddichte auf. So war eine gesicherte Zuweisung der vorgefundenen Fassungen nicht immer möglich. Eine befundgestützte gestalterische Neufassung ganzer Räume oder Raumfolgen konnte nur eingeschränkt umgesetzt werden. Zu den Bereichen, für die sich ein bauzeitlicher Gestaltungsgedanke schlüssig nachweisen ließ, zählen Windfang und Treppenhäuser, im Haus Muche eine Folge von drei Räumen im Obergeschoss mit dem früheren Schlafzimmer, dem so genannten 'schwarzen Zimmer', und im Haus Schlemmer Wohnzimmer und Speisezimmer im Erdgeschoss.

Die konservatorische Behandlung der erhaltenen Oberflächen sah eine besondere Sicherung und Dokumentation der bauzeitlichen Wand- und Deckenbereiche vor. Alle Flächen wurden mit Japanpapier beziehungsweise einer schützenden Makulaturtapete belegt. Bauzeitlich wiederherzustellende Bereiche wurden anschließend mit einer reversiblen Beschichtung (Zellulosespachtel) zur Herstellung einer bauzeitlichen Putzstruktur mit geglätteter Oberfläche versehen.

Räume, für deren Wiederherstellung die restauratorischen Befunde nicht ausreichend waren, behielten ihre vorgefundenen, mit Gebrauchsspuren behafteten Wand- und Deckenoberflächen. Nach Beseitigung gröbster Schädigungen erhielten sie einen einheitlichen neutralen Anstrich. Damit blieb die komplexe Nutzungsgeschichte des Hauses mit seinen Brüchen und Gebrauchsspuren erlebbar.

'Schwarzes Zimmer'. Schlafzimmer Haus Muche, 2002

**Anpassung des Gebäudes an heutige Nutzungsanforderungen als architektonische Aufgabe**

Das Meisterhaus Muche/Schlemmer steht seit seiner Wiederherstellung einer öffentlichen Nutzung zur Verfügung. Im Haus Muche zog das Designzentrum Sachsen-Anhalt ein, das hier Wechselausstellungen und Veranstaltungsreihen zum Thema Design im Rahmen von Alltagskultur und Industrieproduktion abhalten wird. Das benachbarte Haus Schlemmer wird vom Bauhaus Dessau genutzt. Das Erdgeschoss wird Ausstellungen und Bauhausveranstaltungen aufnehmen, das Obergeschoss soll als Gästehaus des Instituts dienen.

Die Neu- und Umnutzung des Gebäudes ist an Bedingungen und Anforderungen geknüpft, die von Bedeutung für den Nutzer wie auch für das Gebäude selbst sind. Eine Anpassung und Umsetzung der mitunter unterschiedlichen Interessenlagen an ein zukunftsfähiges Wiederherstellungs- und Gebäudekonzept stellt eine architektonische Aufgabe dar, die sowohl dem Baudenkmal als auch einer zeitgemäßen Neunutzung gerecht werden muss.

Für die Nutzer des Meisterhauses Muche/Schlemmer bedeutet die Wiederherstellung des Gebäudes unter streng denkmalpflegerischen Gesichtspunkten gewisse Einschränkungen in der Nutzbarkeit. Eine Nutzung für Ausstellungen und Veranstaltungen stellt für gewöhnlich hohe Anforderungen an einen technischen, zweckdienlichen Ausstattungsgrad, zum Beispiel für die Be- und Ausleuchtung von Räumen mit ihren Objekten, die für gewöhnlich zusätzliche Eingriffe erfordern. Für die Wiederherstellung des Meisterhauses Muche/Schlemmer sind keine Wände und Decken für zusätzlich zu legende Leitungen und Auslässe geöffnet worden, so dass wertvolle Wand- und Deckenoberflächen mit originalen Fassungen erhalten werden konnten. Das Konzept ermöglicht eine vielseitige Nutzung des Hauses und erlaubt, dass im Bedarfsfall mit temporären Lösungen zur Beleuchtung, zur Beheizung oder bei erhöhtem Sicherheitsbedarf (Wachschutz) flexibel reagiert werden kann. So stehen zum Beispiel zusätzliche Beleuchtungsmöglichkeiten oder entsprechende Heizgeräte sofort zur Verfügung.

Andererseits bot sich bei der Wiederherstellung des Gebäudes die Chance, durch ergänzende Bauteile in zeitgemäßer Architektursprache neue Gestaltqualitäten einzubringen, um eine den heutigen Ansprüchen angepasste Gebrauchsfähigkeit des Hauses herauszustellen. So mussten für nicht rekonstruierbare Bauteile und Ausstattungselemente neue Lösungen gefunden werden, die eindeutig als Zutat oder Neubauten mit eigener Gestaltqualität erkennbar sind. Auf die im Detail vom Original abweichende Neuanfertigung der Atelier- und Treppenhausfenster – zudem aus Wärmeschutzgründen mit einer Isolierverglasung ausgeführt – ist bereits an anderer Stelle verwiesen worden. In jeder Beziehung neue Bauelemente stellen zum Beispiel die Sanitäreinrichtungen mit Waschbecken und Badewannen, Lampen, vereinzelt Fußbodenbeläge und Türen dar.

Das Gebäude präsentiert sich nach Abschluss der Arbeiten als gebrauchstüchtiges Haus, das heutigen Inhalten und Nutzungswünschen gerecht wird. Ein Pflegekonzept soll erstellt werden, um die Zukunftsfähigkeit des Hauses dauerhaft zu sichern. Das wiederhergestellte Meisterhaus Muche/Schlemmer ist ein anschauliches Beispiel für eine zeitgemäße, heutigen Ansprüchen genügende Neunutzung von Bauten der Klassischen Moderne.

**Haus Schlemmer, Treppenhaus, 2002**

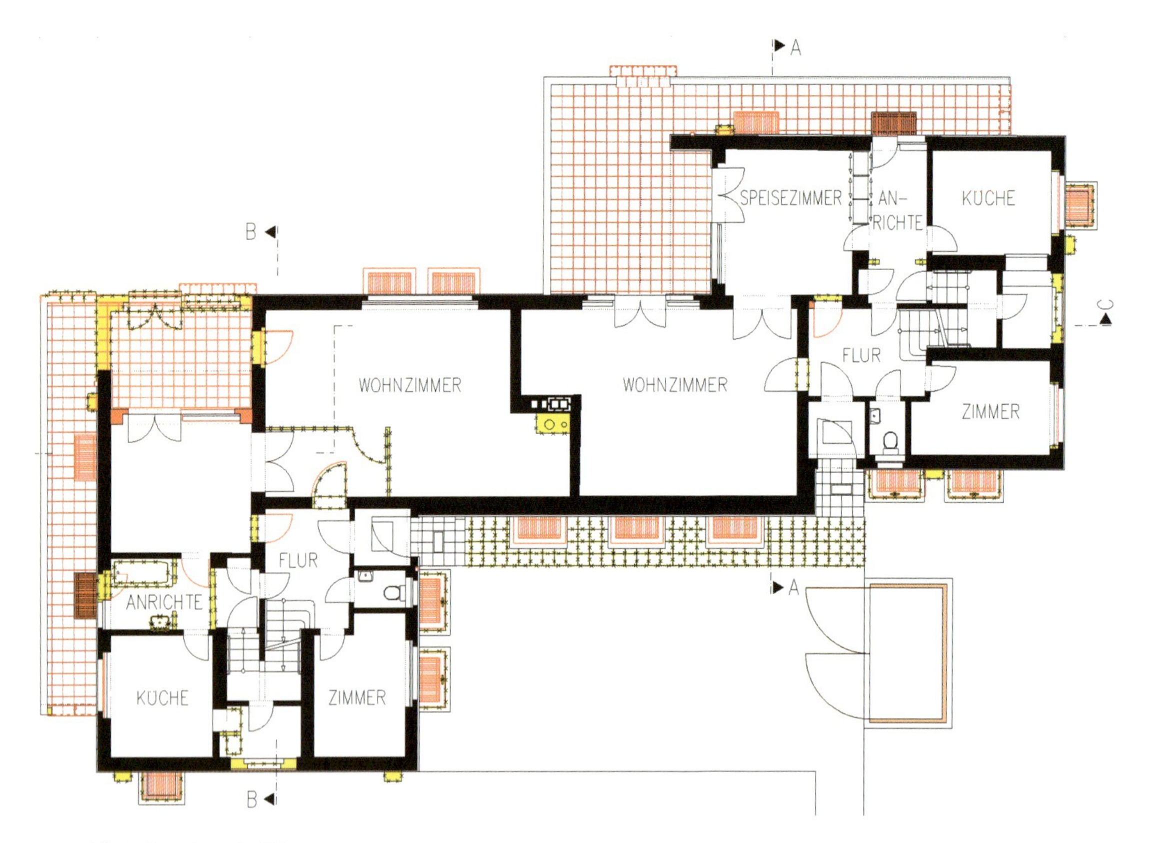


Grundriss Erdgeschoss 1 : 200

Grundriss Kellergeschoss 1 : 200

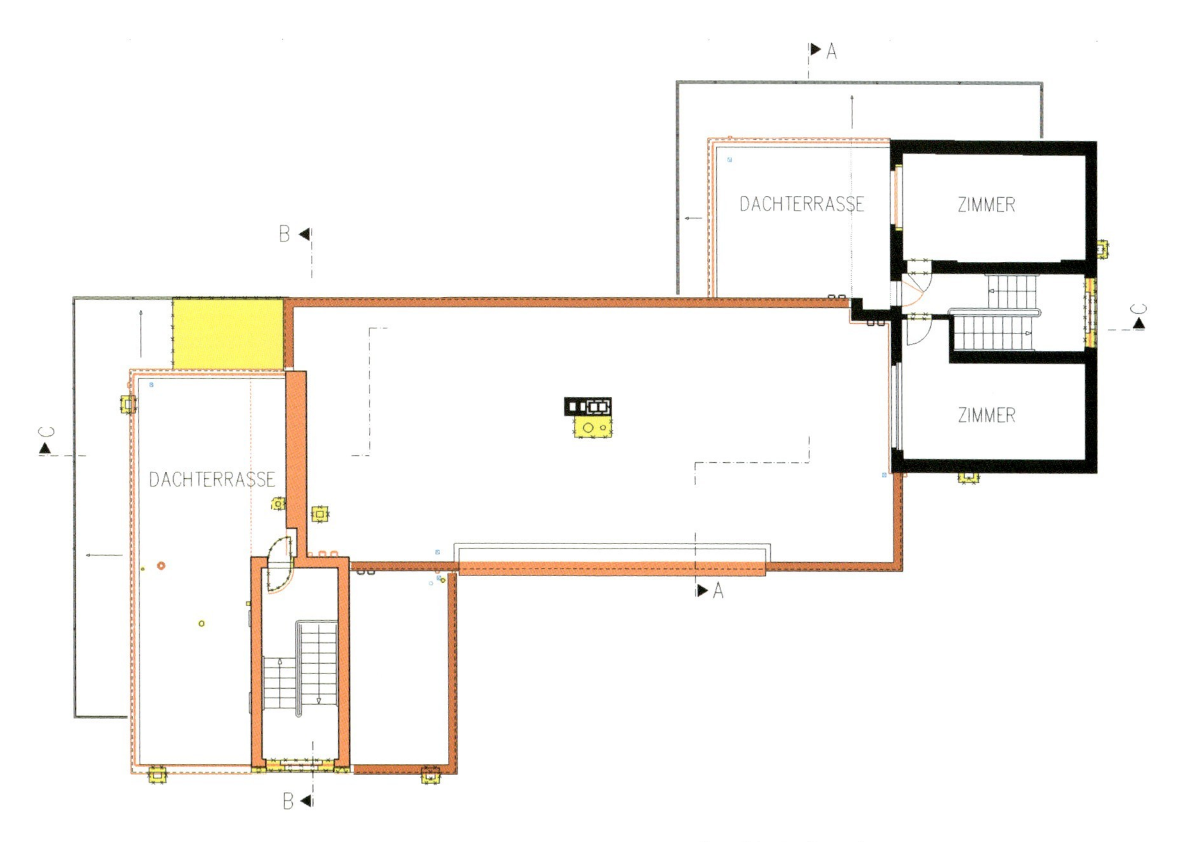


Grundriss Dachgeschoss 1 : 200

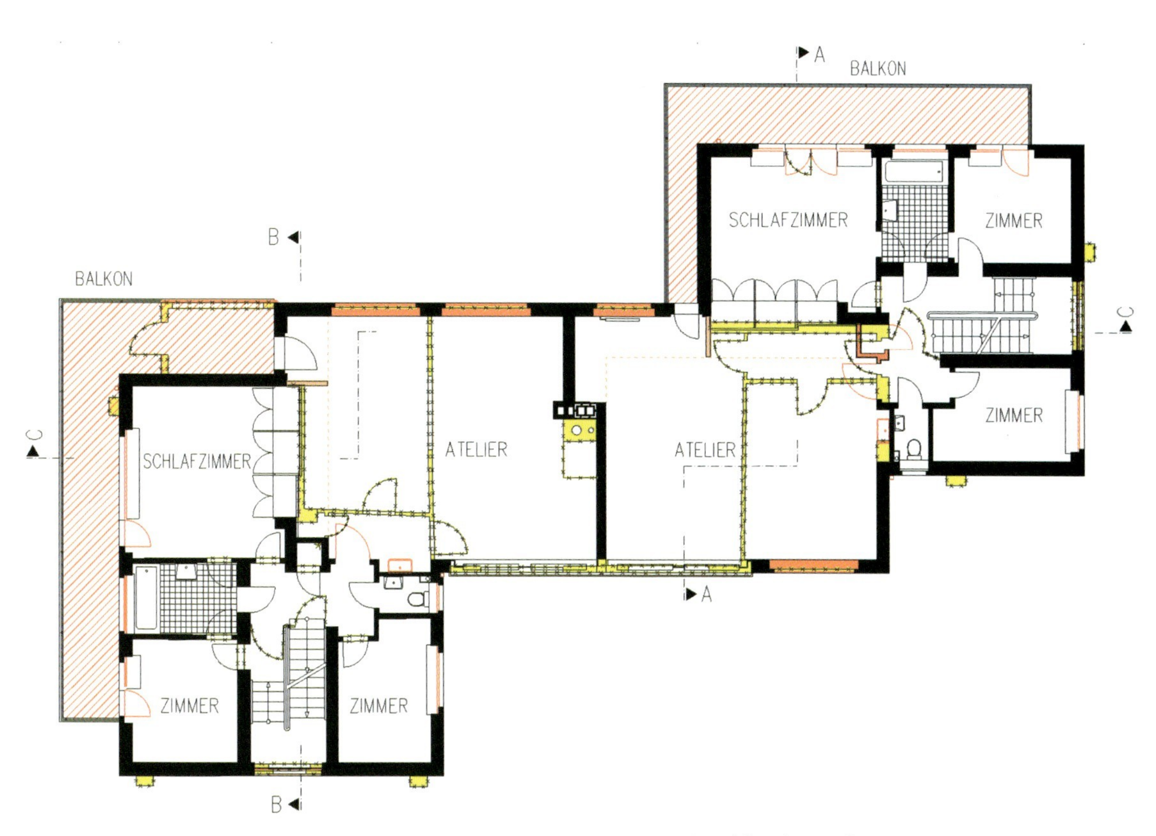


Grundriss Obergeschoss 1 : 200

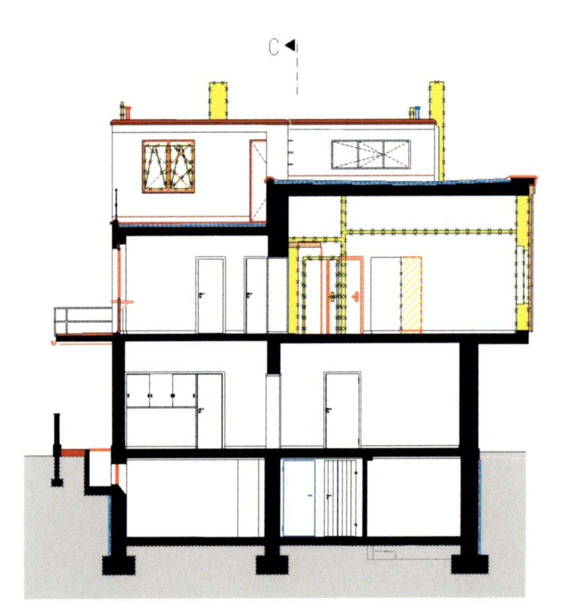

Schnitt A-A 1:200

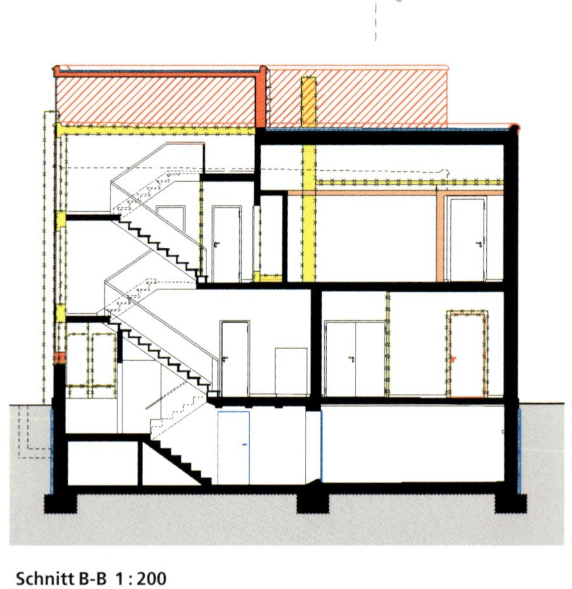

Schnitt B-B 1:200

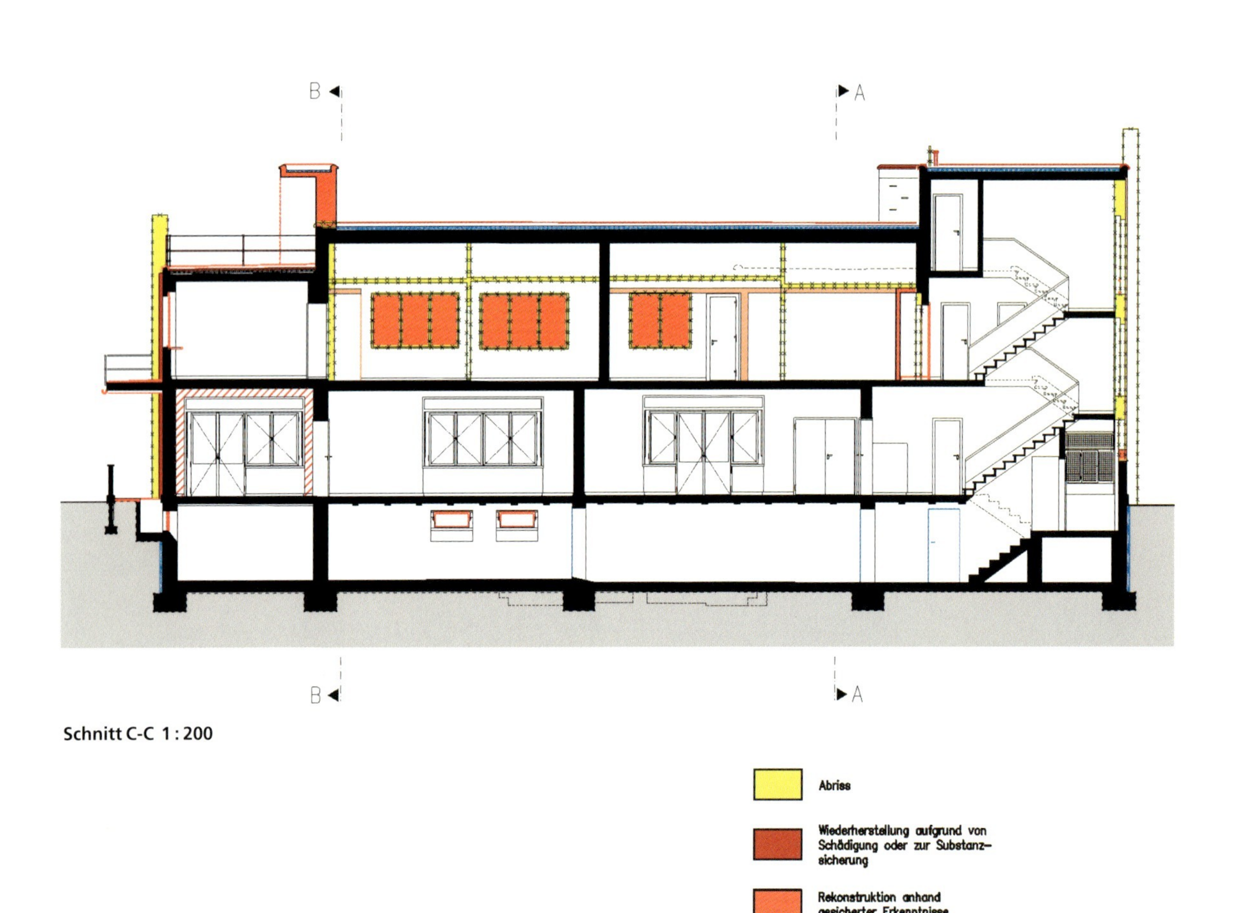

Schnitt C-C 1:200

Abriss

Wiederherstellung aufgrund von Schädigung oder zur Substanzsicherung

Rekonstruktion anhand gesicherter Erkenntnisse

Neubau von Elementen aufgrund unzureichender Kenntnisse über die Originalsubstanz

Neu einzubringende Bauteile

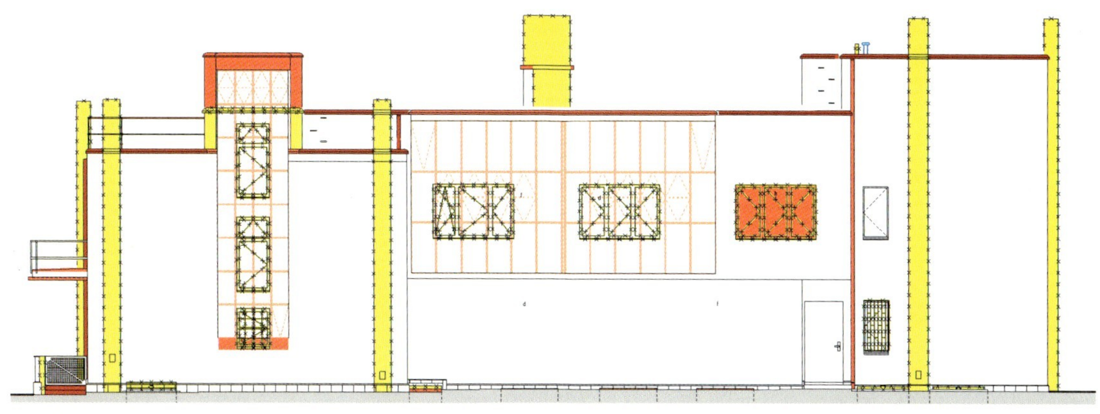

Ansicht von Norden 1 : 200

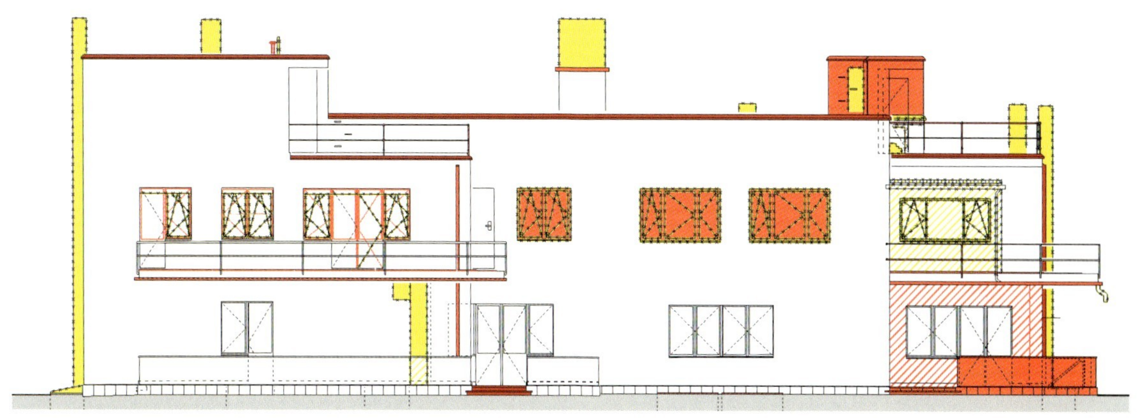

Ansicht von Süden 1 : 200

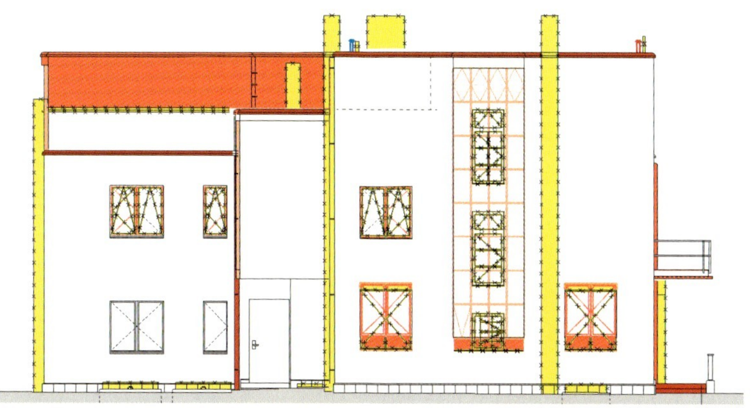

Ansicht von Westen 1 : 200

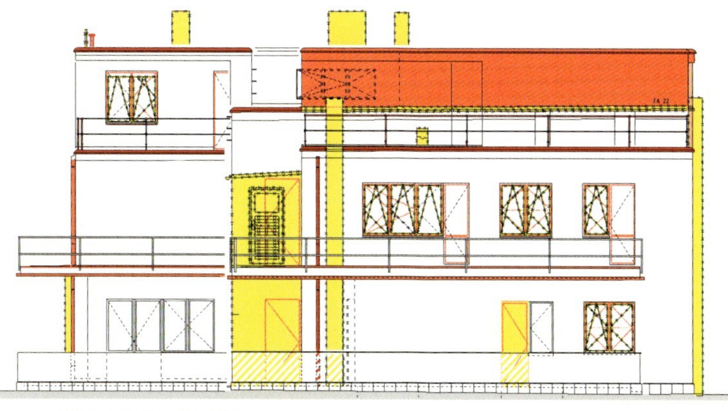

Ansicht von Osten 1 : 200

# Instandsetzung, Wiederherstellung und Ergänzung

**Gisbert Knipscheer**

Im folgenden Beitrag wird anhand ausgesuchter Bauteile und Problemstellungen aufgezeigt, welche Lösungen im Umgang mit der Bausubstanz im Rahmen eines Gesamtwiederherstellungskonzeptes umgesetzt wurden und welche Einflüsse bei der Arbeit am Meisterhaus Muche/Schlemmer zu den Entscheidungen und Verfahrensweisen geführt haben.

**Die tragenden Konstruktionen**

Die Kenntnisse zur Bauphysik, die in den 1920er Jahren rasante Fortschritte machte, sind in die Baukonstruktion des Meisterhauses Muche/Schlemmer an verschiedensten Punkten eingeflossen. Gropius, der für eine Verwendung neuer Baustoffe und Konstruktionstechniken sehr aufgeschlossen war und sich an deren Erforschung und Umsetzung maßgeblich beteiligte (z. B. in größerem Umfang später in der Versuchssiedlung Dessau-Törten), wandte beim Bau der Meisterhäuser unterschiedliche tragende Konstruktionen an. Sie wurden vom Architekten offensichtlich sehr bewusst gewählt und sind je nach Ort und Zweck am Gebäude entsprechend eingesetzt worden.

Zum Beispiel bedeuteten die Betonbauteile, die die freie Komposition des Baukörpers ermöglichen, wärmetechni-

**Gartenansicht vor der Wiederherstellung, 1998 und nach der Wiederherstellung, 2002**

Falzbautafeln an der Außenwand, Zustand 2001

sche Schwachpunkte in der ansonsten gut gedämmten Außenhülle. Gropius wählte hier zur Kompensierung der Nachteile spezielle Konstruktionen. So waren die Schmalseitenwände der Schlafzimmer im unteren Bereich innenseitig mit 'Falzbautafeln' versehen (im Haus Schlemmer nicht erhalten), die eine Hinterlüftung des Innenputzes – und somit eine Verteilung von Feuchtigkeit – in diesem sehr kalten Bereich ermöglichten.

Auch das überlieferte Rohr in der Treppenhausdecke des Hauses Schlemmer (Treppenhauskopf Haus Muche in den 1930er Jahren zerstört) ist vermutlich eine Kompensationsmaßnahme. Es handelt sich wohl um eine gezielte Beheizung der leicht auskragenden Dachplatte, die in diesem Bereich aus Stahlbeton besteht und die im Treppenhaus eine kalte Fläche bildet (an einer Stelle, an der die Luftfeuchtigkeit relativ hoch ist).

Die Suche und Erforschung neuer Baustoffe und Konstruktionen als sinnvolle Alternativen zu traditionellen Bauweisen war – neben dem ernsthaften Bemühen zur Optimierung des Bauwesens – vor allem von wirtschaftlichen Überlegungen geprägt. Das Jurko-Mauerwerk etwa, das beim Bau der Meisterhäuser Verwendung gefunden hatte, war im Vergleich zu Ziegelmauerwerk preisgünstiger, da es (wegen der geringeren Brennstoffkosten bei der Herstellung) einen geringeren Materialpreis hatte. Zudem bedeutete die größere Dimension der Jurkoplatten eine Kostenersparnis durch schnellere Bauweise.

Grundsätzlich erfüllten die beim Meisterhaus Muche/Schlemmer gewählten bauzeitlichen Konstruktionen sehr gut die an sie gestellten Anforderungen und sind auch nach heutiger Beurteilung solide Konstruktionen, die keine nennenswerten Probleme mit sich bringen. Sie repräsentieren den Stand der Technik der Erbauungszeit und haben sich im Verlauf der inzwischen fast achtzigjährigen Geschichte des Hauses als sehr dauerhaft gezeigt.

Entsprechend gestaltete sich bei den tragenden Teilen des Hauses die Frage nach dem Umgang mit der überlieferten Substanz recht eindeutig. Die zum Einsatz gekommenen Massivkonstruktionen waren durchweg gut erhalten, so dass sich die erforderlichen Maßnahmen überwiegend auf die Reparatur kleinerer, für die Tragfähigkeit des Hauses unbedeutende Schäden beschränkte.

An einigen wenigen Stellen war es darüber hinaus geboten, die vorhandenen Konstruktionen zu verbessern und – unter Wahrung des bauzeitlichen Bildes – eine Wärmedämmung aufzubringen: Kellerwände (außen) , Dach, Außenwand Atelier Schlemmer (innen).

Umfangreichere Maßnahmen erforderten nicht mehr erhaltene beziehungsweise überformte Bereiche, die durch die verschiedenen Umbauten entstanden waren (z. B. fehlender Treppenhauskopf Haus Muche, neue Fensteröffnungen). Diese wurden im Sinne eines Rückbaues mit geringstmöglichen Eingriffen revidiert.

Aus 'bauhausbücher 3': versuchshaus des bauhauses in weimar, Haus am Horn, München 1923, S. 26

WAND UND DECKE

JURKO STEINE GROSSFORMATIGE EINHEITSPLATTEN

SCHNELLES BAUEN • SCHNELLES TROCKNEN • ISOLIERENDE LUFTSCHICHTEN • ATMENDE WÄNDE • WÄRMEHALTEND • SCHALLDÄMPFEND • GERINGES GEWICHT • WENIG MÖRTEL

ERSPARNISSE GEGENÜBER ZIEGELSTEINMAUER:

AN KOHLE ———— WEIL NICHT GEBRANNT
AN MÖRTEL ———— WEIL WENIG FUGEN
AN TRANSPORTKOSTEN ———— WEIL GERINGES EIGENGEWICHT
AN BEBAUTER FLÄCHE ———— WEIL GERINGE WANDSTÄRKE
AN ARBEITSLÖHNEN ———— WEIL GROSSES FORMAT

ROHBAUAUFNAHME: WANDAUFBAU IN JURKOPLATTEN

Die tragenden Teile des Hauses bestehen – wie eingangs erwähnt – aus verschiedenen Konstruktionen, die bei der Wiederherstellung des Hauses entsprechend unterschiedliche Arten der Behandlung verlangten:

Tragende Wände

Die tragenden Wände sind als Hohlmauerwerk ausgeführt, im Keller aus Beton-Hohlblocksteinen, in den oberirdischen Geschossen im wesentlichen als zweischaliges Jurko-Mauerwerk (Schlackenbetonstein). Letzteres hat sowohl durch die Zweischaligkeit als auch durch die verhältnismäßig geringe Wärmeleitfähigkeit der Steine eine gute Dämmwirkung. Hier waren keine Veränderungen erforderlich.

Verschiedene Anschlussbereiche (Deckenauflager, Öffnungsränder, höher belastete Mauerpfeiler) sind wegen der dort auftretenden höheren Belastungen aus

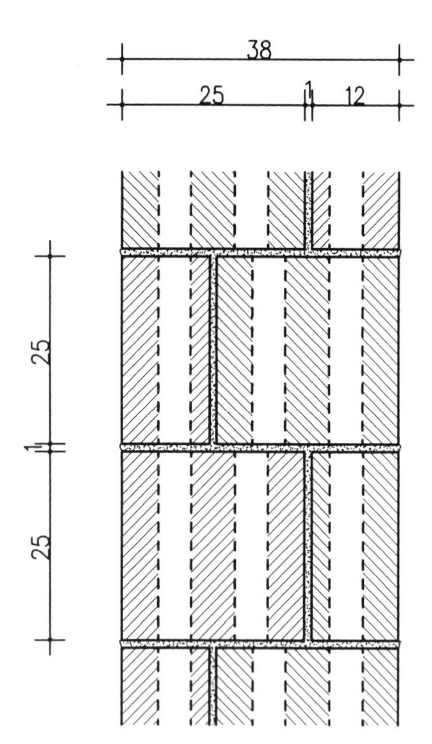


**Tragende Kellerwand, Vertikalschnitt, bauzeitlicher Zustand. Hohlblockmauerwerk, Blöcke 25 x 25 x 50 cm**

massivem Ziegelmauerwerk hergestellt. Überkragende Teile des Obergeschosses, etwa die Westwand des Ateliers Schlemmer oder die Schmalseiten der Schlafzimmer, sind aus Beton und tragen als Überzüge den darunterliegenden Fußboden. Der Kopfbereich der Ateliers wurde als zweischaliges Ziegelmauerwerk hergestellt. Diese Bauteile wurden in der vorgefundenen Form belassen, da Verbesserungen in bautechnischer Hinsicht sichtbare Veränderungen oder Verlust von bauzeitlicher Bausubstanz bedeutet hätten.

## Kellerwände

Die Kellerwände sind naturgemäß der Feuchte des Erdbodens ausgesetzt und wurden daher genauer auf ihren Feuchteschutz überprüft. Die hier verwendeten Beton-Hohlblocksteine haben einen Putz-Glattstrich und eine bauzeitliche Isolierung in Form eines Anstriches. Da für diese Isolierung – wie auch für die Horizontalsperre oberhalb des Kellerbodens – die Dauerhaftigkeit nicht mehr genügend sicher angenommen werden konnte, sind die Kellerwände mit einer neuen Abdichtung versehen worden und haben eine Verbesserung in Form einer Wärmedämmung erhalten.

Die Isolierungsarbeiten konnten weitgehend ohne Eingriffe in die bauzeitliche Substanz durchgeführt werden. Wo sich Terrassenflächen im Bereich der hierfür auszuhebenden Baugrube befanden, wurde deren Plattenbelag aufgenommen, gesichert und nach Reinigung wiederverwendet.

Von der Isolierung ausgenommen wurden die Wandbereiche, vor denen sich in geringem Abstand Terrassenmauern befinden, die beim Freilegen der Kellerwände hätten entfernt werden müssen. Hier wurde (nach vorangehender Überprüfung der Feuchtesituation der Kellermauern) auf das Aufgraben und auf die Isolierung der Kellerwände verzichtet. So konnten die bauzeitlichen Terrassenmauern erhalten werden.

## Erdgeschoss- und Obergeschosswände

Die Wände des Erdgeschosses und der Obergeschosse waren im wesentlichen vollständig erhalten und befanden sich in gutem Zustand. Allerdings waren durch

**Verschließen von nichtbauzeitlichen Maueröffnungen mit Tuffstein**

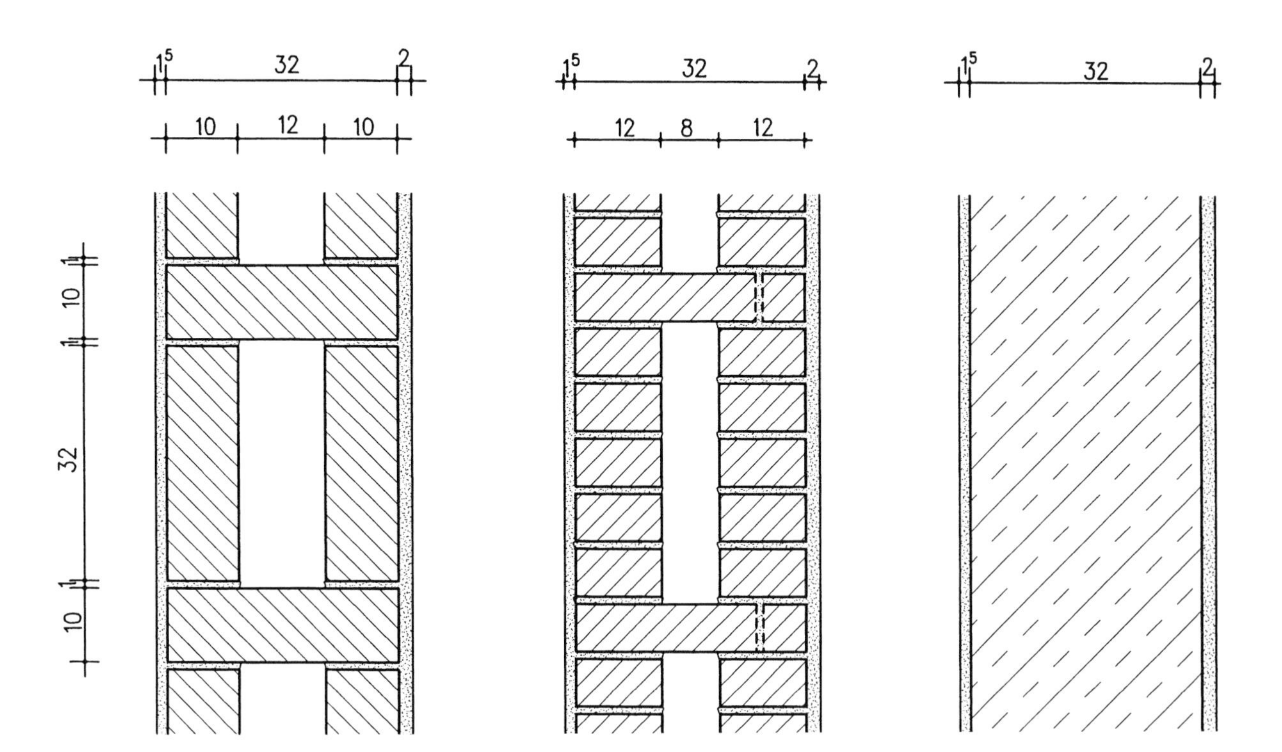


Tragende Wände der oberirdischen Geschosse, Vertikalschnitte, bauzeitlicher Zustand

die Umbauten der Jahre 1938/39 sowie der 1970er Jahre verschiedene Wände und Wandabschnitte hinzugekommen, die nunmehr mit der gebotenen Vorsicht entfernt wurden. Der Rückbau dieser Veränderungen bedeutete aber auch die Wiederherstellung von Wandbereichen und das 'Füllen' von Lücken im Mauergefüge. Hierfür musste ein Baustoff gefunden werden, der in seinen Eigenschaften dem historischen Jurkostein entspricht. Neue Schlackenbetonsteine scheiden an dieser Stelle aus, da sie heute aus höher erhitzten Schlacken hergestellt werden, deren Oberfläche stärker versintert ist, und die daher ein deutlich anderes Feuchteverhalten haben.

Der Stein, der dem historischen Material am ähnlichsten ist und daher verwendet wurde, ist Tuffstein. Er gleicht in seinen physikalischen und hygrischen Eigenschaften sehr dem Jurkostein. Dies ermöglichte die (Wieder-)Herstellung von homogenen Wandflächen, etwa beim Verschließen der Fensteröffnungen aus den Jahren 1938/39 und bei der Wiederherstellung des Treppenhauskopfes im Haus Muche. Der Tuffstein bot zudem die Möglichkeit, die zu verwendenden Blöcke in den Abmessungen des historischen Steines (54 x 32 x 10 cm) herzustellen, so dass Ergänzungen in die Verzahnungen des historischen Mauerverbandes eingefügt werden konnten. Weitere Störungen des Gefüges und ein Verlust von bauhauszeitlicher Substanz konnten so vermieden werden.

### Terrassenwände

Die Terrassenwände zeigten sich in einem schlechten Zustand. Die an dieser Stelle auftretende hohe Wasserbelastung und die hohe Wasseraufnahmefähigkeit des auch hier verwendeten Jurkosteines haben zu einer starken Schädigung des Putzes geführt und infolge auch zu einer deutlichen Störung des Mauergefüges. Dies wurde noch durch Mauerabdeckungen verstärkt, die mit ungenügendem Überstand ausgestattet worden waren und zwischenzeitlich teilweise ersetzt wurden.

Trotz des schlechten baulichen Zustandes gelang es, den größten Teil der überlieferten Terrassenmauern durch ver-

Verputzen der erhaltenen Terrassenwand während der Restaurierungsarbeiten, Zustand 2001

schiedene Maßnahmen in situ zu erhalten. So wurden die Terrassenmauern im Rahmen der ersten Baumaßnahmen eingehaust und hierdurch gegen Beschädigung und weitere Witterungseinflüsse geschützt. Weiterhin ist im Bereich der Terrassenmauern (wie bereits erwähnt) auf das Aufgraben und die Isolierung der Kelleraußenwände verzichtet worden, da dies (aufgrund des geringen Abstandes zum Gebäude) das Entfernen der Terrassenmauern bedeutet hätte.

Diese Maßnahmen haben es ermöglicht, die Mauern nicht neu herstellen zu müssen, sondern den Eingriff auf die Reparatur zu beschränken. Sie wurden im Zuge der Überarbeitung neu verfugt, erhielten (entsprechend dem historischen Vorbild) neue Abdeckungen aus Beton und wurden neu verputzt.

Um die vorgefundenen Schäden in Zukunft zu vermeiden, war es erforderlich, die historische Konstruktion zu verbessern. Mittels eines aufgebrachten Sockelputzes konnte ein wirksamerer Schutz vor starken Witterungseinflüssen erzielt werden. Die neuen Mauerkronen sind in geeigneten kürzeren Abschnitten (mit entsprechender Fugenausbildung) ausgeführt, so dass die auftretenden Längenänderungen nicht zu Schäden führen und der Wetterschutz hier gewährleistet bleibt.

Deckenkonstruktionen

Die Deckenkonstruktionen sind – wie die tragenden Wände – durch die Wahl verschiedener Konstruktionen an den Verwendungsort innerhalb des Hauses angepasst: Rippen-Fertigteil-Decke über dem Kellergeschoss und Steineisendecken mit Hohlsteinen (Ziegelfüllkörper) in den Geschossen. Im Vergleich der Meisterhäuser untereinander sind unterschiedliche Ausführungsarten der jeweiligen Deckenkonstruktion bekannt. So sind im Haus Muche/Schlemmer Steineisendecken ähnlich dem System Ackermann ausgeführt worden, beim benachbarten Haus Kandinsky/Klee hingegen Berradecken. Im Bereich der Ateliers kamen die Decken als kreuzweise gespannte Decke zur Ausführung, sicherlich um bei den hier herzustellenden größeren Spannweiten die Deckenstärke zu begrenzen.

Die Bestandsuntersuchungen ergaben weitestgehend schadensfreie Decken, die keiner substanzsichernden Überarbeitung bedurften. Nur im Haus Muche war die Konstruktion der Kellerdecke unterhalb der Toilette im Erdgeschoss aufgrund eines länger währenden Wasserschadens ernsthaft geschädigt. Hier war bereits eine Unterstützungskonstruktion in Form von Mauervorlagen und Stahlträgern eingebaut worden. Die Entfernung dieser Stützkonstruktion hätte bedeutet, dass die Tragfähigkeit der bauzeitlichen Decke wieder hergestellt werden müsste. Dies hätte einen aufwendigen Eingriff mit sich gebracht, der auch mit dem Verlust bauzeitlicher Substanz verbunden gewesen wäre. Daher wurde festgelegt, die vorgefundene Unterstützungskonstruktion zu belassen, das bauzeitliche Deckenelement in der vorgefundenen Form zu erhalten und die

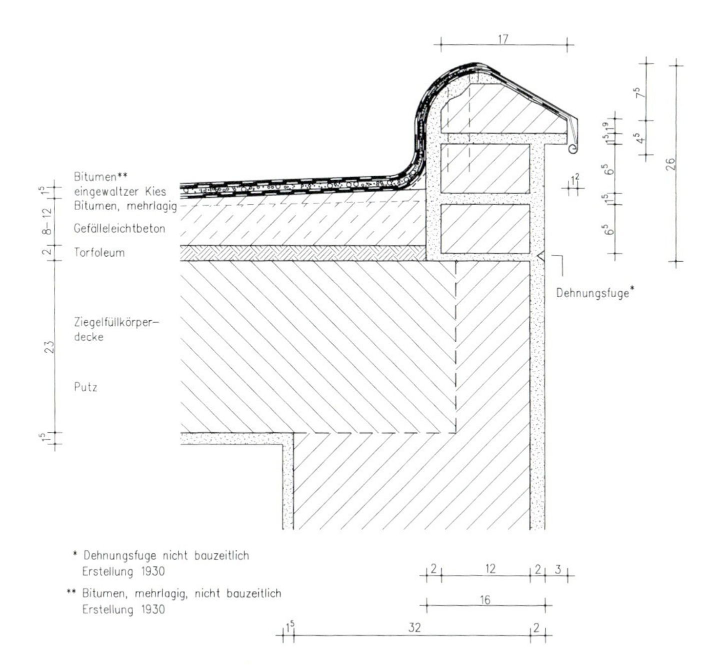


**Freier Dachrand Haus Schlemmer, blechgefasst, M 1 : 10, bauzeitlicher Zustand**

erforderliche Betonsanierung durchzuführen.

Dächer

Die Dächer wurden durchweg als Flachdächer mit 'Kiespressdach'-Deckung ausgebildet. Bei dem Kiespressdach handelt es sich um ein mehrlagiges Pappdach (überstrichen mit Dachkitt und eingepresster Kiesschicht) als äußere Dachhaut.

Der Dachaufbau des Meisterhauses Muche/Schlemmer besteht aus einer Ziegel-Hohlkörperdecke, einer Wärmedämmung in Form von Torfoleumplatten sowie einer Gefälle-Leichtbetonschicht (als Schutzschicht und zur Herstellung der erforderlichen Gefälle), auf der die genannte Pappdachdeckung verlegt war.

Abgesehen von den vielen, im Laufe der Zeit aufgebrachten Dachbahnenschichten befanden sich die Dächer in relativ gutem Zustand. Selbst die bauphysikalisch problematischen Deckenabhängungen der Nachkriegszeit (in den Ateliers) haben nicht zu Schädigungen geführt.

Im Rahmen der Untersuchungen wurde allerdings festgestellt, dass die Dämmung der Dachdecke unter heutigen Gesichtspunkten nicht ausreichend ist. Es musste daher ein Verfahren gefunden werden, das eine bessere Dämmung ermöglichte, gleichzeitig aber eine Veränderung der prägnanten Dachränder und somit des Erscheinungsbildes ausschloss.

Die schließlich gewählte Lösung beinhaltete die Herunternahme der geschädigten historischen Torfoleumdämmung und des darauf befindlichen Gefälle-Leichtbetons. Es wurden Gefälle-Dämmplatten aufgebracht, die die Höhe der beiden ursprünglichen Schichten haben, gleichzeitig aber eine wesentlich bessere Dämmwirkung. Diese Maßnahme ist lediglich mit einer für den Betrachter nicht sichtbaren Veränderung der Gefälle auf den Dächern verbunden. Die Gefälle auf den insgesamt sehr flach geneigten Dachflächen konnten hierbei unter Beibehaltung der Lage der historischen Einlaufpunkte so verbessert werden, dass das anfallende Wasser sicherer in die Einläufe geführt wird. Dies bedeutet eine wesentliche Erhöhung der Dauerhaftigkeit der Dachflächen.

Die ursprüngliche Presskies-Oberfläche konnte nicht wieder hergestellt werden, da ein solches Material heute in dieser Form nicht mehr existiert und auch nicht

**Materialfragment vom bauzeitlichen Dachbelag 'Presskies', beim Rückbau der Dachterrassentür Haus Schlemmer freigelegt, 2001**

Aus 'bauhausbücher 3': versuchshaus des bauhauses in weimar, Haus am Horn, München 1923, S. 34

DIE AUSGEFÜHRTE **TORFOLEUMISOLIERUNG**

ERMÖGLICHTE
ERSPARNISSE AN:

BAUKOSTEN DER UMFASSUNGSWÄNDE UND
DÄCHER VON 25 %
ANLAGEKOSTEN DER ZENTRALHEIZUNG VON
27 % (HEIZKESSEL UND RADIATOREN)
JÄHRLICH WIEDERKEHREND 82 CTR. BRENNSTOFF

LIEFERUNG DER
TORFOLEUMPLATTEN DURCH:
**TORFOLEUM-WERKE EDUARD DYCKERHOFF**
**POGGENHAGEN 50 BEI NEUSTADT AM RÜBENBERGE**

AUFBRINGUNG DER TORFOLEUMTAFELN AUF DIE DACHFLÄCHEN

den einschlägigen Vorschriften entsprechen würde. Stattdessen wurde auf die Dachflächen ein feiner Kies aufgebracht, der den Eindruck des Presskiesdaches in etwa vermitteln kann.

Mit der Überarbeitung der Dächer wurde auch ein bautechnisches Problem gelöst, das sich bereits früh in der Geschichte des Hauses gezeigt hatte. Unterhalb der Dachränder hatten sich in den ersten Jahren nach der Erbauung horizontale Risse gebildet, so dass schon im Jahr 1930 gezielte Maßnahmen zur Behebung der Schäden (Anlegen einer Dehnungsfuge im Dachauflager) vorgenommen wurden. Die Untersuchungen an dieser Stelle ergaben, dass es sich hierbei nicht um Risse infolge von Bewegungen der Dachdecke auf den darunterliegenden Wänden handelte, sondern um Dehnungserscheinungen in der Gefälle-Leichtbetonschicht. Die Ursache dieser Risse wurden im Rahmen der Dämmmaßnahmen beseitigt. Bei der Wiederherstel-

Schürfung am Dachrand, Zustand 1999

lung der gemauerten Dachränder wurden zusätzlich Verankerungen mit der Dachdecke eingebracht, die das Auftreten von Verschiebungen an dieser Stelle verhindern.

Völlig neu hergestellt werden musste die Decke über dem Treppenhaus des Hauses Muche, die beim Umbau in den Jahren 1938/39 entfernt worden war. Dieser Decke kommt eine gestalterisch wichtige Funktion für das Gesamterscheinungsbild des Hauses zu. Die Verlängerung der Decke bildet eine weit ausgreifende Überdachung des Dachaustrittes. Ihre Wiederherstellung war kompliziert, lag doch für diese Decke kein gesichertes

Neue Dachrandaufmauerung

Wissen zur ursprünglichen Konstruktion vor. Historische Fotos belegen eine filigrane Decke, die vermutlich der Überdachung des erhaltenen Dachaustrittes im Haus Schlemmer entsprach.

Um das ursprüngliche schlanke Erscheinungsbild wiederherzustellen, wurde für diese weit auskragende Decke – in Abstimmung mit der Statik und dem Prüfstatiker – eine massive Stahlbeton-Konstruktion gewählt, die der ursprünglichen Stärke (ca. 10 cm) möglichst nahe kommt (12 cm). Gleichzeitig mussten wärmetechnische Belange berücksichtigt werden, da die Decke – weil gleichzeitig Decke über dem Treppenhaus und frei auskragendes Dach – eine starke Wärmebrücke bildet. Diesem Umstand wurde Rechnung getragen, indem die Decke im Bereich des Treppenhauses zu der oberseitigen Dämmung eine zusätzliche unterseitige Dämmung erhielt. So wurde der wichtige Abschluss des Treppenhauses – unter Berücksichtigung der heutigen baukonstruktiven Erkenntnisse – wiederhergestellt.

Balkone

Die Balkone des Meisterhauses Muche/Schlemmer bestehen – anders als etwa beim Haus Kandinsky/Klee – aus massiven Betonplatten, die im Bereich der Außenwände in die Decken einbinden. Im Rahmen der Wiederherstellungsmaßnahmen des Hauses stellten sie in jeder Hinsicht weit höhere Ansprüche an die zu findenden Lösungen als die meisten anderen Bauteile. Sie waren – vornehmlich aufgrund der Bewitterung – in ihrer Substanz gefährdet, was beim Balkon des benachbarten Hauses Kandinsky (dort als Ziegel-Hohlkörperdecke ausgeführt) bereits zur Gefährdung des Tragverhaltens geführt hatte. Die Balkonplatten des Hauses Muche/Schlemmer (als massive Betonplatten ausgeführt) wiesen einzelne Risse und Nässeschäden auf. Ihre massive Konstruktionsart (beziehungsweise ihre Verbindung mit dem Mauerwerk der Außenwände) stellte zudem ein bauphysikalisches Problem dar: die Wirkung als Wärmebrücke mit Einfluss auf die angrenzenden, unter- und oberhalb liegenden Räume.

Die aufgetretenen Risse, die keine substanzielle Gefährdung für die Tragfunktion bedeuten, wurden – in Abstimmung mit den Restauratoren und aufbauend auf den Erfahrungen an anderen Bauhausgebäuden – durch eine Betonsanierung geschlossen, die weitestgehend auf mineralischer Basis beruht. Eine tiefergreifende Behebung der Ursachen hätte umfangreiche Eingriffe und einen Verlust an bauzeitlicher Substanz bedeutet und wurde nicht durchgeführt. Es ist daher nicht auszuschließen, dass in der Zukunft wieder feine Risse an den Balkonunterseiten auftreten können, die jedoch nur eine optische Beeinträchtigung bedeuten.

Die Herstellung eines geeigneten Wetterschutzes war die Kernaufgabe bei der Sicherung und Wiederherstellung der Balkonplatten. Die bauzeitliche Oberseite bestand aus einem fugenlosen Estrich auf einer Trennlage aus bituminierter Pappe, der durch sein Gefälle die Entwässerung nach außen in die untergehängte Rinne bewirkte. Dieser Estrich und die Trennlage wiesen offensichtlich nicht die nötige dauerhafte Dichtigkeit auf, so dass auf die Balkonplatten schon bald ein weiterer Wetterschutz in Form einer Asphaltlage aufgebracht worden war. Weiterhin verursachte

**Suchschnitt auf dem Balkon**

Balkon nach der Wiederherstellung

die Wasserführung über die Stirnseite der Balkonplatte hinweg eine Durchnässung dieses Bereiches. Die an der Unterkante hergestellte bauzeitliche Tropfkante aus Putz konnte ihre Funktion wohl ebenfalls nicht ausreichend erfüllen; sie war bereits 1938/39 durch ein Tropfblech ergänzt worden.

Die letztendlich ausgeführte Lösung, die eine dauerhafte Sicherung der Balkonplatten und der angrenzenden Bauteile zu leisten hat, besteht aus dem Aufbringen einer kunststoffbasierten Abdichtung, die aufgrund ihrer Zähigkeit und Elastizität auf Längenänderungen der Balkonplatte reagiert. Sie schützt die gesamte wasserbelastete Fläche, von der fassadenseitigen Kehle des Estriches bis zum neu angebrachten Tropfblech an der Unterkante der Balkonstirnseite. Als weitere Sicherheit wurde der Estrich in Felder aufgeteilt, die den heutigen Erkenntnissen der Estrichherstellung entsprechen. Die Fugen wurden hierbei über den oben beschriebenen Rissen der Balkonplatten angelegt. Die Abdichtung hat an diesen Stellen eine spezielle (im fertigen Zustand nicht sichtbare) Fugenausbildung erhalten, die zu erwartende Bewegungen aufnehmen kann. So konnte die bauzeitliche Kontur mit der erforderlichen dauerhaften Sicherheit wiederhergestellt werden. Die bauzeitliche Farbe und Oberfläche wurde durch das Einfärben der Beschichtung sowie das Einstreuen von Sand in die Beschichtung erreicht.

Die wärmetechnischen Auswirkungen der Balkonplatten auf die benachbarten Räume wurden in Abstimmung mit der Haustechnik und dem Bauklimatiker untersucht. Als Kompensationsmaßnahme wurden an verschiedenen Stellen des Gebäudes zusätzliche Beheizungen eingebracht, die an den fraglichen Stellen die Gefahr der Kondenswasserbildung vermindern. So wurden etwa in den Bädern (im Obergeschoss) Schleifen in den Heizungsanbindungen der benachbarten Heizkörper hergestellt, die die Außenwand beheizen. Auch in den Küchen (Erdgeschoss) wurden solche Schleifen ausgeführt. Sie erwärmen durch den aufsteigenden Warmluftschleier die Unterseite des Balkon-Wand-Anschlusses.

### Ausbauelemente

Die Ausbauelemente bildeten – neben der Wiederherstellung der Gebäudekontur und der Raumsituationen – einen weiteren Hauptpunkt der denkmalpflegerischen Maßnahmen. Viele bauhauszeitliche Ausbauelemente waren erhalten, trotz aller Umbauten, die das Haus erfahren hatte. Für die vorhandenen Lücken galt es adäquate Lösungen zu finden, die im Rahmen des Wiederherstellungskonzeptes entweder als Nachbauten oder Ergänzungen eingebracht werden sollten.

Die erhaltenen Ausbauelemente im Innern des Hauses befanden sich in einem verhältnismäßig guten Zustand. Es fehlten lediglich einzelne Türen, zwei Einbauschränke sowie die hölzernen Bilder-

leisten, die in verschiedenen Räumen ursprünglich vorhanden waren und die für das Erscheinungsbild dieser Räume ein wichtiges Detail darstellten.

Zu den erhaltenen Ausbauelementen zählten auch die Linoleumbeläge aus der Bauhauszeit, die allerdings in der Mehrzahl der Räume geschädigt (zum Teil irreparabel) oder in Teilen schon entfernt waren. In enger Zusammenarbeit mit der ausführenden Firma gelang es in verschiedenen Räumen, den originalen Belag zu erhalten. Risse und Hohllagen wurden sensibel repariert, Fehlstellen durch originale Reststücke aus anderen Räumen ausgebessert oder durch neues Linoleum ergänzt, das in Aufbau und Farbgebung dem Original weitestgehend entspricht. So ist ein Ergebnis entstanden, das den ursprünglichen Charakter des Bodens zeigt, aber auch Farbveränderungen und Zeitspuren nicht leugnet.

Die erhaltenen originalen Einbauschränke aus den Bauhauswerkstätten erwiesen sich als reparaturfähig und konnten problemlos aufgearbeitet werden. Zum Teil ließ sich hier eine expressive Farbigkeit nachweisen (Schlafzimmerschrank Haus Muche), die nach Befund wiederhergestellt wurde.

Dagegen ist auf eine Rekonstruktion der nicht mehr vorhandenen Einbauschränke im Erdgeschoss des Hauses Muche verzichtet worden. Hier wurde als denkmalpflegerisches Konzept festgelegt, dass die Eingriffe späterer Nutzungsphasen (Verlust des Mobiliars) als sichtbare Zeitspuren belassen werden. Dies bedeutet keine wesentliche Beeinträchtigung für die Gesamtwirkung des Hauses im Sinne der Gropiusschen Raumkonzeption; zudem besteht für Besucher die Möglichkeit, diese Schränke in gegengleicher Form im Haus Schlemmer und in gleicher Form im Nachbarhaus Kandinsky in Augenschein zu nehmen.

Die hölzernen Bilderleisten unterhalb der Decken, die ursprünglich in verschiedenen Räumen existierten und die variable Hängung von Bildern ermöglichten, fehlten durchgängig. Von diesem für die Raumwirkung wichtigen gestalterischen Detail waren lediglich zwei Fragmente erhalten, die die verschiedenen Umbauten über der abgehängten Atelierdecke des Hauses Muche überdauert hatten. Die Räume, in denen die Bilderleiste ursprünglich existiert hatten, ließen sich anhand von historischen Fotos sowie von Abdrücken an den Wänden und erhaltenen Holzdübeln nachweisen. Hier wurden sie nach den aufgefundenen Mustern wiederhergestellt.

Ein weiteres markantes Ausbaudetail waren die gestanzten und geprägten Lochbleche in den Fensterbrettern, die ein Hochstreichen der warmen Heizungsluft an den einfach verglasten Fenstern ermöglichen und so das Beschlagen der Scheiben und das Entstehen von Kaltluftströmen vermindern. Die Neuherstellung der verloren gegangenen Bleche erfolgte – in Unterscheidung zu den bauzeitlichen – mit der Lochung, jedoch ohne deren Prägung, so dass die Funktion sichergestellt ist, die neuen Bleche aber klar als Wieder-

**Fensterbrett mit Lochblech**

Atelierfenster, vermutlich Haus Moholy-Nagy, um 1926

herstellung in Erscheinung treten.

Die Ausbauelemente der Außenhülle waren – anders als die Bauteile im Inneren – nur unvollständig überliefert. So war beispielsweise etwa die Hälfte der bauzeitlichen Fenster und Außentüren durch die verschiedenen Umbauten, aber auch durch Witterungsschäden verloren gegangen.

Im Unterschied zu den Stahlfenstern der Ateliers und Treppenhäuser waren die übrigen Fenster des Meisterhauses Muche/Schlemmer aus Holz gefertigt. Als Holz-Einfachfenster erfüllten sie ihre Funktion in der Gesamtkonstruktion sehr gut. Es ist davon auszugehen, dass die Wahl der Fensterart nicht nur einer Begrenzung des Bauetats zuzuschreiben ist, sondern vom Architekten bewusst getroffen wurde, der die Fenster mit flankierenden Maßnahmen wie den beschriebenen Lochblechen entsprechend ausstattete.

Die Ausbildung der hölzernen Fenster und Türen war aufgrund der vorliegenden Archivalien und der erhaltenen Vergleichsstücke im Hause und an den Nachbarhäusern gut dokumentiert, so dass Fenster und Türen repariert und ergänzt oder aber gemäß dem historischen Vorbild, einschließlich der Beschläge, neu angefertigt werden konnten. Die Verglasung der Fenster erfolgte mit Restaurierungsglas, das eine linienhafte Streifigkeit – ähnlich dem historischen Vorbild – aufweist.

Grundsätzlich anders stellte sich die Situation für die 1939 entfernten großflächigen Treppenhaus- und Atelierfenster dar.

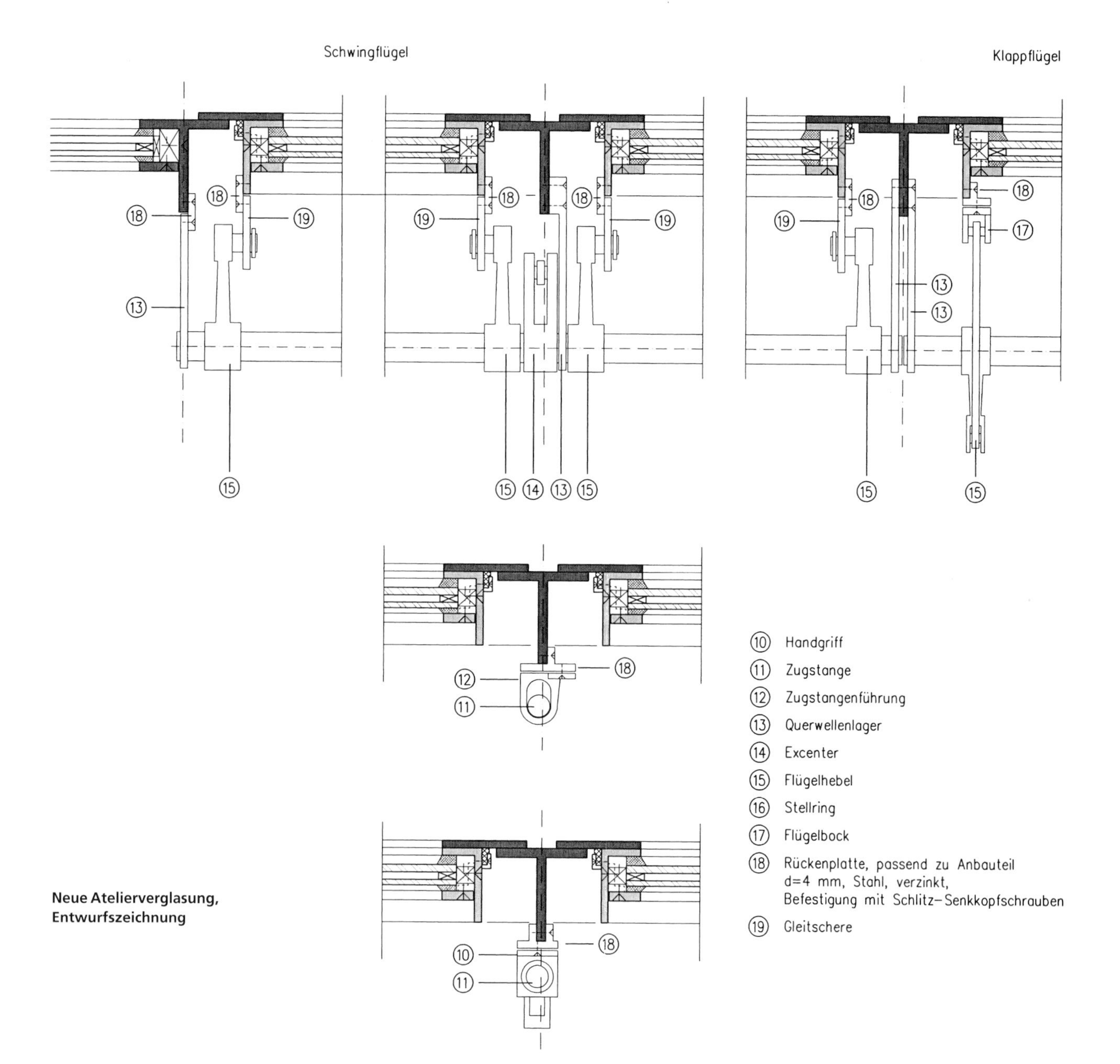


**Neue Atelierverglasung, Entwurfszeichnung**

Nur wenige eindeutige Belege ließen sich für die Ermittlung der Form und der konstruktiven Ausbildung heranziehen. So existieren einzelne Fotos und wenige Zeichnungen. Sichtungsöffnungen in der Fassade legten Abdrücke und Anstrichreste sowie Anschlusskonstruktionen der historischen Verglasungen frei. Aufgrund der so gewonnenen Erkenntnisse konnte zwar die Verglasung in ihren Grundzügen (Gesamtgröße, Teilung, Öffnungsflügel) belegt werden, die Detailwelt ist aber (vor allem maßlich) nicht eindeutig nachweisbar. Da diese Fenster zu den gestalterisch wichtigsten Bauelementen am Meisterhaus Muche/Schlemmer gehörten, war zu entscheiden, in welcher Form die vorhandenen Lücken im bauzeitlichen Bild gefüllt werden könnten. Eine Rekonstruktion wurde verworfen, da hierzu die Detailkenntnisse nicht ausreichen. Andererseits galt es, die Ensemblewirkung mit den Nachbarhäusern zu berücksichtigen sowie die gestalterische Wechselwirkung der Verglasungen mit dem Gebäude, zum Beispiel die Kleinteiligkeit der Verglasungen, die einen Kontrast zu den geschlossenen Wandflächen bildeten.

So wurde – in Abwägung aller Randbedingungen – entschieden, die Verglasungen in Größe, Teilung und Körperausprägung (leichtes Vortreten oder Flächenbündigkeit) gemäß den historischen Vorbildern wiederherzustellen. Die Detailausbildung jedoch wurde anhand eines Neuentwurfes und durch Überprüfung und Verfeinerung an einem Musterstück festgelegt.

Um einen verbesserten Wärmeschutz zu erhalten, sind die neu hergestellten Verglasungen – im Gegensatz zu den historischen – mit verleistetem Zweischeiben-Isolierglas ausgestattet worden. Auch die Fensteranschlüsse an das Gebäude sind wärmegedämmt. Diese bauphysikalischen Verbesserungsmaßnahmen blieben ohne Einfluss auf das Gesamt-Erscheinungsbild der Fenster. Die Beschläge, für die ebenfalls kein ausreichendes Detailwissen vorlag, sind aus dem aktuellen Lieferprogramm eines Beschlagherstellers gewählt worden.

Wenngleich die Atelier- und Treppenhausfenster auf den ersten Blick nicht als Neubauten zu erkennen sind, zeigen sie doch dem versierten Betrachter, dass es sich nicht um Originale oder Rekonstruktionen handelt, sondern um neuzeitliche, dem Original in hohem Maße nahe kommende Interpretationen.

**Die Haustechnik**

Die meisten der vorhandenen Installationen erwiesen sich – dem Alter des Gebäudes entsprechend – in einem Zustand, der eine weitere Verwendung nicht zuließ. Sie waren entweder nicht mehr funktionsfähig, entsprachen nicht den geltenden Sicherheitsanforderungen oder hätten bei Weiterverwendung eine Gefährdung des Gebäudes bedeutet.

Den Ausschlag und den Ansatzpunkt für Lösungen zur Erneuerung der haustechnischen Anlagen gaben die Heizungsinstallationen. Die vorhandenen, unter Putz verlegten Leitungen waren inkrustiert und hätten bei Weiterverwendung die Funktionsfähigkeit und Betriebssicherheit der Heizungsanlage in Frage gestellt und

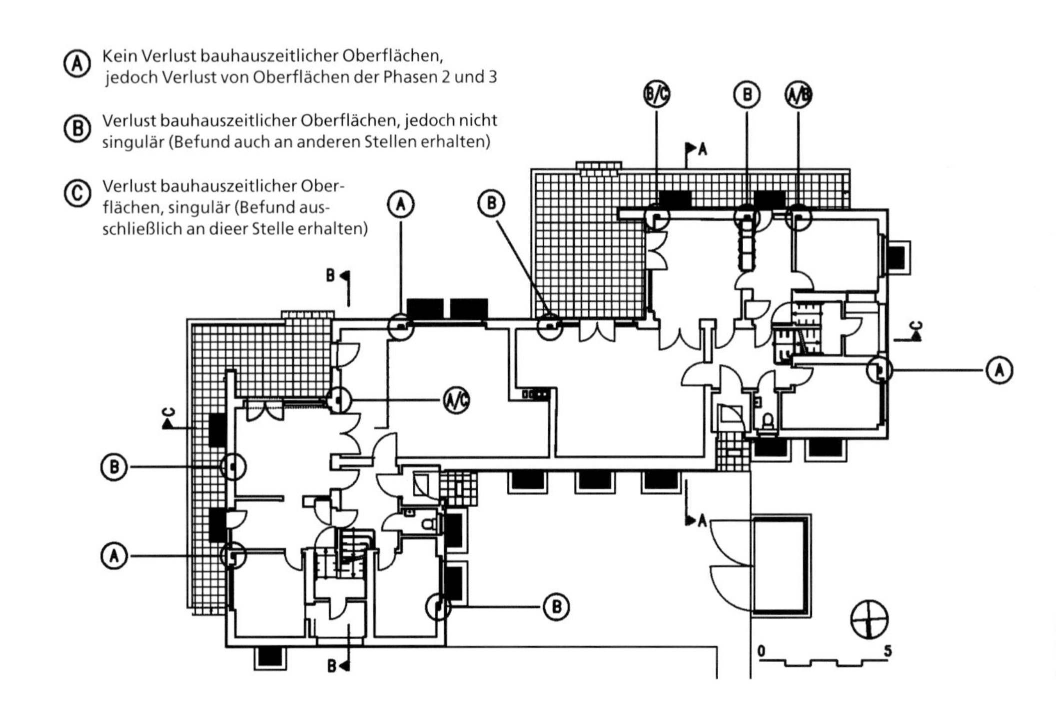


Untersuchung der Wandkanäle, Ausführungszeichnung

Wandkanal im Haus Schlemmer

die Gefahr einer Leckage mit weitreichenden Folgen für das Gebäude und das Restaurierungsergebnis bedeutet.

Die Ergebnisse der Bestandsuntersuchungen machten ein Austauschen der Heizungsrohre erforderlich. Gleichzeitig hatte sich bei den Untersuchungen bestätigt, dass die Rohre – wie in den historischen Plänen zum Haus dargestellt – in gemauerten Wandkanälen verlegt waren. Dies führte zu der Überlegung, die vorhandenen Rohre durch Minimalöffnungen herauszuziehen und neue Leitungen einzubringen, um den Verlust originaler Bausubstanz möglichst gering halten zu können. Dies erwies sich jedoch aus verschiedenen Gründen als nicht durchführbar. So wurde ein wandhohes Öffnen in Erwägung gezogen.

Die hierzu angestellten Untersuchungen ergaben, dass an den fraglichen Stellen aufgrund der vielen Reparaturen, die das Haus im Laufe der Jahre erfahren hatte, keine bauzeitliche Substanz mehr vorhanden war, so dass die bauzeitlichen Wandkanäle (ohne den Verlust von wertvoller Substanz) geöffnet und die Heizungsleitungen ausgetauscht werden konnten. Die so geöffneten Trassen konnten dabei gleichzeitig zur Verlegung der ebenfalls neu herzustellenden Stark- und Schwachstromleitungen genutzt werden. Die Anschlussdosen und Meldeeinrichtungen wurden konsequenterweise direkt neben diesen Trassen angebracht. Durch diese Bündelung von Heizungs- und Elektroinstallationen wurden die Eingriffe in das Gebäude minimiert. Gleichzeitig gelang es, eine bedarfsgerechte und dauerhafte Installation der notwendigen haustechnischen Anlagen herzustellen.

Wegen der geplanten Neunutzung des Gebäudes als Ausstellungshaus ergeben sich besondere Anforderungen an die Beleuchtung. Hierzu werden üblicherweise neue Installationen eingebracht, insbesondere entsprechende Deckenbeleuchtungen. Diese Herangehensweise sollte beim Meisterhaus Muche/Schlemmer nicht praktiziert werden, sondern es wurde überprüft, was die vorgefundenen Installationen zu leisten vermochten. Im Gebäude waren zwar noch die bauzeitlichen Leerrohre vorhanden, diese waren jedoch durch frühere Baumaßnahmen teilweise verschlossen oder beschädigt worden. Dennoch sollte das Einschlitzen des Deckenputzes vermieden werden, da dies den Verlust wertvoller Bausubstanz bedeutet hätte. So wurde im Gespräch mit den Fachleuten, der Denkmalpflege und den künftigen Nutzern entschieden, in einzelnen Räumen keine Deckenauslässe herzustellen, sondern Stehleuchten zu verwenden, die über geschaltete Steckdosen bedient werden können. Auf diese Weise konnte eine praxisgerechte Lösung gefunden werden, die eine substanzschonende Umsetzung möglich machte.

# Konservierung, Restaurierung und Rekonstruktion der Architekturoberflächen am Meisterhaus Muche/Schlemmer

**Thomas Danzl**

Alfred Arndt: Farbpläne für die Außengestaltung der Meisterhäuser, isometrische Untersicht, 1926 (nicht ausgeführt)

Mit dem Abschluss der konservatorisch-restauratorisch anspruchsvollen Instandsetzung des Meisterhauses Muche/ Schlemmer wurde auch das zehn Jahre währende Ringen vieler Beteiligter um den nicht immer selbstverständlichen Substanzerhalt in der Gropius-Villenkolonie beendet. Das Resultat bedeutet zum einen die Verpflichtung zu kontinuierlicher Pflege der Gebäude; andererseits erfordert die Chronistenpflicht aber auch ein Resümee des Erreichten, das aus restauratorischer Sicht im Folgenden dargelegt wird. Dies auch, um die durch die Wüstenrot Stiftung am Meisterhaus Muche/ Schlemmer möglich gemachte Einlösung heutiger restauratorischer Standards gegenüber den eingeschränkten Bedingungen bei der Wiederherstellung der Meisterhäuser Feininger und Kandinsky/Klee deutlicher zu vermitteln.

## Restaurierungsgeschichte der Meisterhäuser 1992-2002

### Die materialtechnischen Grundlagen

Die von der Wandmalereiklasse am Bauhaus geprägte farbige Flächenbehandlung stellt sich Mitte der zwanziger Jahre als eine zeitgemäße Variante der monumentalen Wandmalerei und nicht nur als eine eigene (kunst-)handwerkliche Bauaufgabe dar, ja sie muss darüber hinaus vielmehr als originäre und autonome, wenngleich im Gesamtkunstwerk 'Bau' assimilierte, künstlerische Manifestation begriffen werden. Dies wird gerade im Fall der Meisterhäuser, als Wohnstätten dreier Leiter der Wandmalereiwerkstatt am Bauhaus (Kandinsky, Schlemmer, Moholy-Nagy) und des Bauhausgebäudes deutlich. Zwar wurde in der Restaurierungsgeschichte der Dessauer Bauhausbauten von 1976 bis heute das Phänomen 'Farbe am Bauhaus' stets theoretisch erkannt und quellenkundlich erforscht, bei der Behandlung der leider meist nur sehr kleinteiligen Material- und Farbfragmente originaler Oberflächen jedoch herrschte in der Regel eine Diskrepanz zwischen der Erkennung von Farbsystemen und ihrer Aufbereitung für eine Rekonstruktion. Dieses Missverhältnis ist aber weniger auf ein Defizit kritisch-analytischer Fähigkeit der damit betrauten Restauratoren zurückzuführen – diese ethisch-begründete und praktisch umgesetzte Grundhaltung findet sich im übrigen schon bei dem Denkmalpfleger Hinnerk Scheper zu Beginn der fünfziger Jahre[1] – als auf die in den Fachkreisen auch heute noch immer nicht in voller Konsequenz wahrgenommene Wissenschaftlichkeit des Restauratorenberufes. Die daraus entstehende Gruppendynamik lässt den Restaurator in vielen Fällen als willigen Bearbeiter von Rohdaten in Form einer Befundsicherungsdokumentation erscheinen, die in der Folge von Denkmalpflegern, Architekten und Kunsthistorikern konzeptionell weiterbearbeitet, interpretiert und meist auch veröffentlicht werden und lediglich in seltenen Fällen während der Realisierungsphase überprüft, erweitert und vertieft werden.

**Die Instandsetzung der Meisterhäuser Feininger, Kandinsky/Klee**

Die Geschichte der Instandsetzung der Meisterhäuser Feininger und Kandinsky/Klee spiegelt dieses Spannungsverhältnis wider: In beiden Fällen erwiesen sich die allein auf kunsthistorische und architekturgeschichtliche Fragen konzentrierten denkmalpflegerischen Zielstellungen im Umgang mit der überlieferten Originalsubstanz als Hemmnis, stand doch vor der vorrangigen Forderung des 'Erkennen' materieller Besonderheiten das vorgebliche Wissen um die Unzulänglichkeiten der verwendeten Materialien und das darauf gründende Sanierungsziel, diese während der Rekonstruktion nach den Vorstellungen von Gropius 1926 zu verbessern oder gar zu ersetzen. Eine orientierende restauratorische Befundsicherung des überkommenen bauzeitlichen Bestandes aller Meisterhäuser, wie sie auch noch nach Fertigstellung der 1992 instandgesetzten Meisterhaushälfte Feininger und vor dem Ankauf der damals noch in Privatbesitz befindlichen und leerstehenden Meisterhäuser möglich gewesen wäre, war weder vor noch zum Zeitpunkt der Nutzungsplanung noch danach ein Thema.

Als weiteres Versäumnis muss, gerade nach der sensationellen Wiederentdeckung bauhauszeitlicher Farbigkeiten im Haus Feininger, das Unterbleiben einer repräsentativen Sondierung und Wertung des Bestandes an Putzen und Farbgestaltungen der übrigen Meisterhäuser in Hinblick auf die jeweils angestrebte Nutzung gewertet werden. Die Schaffung einer Gesamtschau und eine anschließende Bewertung des Bestandes eines jeden einzelnen Hauses war nicht gegeben und eine Prioritätensetzung folglich ausgeschlossen. Somit muss es nicht weiter verwundern, dass die Erhaltung und Pflege originaler Oberflächen hinter die Nutzeranforderungen und hinter die Vorstellung von einer im Materialsinn 'oberflächlich' aufgefassten Architekturfarbigkeit an Bauhausbauten zurücktreten musste (Bauhaus, Fachschule, Keller: heute Archiv, 1997, Kandinsky/Klee, 1997-2000).

Gerade im Falle der Sanierung des Meisterhauses Kandinsky/Klee wirkte sich das Fehlen einer bauforscherischen Bestandsaufnahme in Form einer Phänomenologie und eines chronologisch aufgebauten Bauteilkataloges sowie die ausschließlich (aus vorgeblich finanziellen Gründen) auf die 'Einzugsfassung' von 1926 orientierte restauratorische Farbschichtenuntersuchung fatal aus. So wurde erst nach Abschluss der auf die museale Nutzung und auf die Erbauungszeit orientierten Architektenplanung und bei Beginn der Baumaßnahme die sprichwörtliche Vielschichtigkeit der Farbfassungen und die damit fehlende Interpretationsgrundlage hinsichtlich synchroner (gleichzeitiger) und diachroner (aufeinanderfolgender) Farbfassungen offenbar.

Trotz einer im Anschluss an das Expertentreffen im Jahre 1998 getätigten Nachuntersuchung, welche die durch eine so genannte Leitschicht definierte 'Auszugsfassung' der Bauhausmeister zum Ziel hatte und die schließlich auch weitgehend materialidentisch rekonstruiert werden konnte, lässt sich im Ergebnis eine Diskrepanz zwischen der baulich auf die Urform von 1926 fokussierten Baugestalt und der teilweise (bedingt durch die von den Bewohnern vorgenommenen Umbauten nach 1926 und den Verlusten von Ausstattungselementen von 1933-1996) auf andere räumliche Gegebenheiten im Inneren Bezug nehmenden rekonstruierten Farbigkeit von 1932 nicht leugnen. Der von Helmut F. Reichwald bei besagtem Expertentreffen noch formulierte Wunsch nach einer Freilegung, Konservierung und zumindest teilweisen Präsentation bauhauszeitlicher Innenraumgestaltungen (etwa im Esszimmer Kandinskys oder im Zimmer Nina Kandinskys im ersten Obergeschoss) musste angesichts der schon am darauf folgenden Tag umgesetzten Vorbereitungen für die Installation von – aufgrund der vorgesehenen Museumsnutzung entsprechend aufwendigen – Sicherheits- und Beleuchtungssystemen ein frommer Wunsch bleiben. Nicht zuletzt erschwerte das Schneiden von Leitungsschlitzen und das damit einhergehende unkontrollierte Abschlagen von Putzpaketen weiterreichende Nachuntersuchungen.

**Das Fazit des 'Fallbeispiels Kandinsky/Klee' aus restauratorischer und denkmalpflegerischer Sicht**

Die angesprochenen gruppendynamischen Mechanismen, daneben eine aus dem Neubau entlehnte Planungshierarchie, die DIN-Gerechtigkeit und Normierung der Bauabläufe voraussetzt, und eine Subordination denkmalpflegerisch-restauratorischer Methoden unter die Ansprüche des Sponsors und des zukünftigen Nutzers, erzeugten einen dauernden Erklärungs- und Begründungszwang bei der Denkmalpflege, wobei restauratorische Grundforderungen nur über den Verfahrensweg durchzusetzen waren. Als positive Ergebnisse des ständigen und zugegebenermaßen nicht immer erfolglosen Ringens können folgende Ergebnisse gesehen werden:

- die Kaschierung sämtlicher verbliebener Oberflächen mit einer Pufferschicht aus Teefilterpapier;
- die konservatorisch-restauratorische Bearbeitung der Gold- und Silberwand im Haus Kandinsky;
- der bauteilbezogene Erhalt von Außenputzfragmenten als Primärdokumente;
- die materialidentische Rekonstruktion von Außen- und Innenputzen sowie der Farbsysteme entsprechend mikrochemischer Analyse;
- die Einordnung aller Farbbefunde nach

NCS (Natural Colour System);
- die Erstellung bewerteter Farbaufstriche;
- die baubegleitende Anleitung von Putzern und Malern durch Restauratoren.

Sieht man die Arbeiten am Haus Kandinsky/Klee heute im Kontext der denkmalpflegerischen wie der architekturtheoretischen Diskussion im Anschluss an die Leipziger Tagung 'Konservierung der Moderne?' des deutschen Nationalkomitees von ICOMOS im Jahr 1996 und unter den nicht zuletzt durch die Projekte der Wüstenrot Stiftung – etwa bei der Instandsetzung des Potsdamer Einsteinturms von Mendelsohn und später des Hauses Schminke von Scharoun in Löbau – gesetzten und umgesetzten Standards, so kann die angesprochene Vorgehensweise im Nachhinein nur als bedauerlicher Anachronismus und als Ausdruck provinzieller Kurzsichtigkeit eines Weltkonzerns im Umgang mit einem zu Recht in die Weltkulturerbeliste aufgenommenen Bau begriffen werden.

**Die Vorplanung und Bestandsaufnahme am Meisterhaus Muche/Schlemmer**

Die weite Expertenkreise beschäftigende Frage nach dem angemessenen Umgang mit Bauten der Klassischen Moderne beeinflusste sicherlich methodisch und konzeptionell die noch vor der Eröffnung des Meisterhauses Kandinsky/Klee (Februar 2000) begonnene Bestandsaufnahme und Anamnese des Meisterhauses Muche/Schlemmer. Die Entscheidung der Stadt Dessau für eine Übernahme der Bauherrenschaft durch die Wüstenrot Stiftung trug entscheidend dazu bei, die beim Meisterhaus Kandinsky/Klee heftig diskutierten unterschiedlichen Standpunkte zu versachlichen und neue tragfähige Grundlagen für eine konstruktive Zusammenarbeit zwischen den Projektpartnern, der Stadt und dem Landesamt für Denkmalpflege zu schaffen. Die frühzeitige Einbindung der für die Projektbegleitung gebundenen Restauratoren wie der Abteilung Restaurierung des Landesamtes in die Beratungsrunden mit dem Fachbeirat der Wüstenrot Stiftung stellte in diesem Zusammenhang eine nicht zu unterschätzende vertrauensbildende Maßnahme dar. Neben einer zunächst offen gehaltenen Methodendiskussion zur Schaffung gemeinsamer Arbeitsgrundlagen konnten so die Erfahrungen des Landesamtes für Denkmalpflege bei der Organisation und der Begleitung der teilweise schon seit 1999 laufenden oder zur Entscheidung anstehenden restauratorischen Untersuchungen am Bauhausgebäude, am Arbeitsamt Dessau und an Einzelbauten der Siedlung Törten einfließen.

Demnach erschien es zur Schaffung einer ersten Grundlage für weiterreichende konzeptionelle Fragestellungen zweckmäßig, zunächst eine orientierende Voruntersuchung der Architekturoberflächen durch die baubegleitenden Restauratoren in Auftrag zu geben. Diese umfasste die Klärung der Materialfrage der Außenputze und der Anstrichsysteme (Kalkputz und Kalkanstrich oder Kalkzementputz und Keim'sche Mineralfarben?) sowie die zunächst wertfreie Erfassung und Beschreibung der Träger- und Beschichtungssysteme hinsichtlich ihrer Materialtechnik und ihrer quantitativen und qualitativen Erhaltung.

Das schrittweise Vorgehen der Restauratoren Matthias Pröpper (Restaurorenkollegium Blankenburg, verantwortlich für das Haus Schlemmer) und Stephan Buttchereit (Büro Brenne, verantwortlich für das Haus Muche) unter der Leitung von Gisbert Knipscheer (Mitarbeiter im Büro Brenne) orientierte sich zunächst an dem umfangreichen, bei der fundierten Archiv- und Quellenforschung zu Tage geförderten Bild- und Textmaterial zur Baugestalt und zur Innenraumausstattung im Ge-

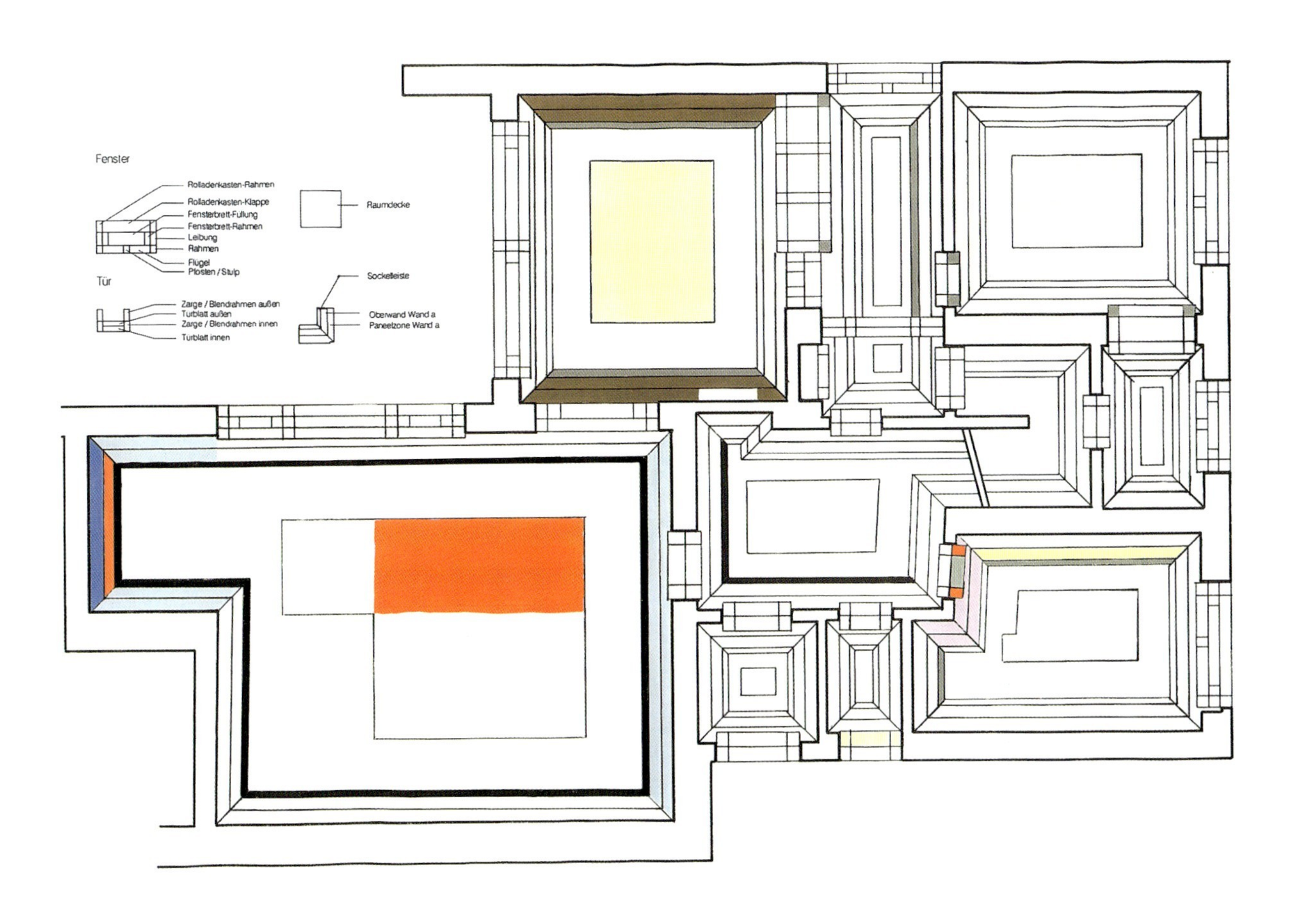


**Befundplan Erdgeschoss Haus Schlemmer, 1. Fassung, Bauhauszeit 1926**

samtrahmen der Nutzungsgeschichte. Bekanntlich ging die Wohn- und Nutzungsgeschichte nicht spurlos an dem ehemaligen Meisterhaus vorüber. Vom Ankauf durch die Stadt Dessau im Jahr 1926 bis zum Beginn der Instandsetzung waren über siebzig Jahre massive bauliche Veränderungen vorgenommen worden. Daneben waren die wenigen offenkundig verbliebenen originalen Oberflächen baufester Ausstattungselemente, wie Wandschränke, Türblätter, Beschläge, Bodenbeläge etc., einer extremen Abnutzung und einem Gebrauch oft bis zum materiellen Verschleiß ausgesetzt gewesen.

Um einen besseren Überblick über den überkommenen Bestand zu erhalten, wurde zunächst die jüngste aufliegende Tapetenschicht (Raufaser Typ 'Erfurt', weiß gestrichen) schonend mit Heißdampf entfernt. Belegexemplare von älteren Tapeten- und Makulaturresten in der Größe von DIN A4 wurden entweder in situ belassen oder zusammen mit Fußbodenbelägen in einem so genannten 'Belagarchiv' gesammelt. Eine gleichzeitig vorgenommene punktuelle Öffnung der abgehängten Decken im Bereich der ehemaligen Ateliers sollte darüber hinaus eine Klärung ihrer Materialität und damit einhergehend ihrer Datierung erleichtern. Eine Eingrenzung des Zeitpunktes dieses Einbaus konnte als terminus ante quem eine Entscheidungshilfe für weitere konzeptionelle Überlegungen hinsichtlich der zukünftig zu präsentierenden Baugestalt bieten. Die im Zuge der restauratorischen Voruntersuchung freigelegten, verputzten und mehrfach mit Anstrichen versehenen Wandoberflächen erleichterten schließlich wesentlich die bauarchäologische Bestimmung von Bau- und Veränderungsphasen, da mit der beschriebenen, zunächst nach rein visuellen Kriterien vorgenommenen restauratorischen Untersuchung und Bewertung von Putz- und Farb-

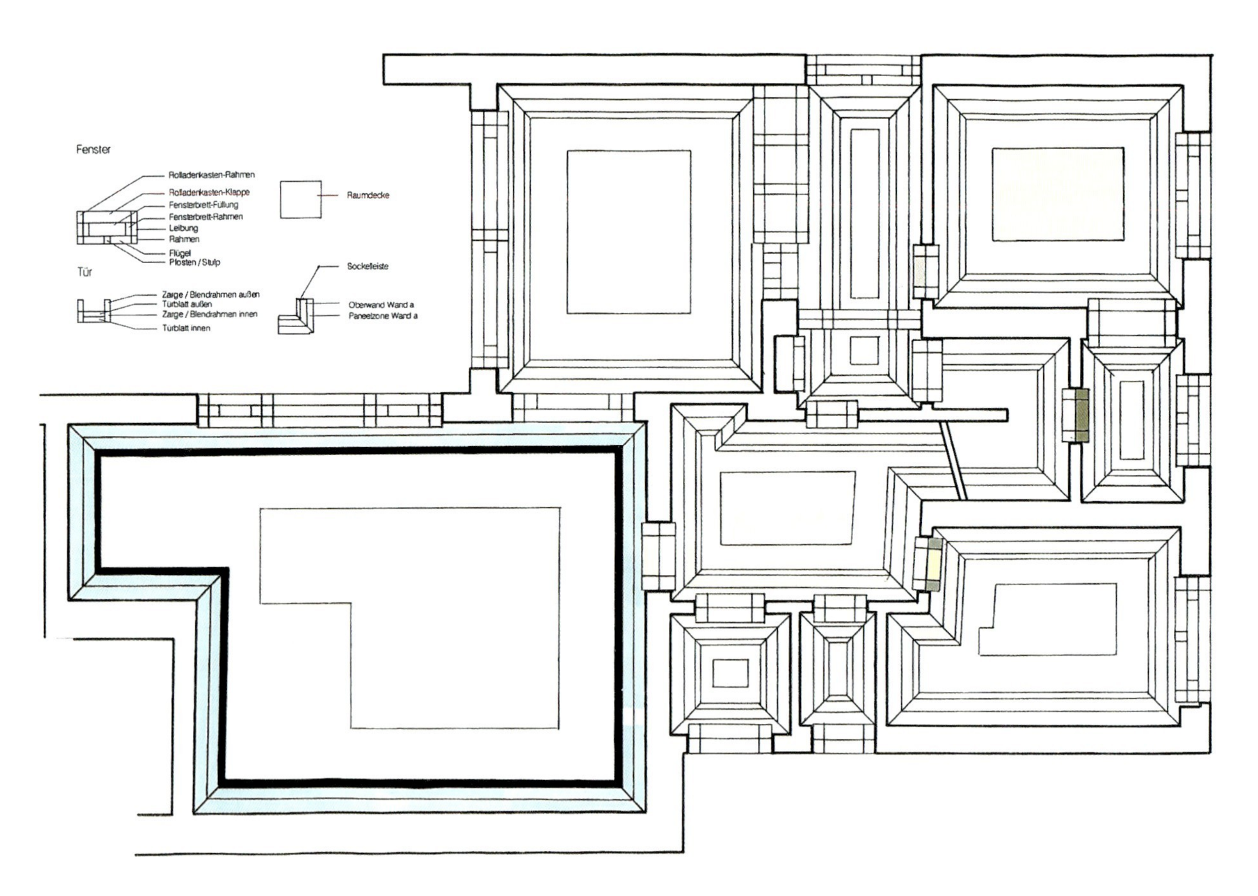


**Befundplan Erdgeschoss Haus Schlemmer, 2. Fassung, Bauhauszeit vor Schornsteineinbau**

schichten ein allgemeiner Überblick in quantitativer und qualitativer Hinsicht geschaffen werden konnte.

Die Freilegung bauhauszeitlicher farbiger Flächengestaltung als Nebeneffekt der schonenden Tapetenabnahme – etwa die ins Auge springenden Reste des flammend roten Rechteckes an der Zimmerdecke des während der Instandsetzung als Beratungsraum genutzten Wohnzimmers von Oskar Schlemmer oder das glänzend polierte Schwarz der Decke und der Wände im ehemaligen Schlafzimmer Georg Muches – erschien dabei wie ein mahnendes Zeichen an der Wand. Die faszinierende Authentizität dieser Farbspuren, die trotz oftmaligen Abwaschens und Übermalens viel von ihrer ursprünglichen Ausführungsqualität und Leuchtkraft bewahren konnten, setzten gewissermaßen einen Maßstab für die folgenden restauratorischen Untersuchungen und schließlich für ihre – keineswegs von Anfang an als Ziel formulierte – Rekonstruktion.

Größte Priorität wurde bereits zu diesem Zeitpunkt der gutachterlichen Bewertung des Bestandes an elektrischen Stromleitungssystemen (sowohl als Überputz- wie Unterputzinstallation überkommen) hinsichtlich einer möglichen Wiederverwendung der Kabelkanäle beigemessen, um im Zuge der notwendigen Neuinstallation Planungssicherheit zu besitzen. Gleichzeitig wurden die baufesten Ausstattungselemente wie Linoleumfußböden, Einbauschränke und Türrahmen mit Spanplatten gegen mechanische Verletzung geschützt beziehungsweise Fensterbeschläge und Türblätter eingelagert.

## Die restauratorische Befundsicherung

### Befunderhebung im Inneren

Auf Grundlage der orientierenden restauratorischen Voruntersuchung wurde durch Matthias Pröpper und Stephan Butt-

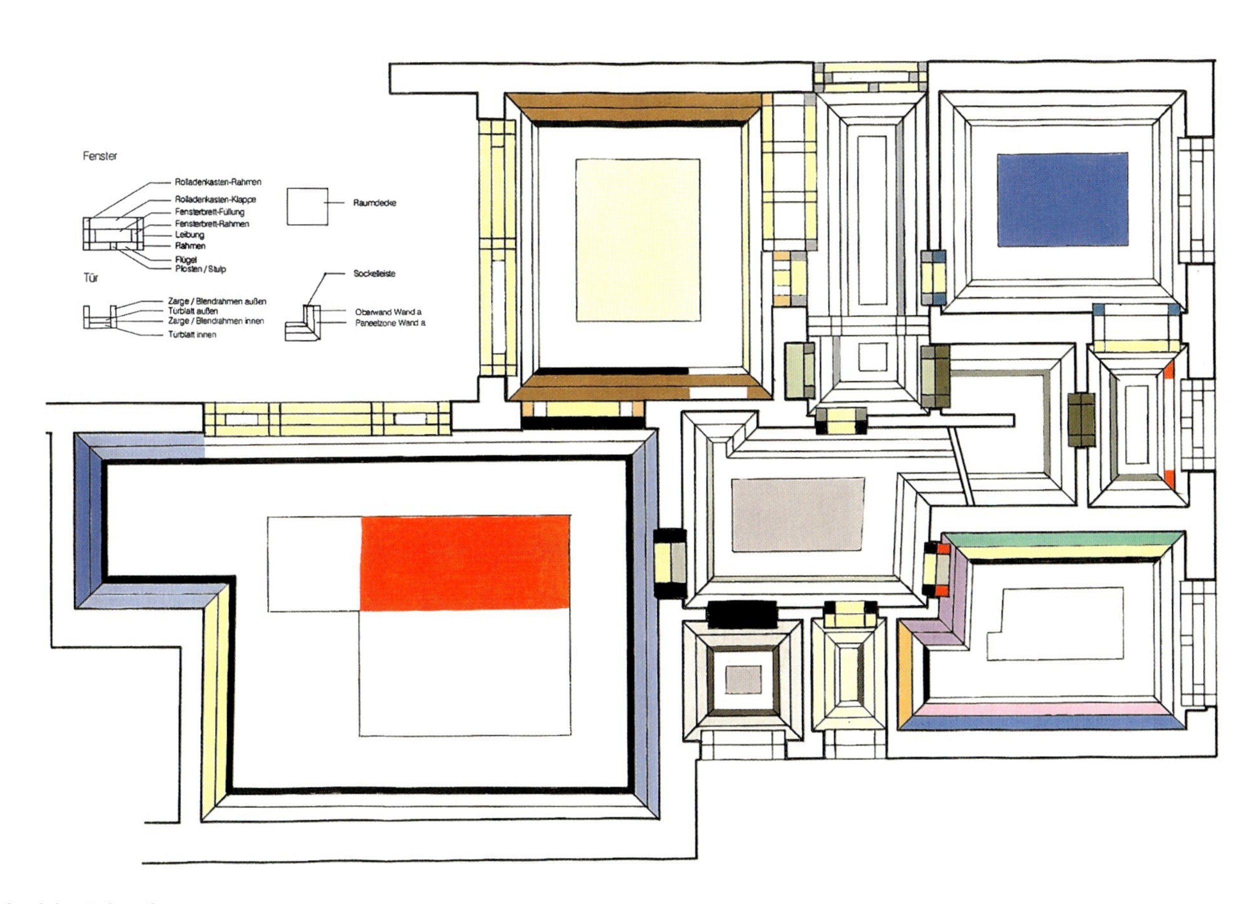


**Befundplan Erdgeschoss Haus Schlemmer, 3. Fassung, Bauhauszeit ab Schornsteineinbau bis vor 1933**

chereit eine Befunddokumentation angelegt, die auf den vom Büro Brenne erarbeiteten Wandabwicklungen und Kodierungsplänen aufbaute und diese ergänzte. Sämtliche Trägermaterialien und Beschichtungssysteme der Wand- und Deckenflächen sowie aller Ausstattungselemente und Bauglieder wurden in Schichtenabfolgen (Stratigraphien) tabellarisch erfasst und durch repräsentative Mikroschliffe illustriert. Alle untersuchten Stellen sind vor Ort schriftlich gekennzeichnet, fotografisch erfasst und in Grundrissplänen eingetragen beziehungsweise schriftlich beschrieben worden. Als vorrangiges Ziel dieser Bestandserfassung wurde zunächst die weitgehend zerstörungsarme Untersuchung und Beschreibung des Schichtenaufbaus hinsichtlich seiner Materialität (zum Beispiel Leim-, Öl-, Kalkfarbe) erachtet. Die Farbwerte wurden nach der SIGMA Farbkarte Edition 2 mit NCS (Natural Colour System)-Farbnummern in Näherungswerten beschrieben.

Die eigentliche Zuordnung der so beschriebenen Farbschichten zu einzelnen Gestaltungsphasen sollte erst in der Gesamtschau der Befundsituation erfolgen, um Fehlinterpretationen leichter ausschließen zu können. Gerade die oftmals aufwendige Maltechnik der Wandmalereiklasse, die sich in mehreren Grundierungs- und Zwischenschichten wie lasierenden Deckschichten und nicht zuletzt auch in wandbezogenen farblichen Korrekturschichten ausdrücken konnte, lässt sich erst mit der Auswertung mikrochemischer Untersuchungen der Pigmente und Bindemittel in Verbindung mit der mikroskopischen Untersuchung der Mikroschliffe diskutieren und interpretieren.

## Die Befundlage

Im Gegensatz zur besonderen Befund-

Ehemaliges Atelier im Haus Muche; obere Wände mit Balken und Alttapete hinter der entfernten Zwischendecke

dichte der Farbgestaltungen im Meisterhaus Kandinsky/Klee beschränkten sich diese im Meisterhaus Muche/Schlemmer auf nur zwei bis drei Gestaltungsphasen, die sichere Rückschlüsse auf ein raumübergreifendes Farbkonzept zulassen. Im Fall der Meisterhaushälfte Muche konnten sich nur wenige, gestalterisch eher unwesentliche Abweichungen zwischen der Farbgestaltung für den Erstbewohner Georg Muche und den Folgeanstrichen für den Nachmieter Hinnerk Scheper, der elf Monate nach der Eröffnung das Haus bezog und dort bis zur Schließung des Bauhauses im Juli 1933 offiziell wohnte, nachweisen. Auch im Haus Schlemmer changieren die Farbkonzepte des Erstbewohners Schlemmer und der Nachmieter Alfred Arndt und Joost Schmidt lediglich in den Helligkeitswerten, ja es kann sogar davon ausgegangen werden, dass Bau- und Ausstattungsteile ohne neuerliche farbliche Behandlung eingebunden wurden. Darüber hinaus scheint die getrennte Wohnnutzung einzelner Räume offensichtlich eine dritte, nicht durchgängig nachweisbare und nicht mit dem gleichen gestalterischen Anspruch getätigte Oberflächenbehandlung bedingt zu haben.

Befundsicherung im Wohnraum Haus Muche, Einhausung Türrahmen, Schlitzung der Wand

In Ermangelung von raumübergreifenden Leitschichten ließen sich gerade in Hinblick auf die Jahre 1933 bis 1939, aber auch in Bezug auf die Kriegs- und Nachkriegszeit keine synchronen Gestaltungsabsichten dokumentieren. Zur Veranschaulichung der nachgewiesenen Systeme farbiger Flächengestaltung und als

Schichtenabfolge Innenräume Schlemmer

Diskussionsgrundlage für den weiteren Umgang mit diesen wurden schließlich durch die Restauratoren Pröpper und Buttchereit Plansätze mit einer bauteilbezogenen – aus drucktechnischen Gründen nicht authentischen – Farbwiedergabe der Befunde und einer raumweise aufbereiteten Dokumentation von so genannten 'Zeitschienen' angefertigt, die sich an der relativen Chronologie der nachweisbaren Mietnutzungen (1926/1926-29/1929/1939/nach 1945) orientierten.

**Befunderhebung an den Fassaden**

Auch der Befundsicherung von bauhauszeitlichen Gestaltungssystemen im Außenbereich ging eine durch Matthias Pröpper vorgenommene Bestandsaufnahme des 'Ist-Zustandes' entsprechend der bereits für die Untersuchung der Innenraumfarbigkeiten formulierten Dokumentationsanforderung voraus. Die Fassadenabwicklungen wurden zunächst überblicksweise hinsichtlich ihrer Zusammensetzung und ihrer Oberflächenphänomene und einer ersten chronologischen Zuordnung kartiert und in einer farbigen Übersicht quantifizierbar aufbereitet (Dokumentation 4/99):

1. Zementhaltiger Rauputz (wohl nach 1945 aufgebracht).
2. Glattputz von 1926 (mehrfach überstrichen).
3. Glattputz (im Zuge des Ausbruches der Treppenhausfenster etwa 1939 eingebracht).
4. Putz-Totalverlust.

Zur Schaffung von Grundlagen für weiterreichende konzeptionelle Erörterungen in Hinblick auf die Zielstellung einer eventuellen Präsentation der Zeitschiene 1933 bis 1939, aber auch als Grundlage für den restauratorisch-konservatorischen Umgang mit entstehungszeitlichen Putzen und Anstrichen wurde diese Bestandsaufnahme weiter hinsichtlich der bauzeitlichen Oberflächen präzisiert:

1. Vermutlich gut erhaltene Glattputzflächen von 1926 (nach der Entfernung des Rauputzes).
2. Vermutlich gut erhaltene Glattputzflächen von 1926 (hinter den nachträglich vorgesetzten Schornsteinen).
3. Gut erhaltene, mehrfach überstrichene Glattputzflächen von 1926.

4. Putz-Totalverluste.

Gleichzeitig wurden vom Labor für Baudenkmalpflege, Naumburg, materialkundliche Untersuchungen an Baustoffproben (Berichtsnummer 09/99) wie Putz, Mauermörtel, Schlacke- und Ziegelsteine, Beton, Dachabdeckungsmaterial sowie Terrassenbodenplatten vorgenommen. Ziel der Untersuchung war die Bestimmung der Materialzusammensetzung und der bauphysikalischen Eigenschaften.

Als Schadensursache konnten überraschenderweise keine materialimmanenten Mängel, sondern lediglich die über lange Jahre mangelhafte Bauwerkserhaltung beziehungsweise die Verwendung inkompatiblen Reparaturmaterials benannt werden. Aufgrund der festgestellten geringen Belastung mit Schadsalzen wurde eine Festigung des bauzeitlichen Putzes als wünschenswert erachtet und Vorschläge für die Zusammensetzung eines kalkgebundenen, eventuell leicht hydraulischen Reparatur- und Ergänzungsputzes unterbreitet (Sieblinie, Bindemittel-Zuschlagsverhältnis). Die Empfehlung für einen Neuanstrich, gemäß einem als bauzeitlich vorausgesetzten Keimfarbenanstrich (wohl aufgrund der Archivalien), war zu diesem Zeitpunkt bereits durch mikrochemische Untersuchungen in einem so genannten Blindtest bei ProDenkmal, Bamberg[2] und beim Farbenhersteller KEIM[3] obsolet, da beide Analysen eine Kalk-Öl-Emulsion mit geringem Zusatz von Wasserglas nachweisen konnten. Darüber hinaus erbrachte die Auswertung der Mikroschliffe von Matthias Pröpper einen freskalen Kalkanstrich als Grundanstrich.

Putzschaden im Bereich der Ostfassade, aufgebrochene Hohlstelle, Dezember 2000

### Vorbereitung und Durchführung der Erhaltung bauzeitlicher Oberflächen im Außenbereich

Die gründlichen Voruntersuchungen der Restauratoren Pröpper und Buttchereit sowie des Büros Brenne schufen eine breite und realistische Diskussionsgrundlage im Vorfeld der endgültigen Konservierungskonzeption und halfen, einen tragfähigen Konsens zwischen der denkmalpflegerischen Forderung des weitestgehenden Substanzerhalts, der technischen Möglichkeiten und Grenzen der Bearbeiter und Planer sowie den finanziellen Möglichkei-

**Feinschadenskartierung der Nordfassade, Dezember 2000**

ten der Stadt und der Wüstenrot Stiftung zu finden. Zur Gewährleistung einer maximalen Planungssicherheit wurden die Ausführungsleistungen beschränkt und in drei Losen ausgeschrieben, um damit die Möglichkeit der getrennten Vergabe offen zu halten. Die Leistungen 'Konservierung/Restaurierung von Altputzen/Neuverputzung/Anstricharbeiten in Fresco- beziehungsweise Seccotechnik' sollten zwischen Restauratoren und handwerklichen Restauratoren mit entsprechend nachzuweisenden Kompetenzen aufgeteilt werden. Zur Sicherung eines nachhaltigen Konservierungserfolges wurde die Wiederherstellung der hydrophilen Eigenschaften des teilweise durch Dispersions-, Alkydharz- und Ölfarbenanstriche kontaminierten bauzeitlichen Kalkfarbenanstriches als vorrangiges Ziel formuliert. Diese Aufgabenstellung wurde anlässlich einer Einweisung vor Ort drei gleich qualifizierten Restauratorenteams mit gleicher Zielstellung erläutert.[4] Die Arbeitsmethodik wie die Wahl der Hilfsmittel und Materialien wurde den Bearbeitern – natürlich unter Beachtung der üblichen restauratorischen Standards – freigestellt. Im Ergebnis konnten durchaus qualitativ unterschiedliche Musterarbeiten diskutiert und bewertet werden.[5]

Um ein klareres Bild vom bauzeitlichen Bestand und von dessen Erhaltungszustand zu erlangen, wurde im Herbst 2000 die schonende Abnahme der aufliegenden neuzeitlichen Putze beschlossen. Diese wurden durch Mitarbeiter der Firma Hollerung unter Anleitung der baubegleitenden Restauratoren des Atelier Schöne

**Strukturschaden durch Bindemittelverlust an der Westfassade Haus Muche, Dezember 2000**

Ansicht Nordfassade Haus Muche nach der Spritzputzabnahme, Dezember 2000

abgenommen. Dabei musste darauf geachtet werden, dass gelockerte, aber teilweise noch haftende, oder deformierte beziehungsweise oberflächenreduzierte Schollen bauzeitlichen Putzes erhalten blieben und – wo notwendig – punktuell notgesichert wurden. Hartnäckig haftende jüngere Putze wurden bewusst für eine künftige Nachbehandlung vorerst belassen. Anschließend wurde durch das Atelier Schöne eine restauratorische Erfassung und Kartierung der Schäden am Fassadenputz (Feinschadenskartierung)[6] entsprechend einer mit dem Büro Brenne und dem Landesamt für Denkmalpflege abgestimmten Phänomenologie vorgenommen. Folgende Kategorien wurden zusammengefasst und grafisch dargestellt:

1. Fehlstellen im Putzbestand.
2. Putzergänzungen, die zusammen mit dem Spritzputz ausgeführt wurden.
3. Historische Putze mit stark geschädigter Oberfläche.
4. Putzbereiche mit starken strukturellen Schäden.
5. Hohlliegende Putzbereiche (Ablösung >1 cm).
6. Hohlliegende Putzbereiche (Ablösung <1 cm).

Entsprechend den vorliegenden Schadensbildern wurden die Möglichkeiten einer Konservierung und Restaurierung erörtert und hinsichtlich ihrer praktischen und ökonomischen Umsetzbarkeit diskutiert. Im Ergebnis wurde von der Forderung nach Erhaltung bauzeitlicher Putze Abstand genommen im Falle von

- Flächen mit fehlendem Oberputz;
- Putzen mit stark reduzierter oder fehlender Oberfläche;
- Flächen mit Deformationen und Hohllagen über 1 cm;
- Putzen im Sockelbereich bis etwa 0,50 m;
- jüngeren Putzergänzungen.

Erhalten und konservatorisch behandelt werden hingegen:

- alle ungeschädigten Flächen;
- Hohllagen unter 1 cm;
- Flächen mit strukturellen Schäden, sofern sie innerhalb von zu erhaltenden Flächen liegen.

Ansicht der Nordfassade, Ecke Westfassade nach der Spritzputzabnahme, Dezember 2000

**Die Erhaltung der Außenputze**

Zur Konservierung der bauzeitlichen Putzflächen wurde zunächst eine mechanische Flankensicherung durch Anböschen mit einem schwach gebundenen Kalkmörtel oder – im Falle geringfügig klaffender Bereiche – mit dispergiertem Kalkhydrat (Deffner & Johann) beziehungsweise mit einer damit gebundenen Putzschlämme vorgenommen. Hohlliegende Putzflächen wurden anschließend, um eine Plombenbildung auszuschließen, mit dispergiertem Kalkhydrat nicht vollständig verfüllt, sondern lediglich punktuell kraftschlüssig wieder an den Untergrund angebunden. Nachdem eine strukturelle Festigung von Altputzen nicht notwendig wurde, konnte auf eine Anwendung von ursprünglich vorgesehenen Kieselsäureesther-Produkten verzichtet werden. Für die Bestimmung des schließlich zur Anwendung kommenden Neuputzes (entsprechend der bei der Voruntersuchung bestimmten Parameter Kornfarbe, Korngröße Sieblinie, Bindemittel) wurden zwei Fertigtrockenmörtel – ein werkseitig konfektionierter und eine Sondermischung – sowie eine Baustellenmischung mit Sumpfkalk und örtlichen Sanden beprobt und unter bauphysikalischen (Druckfestigkeit, dynamisches E-Modul, Haftzugfestigkeit) wie ästhetischen Gesichtspunkten (die Putzfarbigkeit sollte nicht über Pigmentierung erreicht werden!) bewertet.[7]

Nach Abwägung aller Vor- und Nachteile fiel die Entscheidung zu Gunsten einer Baustellenmischung mit Sand aus Wörbzig (Kreis Köthen) und einjährigem Sumpfkalk, der im technischen Denkmal Ziegelei Hundisburg bei Haldensleben (Sachsen-Anhalt) hergestellt wird.[8] Nach der Reparatur und Ergänzung mit diesem in Textur und Faktur (Werkspur) dem bauzeitlichen Putz weitgehend angepassten, aber aus konservatorischen Gründen schwächer gebundenen Putzmaterial wurde durch den Handwerker unter Anleitung des Restaurators ein erster freskaler Grundanstrich entsprechend der Befundlage aufgebracht. Anschließend wurde durch die Restauratoren die schrittweise Reduzierung bezeihungsweise die Abnahme der jüngeren Anstriche im JOS-Wirbelstrahlverfahren vorgenommen, der dann eine Reinigung der Gesamtfläche (Alt- und Neuputze) mit Heißdampf zur

Putzmuster an der Südwestseite Haus Schlemmer

Entfernung von Strahlgutresten, Staub und Kalkschleiern etc. folgte. Schließlich wurden die notwendigen Konzentrationen für das Anätzen der unterschiedlichen Untergründe ermittelt und durch Prüfen und wiederholtes Bewerten des Wassereindringvermögens eingestellt.

Zur Homogenisierung der unterschiedlich saugenden Untergründe und des optischen Erscheinungsbildes – ohne aber jegliche Altersspuren tilgen zu wollen – erschien der Rückgriff auf ein geringfügig mit Zuschlag- und genormten(!) Vergütungsstoffen, die selbstverständlich gegenüber der Denkmalpflege vollständig deklariert wurden, am zweckmäßigsten und am besten beherrschbar.[9]

**Das Ergebnis der baubegleitenden restauratorischen und mikrochemischen Farbuntersuchungen an den Fassaden**

Während dieser Arbeiten wurden durch Matthias Pröpper Folgeuntersuchungen an bislang von jüngeren Putzen verdeckten oder bislang nicht zugänglichen Fassadenbereichen vorgenommen. Aufgrund der überraschend differenzierten Farbbefunde trat verstärkt die Frage nach der chronologischen Einordnung einer an der West- und Ostfassade des Hauses Muche und an den Terrassenmauern nachweisbaren lichtgrauen Farbigkeit in den Vordergrund. Neben der Fragestellung nach ihrer bauzeitlichen beziehungsweise bauhauszeitlichen Entstehung erschien vor allem die Klärung der Anstrichtechnik wichtig, zeigte sich doch bereits augenscheinlich zwischen der Ost- und Westfassade und innerhalb der Westfassade wiederum ein unterschiedliches Oberflächenbild, das auf einen Wechsel in Bindemittel und Pigmentierung hinwies.

Nachdem bis dato an keinem der anderen Meisterhäuser ein derart feinkalibrierter Fassadenanstrich nachgewiesen werden konnte, musste vor einer eventuell möglichen und gewünschten Rekonstruktion eine nachvollziehbare und unzweifelhafte Grundlage geschaffen werden. Diese konnte durch die Anfertigung von Querschliffen (M. Pröpper) sowie durch die mikrochemische Analyse von Bindemittel und Pigmentzusammensetzung durch Dr. Rehbaum (ProDenkmal) geschaffen werden, die zweifelsfrei folgendes Bild ergaben: An der Westfassade des Hauses Muche wurde als Erstfassung (direkt auf dem freskal gekalkten Putz) zunächst ein lichtgrauer Anstrich auf Kalkkaseinbasis im Fassadenbereich um die Eingangstür unter dem auskragenden Atelier nachgewiesen. Überraschenderweise erfolgte dann – ob zeitgleich oder nach einer gewissen Standzeit ließ sich nicht klären – im übrigen freibewitterten Fassadenbereich ein Bindemittelwechsel zu Reinsilikat (Keim'sche Mineralfarben?), bei gleichbleibender Pigmentierung und somit gleichem Farb- und Helligkeitswert. Darüber hinaus lässt sich eine Änderung der Gestaltungsabsicht aufgrund der geringen Schichtstärke der Farbe, die einen Lasureffekt bedingt, und anhand der Werkspur, die auf eine Applikation mit der

Schliffbild einer Fassadenfläche.
Schichtenabfolge:
- bauzeitlicher Putz
- gebrochen weiße Schicht
- graue Schicht (bauzeitlich)
- weiße Schicht (nur im Putzbereich oberhalb der bauzeitlichen Putznut)

Spritzpistole verweisen könnte, vermuten. Dagegen ist die Hauseingangstür mit einer gelben Laibung und einem weißen Sturz, deckend auf Kalkkaseinbasis, gestrichen; ferner sind die gänzlich weißen Gewände der Fenster im Erdgeschoss und im ersten Obergeschoss abgesetzt.

Die Ostfassade erscheint in einer differenzierten Behandlung: Die zurückliegenden, natürlich verschatteten Wandflächen des Erdgeschosses verblieben in (Kalk-) Weiß, lediglich kontrastiert durch das auf Kalkkaseinbasis gestrichene Anthrazit der Fensterlaibungen und durch das feurige, weil zweilagig (deckender nickeltitangelber Grundanstrich, lasierter mennigeroter Deckanstrich) gestrichene Orange der Balkonuntersichten. Die zurückliegende süd-

Schichtenabfolge der Fassadenfläche im 1. Obergeschoss am Balkonaustritt Haus Muche

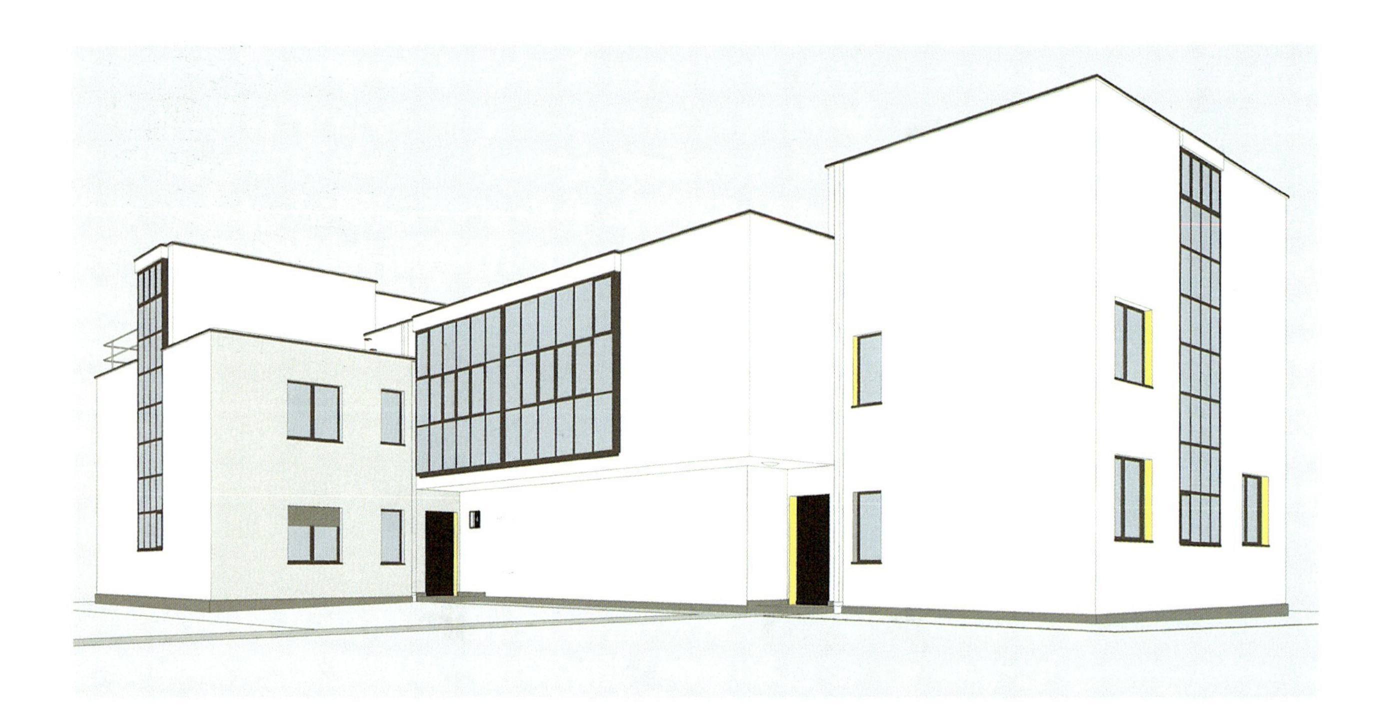

Farbdarstellung Straßenansicht, heutiger Zustand

östliche Fassadenfläche im Bereich des Balkonaustrittes im ersten Obergeschoss sowie der darüber in das zweite Obergeschoss eingreifende und bis zum dortigen Dachaustritt reichende Fassadenbereich nimmt hingegen wieder das Lichtgrau auf. Dieses wird im nischenartig zurückgesetzten Dachaustritt des Treppenhauskopfes wirkungsvoll durch einen aus sich leuchtenden Orangeton – der durch einen deckenden Grundanstrich in Nickeltitangelb und einer Lasur in Mennigerot erreicht wird – und durch das Kalkweiß der anschließenden Fassade abgelöst. Das nach Norden gerichtete, geschossübergreifende Treppenhausfenster setzt sich anthrazitfarben vom Kalkweiß der Fassade ab und lässt um so wirkungsvoller das kräftige Gelbocker (deckender nickeltitangelber Grundanstrich, lasierter ockerfarbener Deckanstrich) der innenliegenden Laibung nach außen erscheinen.

Die Haushälfte Schlemmer spielt hingegen mit dem Kontrast von Nickeltitangelb und Weiß beziehungsweise Weiß und hellem Grau sowie Weiß und Anthrazit in den Fenster- und Türlaibungen, wobei dieses Mal auch die äußere Laibung des westlichen Treppenhausfensters eingeschlossen ist. Die innenliegende Laibung des westlichen Treppenhausfensters kontrastiert dazu mit einem leuchtenden Mennigerot. Als einzige Fassadenwand erscheint die Ostwand (Esszimmer Schlemmer) der Terrasse im Erdgeschoss in hellem Grau, während die übrigen Außenwände in Kalkweiß strahlen. Die Unterseiten der (Balkon-)Kragplatten im Erdgeschoss und am Treppenhauskopf nehmen den Gelbton wieder auf.

Zwei offensichtlich absichtsvolle Varianten fallen ins Auge: Einmal an der Nordfassade, wo die gelbe Laibung der Hauseingangstür – wie am Haus Muche – mit einem weißen Sturz kontrastiert, während die Toilettenfenster dazu im Erdgeschoss in Grau (Laibung) und Weiß (Sturz) und im ersten Obergeschoss in Gelb (Laibung) und Weiß (Sturz) alternieren. Zum anderen überraschen die Fensterlaibungen des südlichen Erdgeschosses (Wohnzimmer und Esszimmer Schlemmer) mit einem glänzend schwarzen Alkydharzlack und einem dazu in Kontrast stehenden matten, kreidigen weißen Sturz. Im Bereich der Terrassentüren, wo eine Laibung lediglich

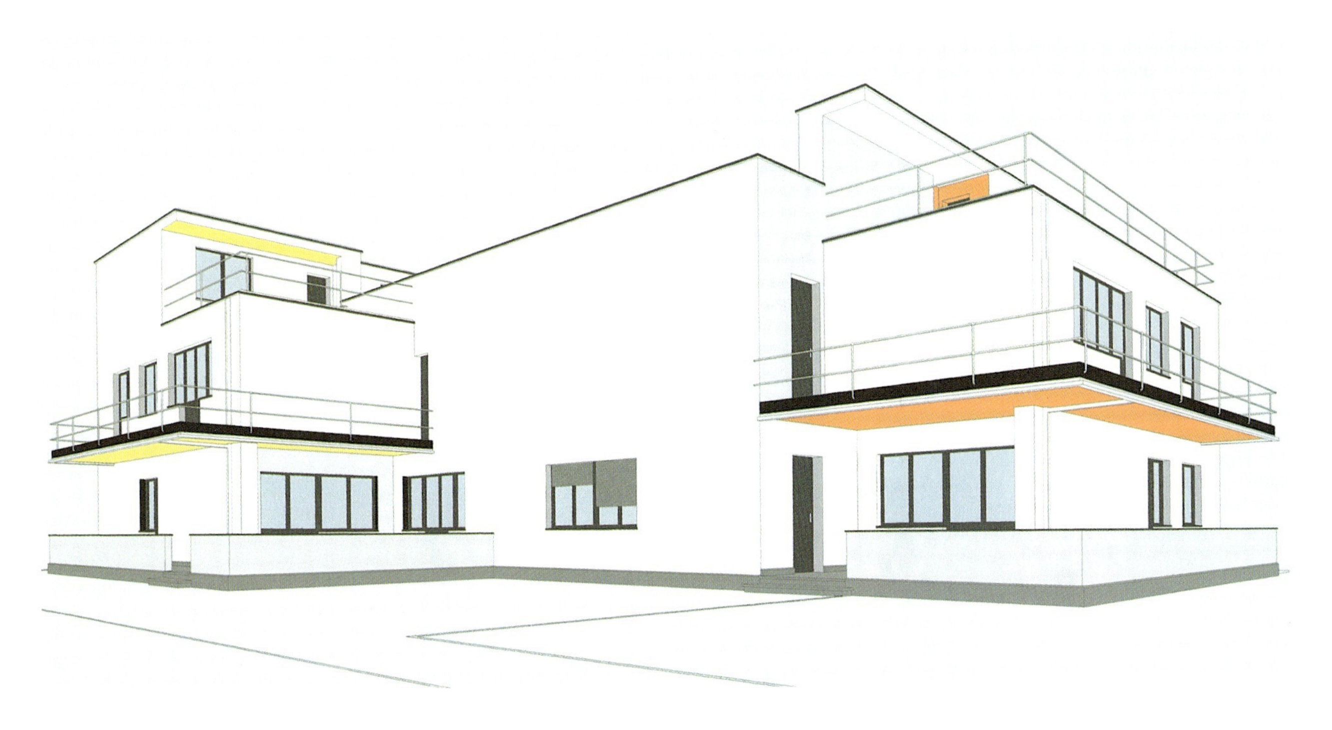

Farbdarstellung Gartenansicht, heutiger Zustand

durch die Vormauerung der Fenster gegeben ist, wird diese durch ein lichtes, ebenfalls matt erscheinendes Grau sowie, und das ist bemerkenswert, beim Austritt des Wohnzimmers singulär mit Gelb abgesetzt.

Während diese kontrastreiche Gestaltung am Haus Schlemmer eindeutig als Erstfassung nachweisbar ist[10], lässt sich der schwarze Alkydharzlack am Haus Muche erst als eine Art Zweit- oder Korrekturfassung (Erstfassung: helles, kalkkaseingebundenes Grau) beschreiben, da ein zweischichtiger Aufbau, etwa in Art einer Lasur, aufgrund des Bindemittelwechsels von Kalkkasein zu Alkydharz ausgeschlossen werden kann. Nachdem für eine nicht mehr bestimmbare Zeit diese beiden Gestaltungsvarianten offensichtlich koexistierten und alle weiteren Interpretationsansätze hinsichtlich der Beweggründe für dieses Vorgehen rein spekulativer Natur sind, entschied sich die Projektgruppe zu einer Rekonstruktion beider Gestaltungsprinzipien. Die Fenster und Türen des ersten Obergeschosses nehmen das vom Haus Muche aufgegriffene Motiv der hellgrauen Laibung und des weißen Sturzes auf. Bei beiden Haushälften erscheinen die anthrazitfarbenen Türblätter der Terrassen- Balkonaustritte sowie die Frontansicht der Balkonkragplatten als wichtiges Element der farbigen Fassadengliederung.

Das vor allem durch die von Gropius selbst maßgeblich bestimmte und durch entsprechende bildtechnische Manipulationen akzentuierte überlieferte Bild der weißen Kuben, die sich nur in den geschützten Bereichen, wie den Untersichten und den zurückliegenden Wandbereichen der Balkon- und Atelierkragplatten sowie der Fenster- und Türlaibungen, farbig offenbaren, erfährt im Fall des Meisterhauses Muche/Schlemmer somit eine Neubewertung, die vielleicht experimentellen und theoretischen Überlegungen zum Licht-Farbe-Form-Problem geschuldet war. Augenscheinlich unterstreicht und potenziert das gewollte Absetzen einzelner Fassadenbereiche durch unterschiedliche Grauwertnuancen den Kontrast zu den weißen Flächen sowie die natürlichen Licht- und Schattenverhältnisse der 'Bauplastik'.

**Zur Materialtechnik der Rekonstruktion der Außenfarbigkeit**

Trotz der durchaus als sensationell zu bezeichnenden Befunde, die eine mit subtiler Farbwertdifferenzierung, durchdachtem Schichtenaufbau und überraschenden Glanzgraden erreichte und gewissermaßen komponierte Fassadenfarbigkeit zum Vorschein gebracht hatten, fiel die Entscheidung für eine Rekonstruktion zunächst nicht selbstverständlich. Neben der bereits angesprochenen offenen Fragestellung bezüglich der zeitlich versetzten und materialtechnisch unterschiedlichen Behandlung der Fensterlaibungen im Erdgeschoss der beiden Doppelhaushälften galt es die Integration von so genannten Fehlstellen zu klären. Dazu zählt etwa die farbige Behandlung der Kragplattenuntersicht des Treppenhauskopfes wie die der Tür- und Fensterlaibungen der südlichen Terrassenfront des Esszimmers am Haus Muche, die auf bauliche Veränderungen noch zur Bauhauszeit beziehungsweise auf die Teil-Zerstörung der Jahre 1933 bis 1939 zurückzuführen sind, die Farbe der Fallrohre (vermutlich im Farbton der Wand 'weggestrichen'), der Kastenrinne und die Frontansicht der Balkonkragplatten.

Mit Hilfe einer vom Büro Brenne nach den Farbbefunden erstellten farbigen Isometrie des Meisterhauses konnte schließlich eine Diskussionsgrundlage geschaffen werden, die es allen Projektpartnern ermöglichte, eventuelle Schwachstellen der Interpretation beziehungsweise die Risiken von Analogieschlüssen abzuschätzen.

Nachdem der klassische Ausweg, Fehlstellen mit so genannten 'Neutralfarben' zu behandeln, ausscheiden musste (die Farbigkeit der Bauhausbauten lässt keine Neutralfarbe zu!), entschied sich die Projektgruppe in Rückgriff auf analoge Farbkonzepte (zum Beispiel Flugdach Ateliergebäude, Bauhausgebäude und Farbigkeit der Oberflächen im Bereich der Terrassen und Balkone der Meisterhäuser) für eine kalkweiße Flächenbehandlung. Ausdrücklich wurde aber die Möglichkeit einer Angleichung der Tür- und Fensterlaibungen im Bereich der Terrasse des Hauses Muche analog der übrigen Gestaltung (Laibung hellgrau, Sturz weiß) offengehalten.

Die Rekonstruktion der bauhauszeitlichen Erstfassung der Außenfarbigkeit ging zunächst von den durch Dr. Rehbaum, ProDenkmal, erarbeiteten Bindemittel- und Pigmentanalysen aus, die eine weitgehende materialidentische Reparatur und Rekonstruktion der historischen Farbsysteme ermöglichte. Nach der Dokumentation und Sicherung sämtlicher Primärbefunde in situ beziehungsweise nach der Entnahme von zur Archivierung vorgesehenen Rückhalteproben wurden fünf Bearbeitungsvarianten verfolgt:

- Reparatur und Rekonstruktion des flächigen weißen Kalkanstriches;
- Vorbereitung des Untergrundes der West- und Ostfassade des Hauses Muche für eine Behandlung mit Keim'schen Mineralfarben in A-Technik im Sprühverfahren;
- Streichen sämtlicher Tür- und Fensterlaibungen mit unterschiedlichen Bindemittelkontaminationen in Dispersionssilikat bezeihungsweise nach Befund mit Alkydharzlack;
- Berücksichtigung der mikrochemisch nachgewiesenen historischen Pigmentqualitäten (Ausnahme: Bleimennige).
- Behandlung der exponierten und zudem zur Gänze rekonstruierten Terrassenmauer (bauzeitlicher Putz und Farbigkeit sind als Primärdokumente erhalten und archiviert) und des ebenfalls rekonstruierten Fahrradschuppens mit Dispersionssilikat statt Reinsilikat.

Zeitungsmakulatur von 1939 im Atelier Muche nach Abbruch der Vermauerung

**Zum Umgang mit den Befunden der Innenraumfarbigkeit**

Sämtliche während der Voruntersuchung und während der Befunderhebung restauratorisch geöffneten Bereiche wurden bereits vor Beginn der Rückbauarbeiten im Inneren gesichert und mit Japanpapier gegen Verschmutzung geschützt. Diese Bereiche sollten nach der konzeptionellen Festlegung für eine zu rekonstruierende Zeitschiene zur weiteren Untersuchung leicht zugänglich vorgehalten werden. Gleichzeitig erfolgten Probeentnahmen für weiterreichende mikrochemische Untersuchungen durch Dr. Rehbaum, Pro-Denkmal, und Rückhalteproben wurden zur Archivierung entnommen. Die kulturhistorisch interessanten Zeitungs- und Tapetenfragmente aus den dreißiger Jahren im Atelier Muche, (über der Galerie und oberhalb der später eingezogenen Zwischendecke) wurden ebenfalls gefestigt und mit Japanpapier oder Makulaturtapete gesichert.

Die Gesamtauswertung der restauratorischen und naturwissenschaftlichen Farbuntersuchungen und der darauf aufbauenden grafischen Befunddarstellungen ließ sehr schnell erkennen, dass eine nahezu vollständige Rekonstruktion farbiger Flächengestaltungen aufgrund der umfangreichen Materialverluste durch nutzungsbedingte Überformungen sowie nicht zuletzt durch die Brand- und Kriegsschäden ganzer Raumfolgen – vor allem im Haus Muche – nicht möglich war. Nach langer, intensiver Diskussion wurde von der Projektgruppe folgende differenzierte Vorgehensweise festgelegt: Auf die jeweilige Befunddichte einer jeden Doppelhaushälfte bezogen wird die farbige Flächenbehandlung einer möglichst zusammenhängenden Raumfolge in Art einer „didaktischen Nachbehandlung“[11] auf Grundlage der Befunde materialidentisch rekonstruiert. Nachdem als Ergebnis der Untersuchungen die Bedeutung der Einzugsfassung von 1926 auch im Inneren als überragend eingestuft werden musste, ergibt sich somit – trotz schmerzlicher Verluste – eine gestalterische Kongruenz zur Außenfarbigkeit. Räume, die eine gestörte und unvollständige, somit eine Rekonstruktion ausschließende Befundlage aufweisen, sollten anhand von einheitlichen und eindeutig von bauhaustypischen

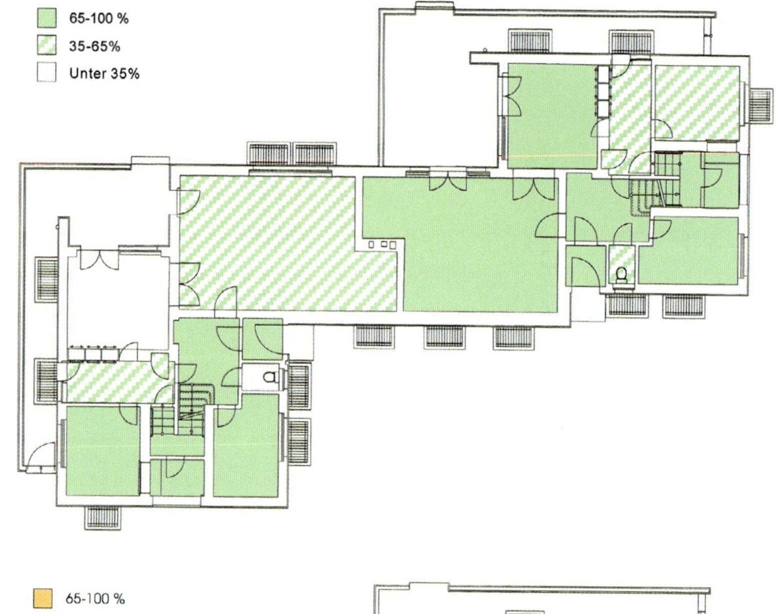

**Nachweisbarkeit der
1. Zeitschiene 1926-1933
Erdgeschoss**

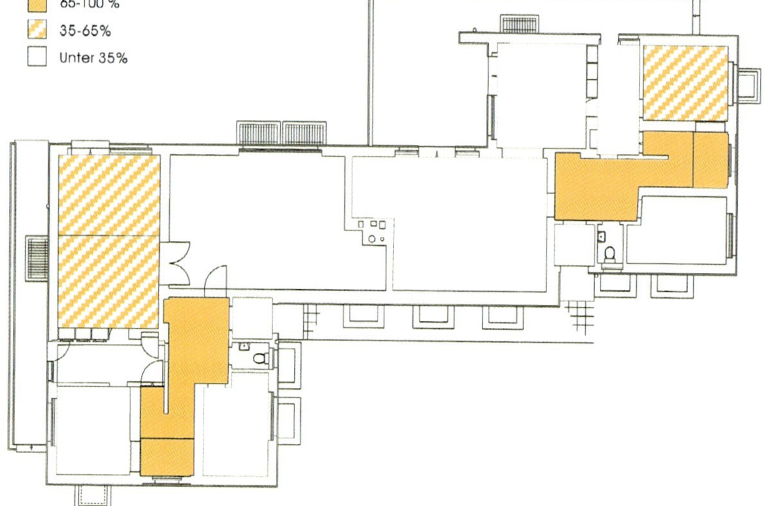


**Nachweisbarkeit der
2. Zeitschiene 1933-1945
Erdgeschoss**

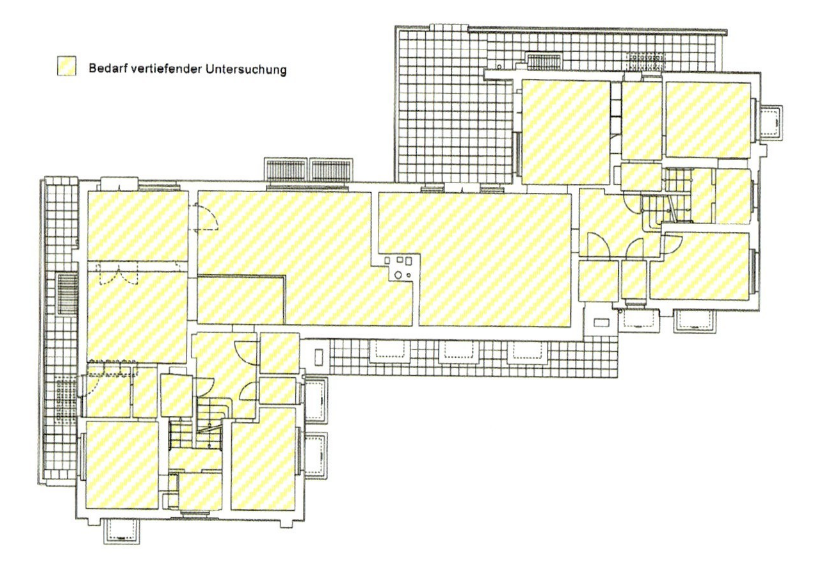


**Nachweisbarkeit der
3. Zeitschiene nach 1945
Erdgeschoss**

Oberflächen unterscheidbaren Gestaltungskriterien behandelt werden. Mit Hilfe der genannten Kriterien sowie unter Berücksichtigung der finanziellen und denkmalpflegerischen Machbarkeitsgrenzen und nicht zuletzt der zukünftigen Nutzung konnten folgende Raumfolgen definiert werden: im Haus Muche der Eingangs- und Treppenhausbereich, das 'schwarze Zimmer' (1. OG), das Badezimmer (1. OG) und Schlafzimmer (1.OG); im Haus Schlemmer der Eingangs- und Treppenhausbereich sowie das Wohn- und Esszimmer im Erdgeschoss.

### Die Vorbereitung der Untergründe für die Rekonstruktion der farbigen Flächenbehandlung

Die Grundlagen für eine nachhaltige Behandlung mit so genannten Pufferschichten, die von der Abteilung Restaurierung des Landesamtes für Denkmalpflege zusammen mit freiberuflich tätigen Restauratoren bei der Sicherung von bauhauszeitlichen Oberflächen aus Anlass der Instandsetzungs- und Rekonstruktionsarbeiten am Bauhausgebäude und am Meisterhaus Kandinsky/Klee erarbeitet worden waren, konnten im Zuge der breit geführten Diskussion über die zukünftige Qualität dieser Oberflächen präzisiert und qualifiziert werden. Am Haus Kandinsky/Klee musste vom Landesamt für Denkmalpflege – gewissermaßen aus Gründen der Disziplinierung – noch die vollflächige Kaschierung aller Wandoberflächen gefordert werden, um eine Aura der Unantastbarkeit zu schaffen, die schließlich in der Lage war, weiteren Schaden abzuwenden. Gleichzeitig musste das Amt hinnehmen, dass sich der Wunsch des Nutzers durchsetzte, so genannte 'Zeitfenster' in Form von Befundpräparaten jüngerer Überformungsphasen sichtbar zu belassen und die rekonstruierten farbigen Flächen in einer eigenwilligen, weil synkretistischen Weise zu behandeln.

Der Verzicht auf die vom Landesamt für Denkmalpflege geforderte Rekonstruktion einer der Bauzeit entsprechenden Putzoberfläche beziehungsweise putzähnlichen Neubeschichtung zugunsten eines Leimfarbenanstriches direkt auf der Kaschierung mit Teefilterpapier führt heute zu einer optischen Interferenz zwischen ei-

Zeitungsmakulatur nach der Sicherung mit Japanpapier

Zeitungsmakulatur nach zusätzlicher Überdeckung mit Makulaturtapete

nem künstlich geschaffenen 'Alterswert' der Untergründe und einer Neuwertigkeit der Oberflächen, die beide Qualitäten in ihrer potentiellen Erscheinung und Aussage schmälert. Der durch die Kaschierung mit Teefilterpapier entstehende Weichzeichnereffekt dämpft zum einen die Authentizität der Reparaturphasen des Innenputzes, einschließlich der oft handwerklich unzulänglichen Bearbeitungsspuren der jüngeren und jüngsten Vergangenheit; zum anderen führt er mit der Rekonstruktion der zu Recht sensationell zu nennenden farbigen Flächenbehandlung zu einer Ästhetisierung des Banalen, die in krassem Gegensatz zu den ästhetischen Intentionen des Bauhauses steht und den eigentlich 'didaktisch' zu nennenden Ansatz einer materialidentischen Rekonstruktion der bauhauszeitlichen Farbgestaltung, die angesichts ihrer spektakulären Wiederentdeckung vorrangig einzuschätzen gewesen wäre, verunklärt und konterkariert.

Die Diskussion dieser unterschiedlichen Konzepte der Projektgruppe führte im konkreten Fall, nämlich bei der für die Rekonstruktion vorgesehenen Raumfolge im Meisterhaus Muche/Schlemmer, zu einer einmütigen Entscheidung zu Gunsten einer materialidentischen Rekonstruktion. Für alle übrigen Räume – die so genannten Konzepträume – wurde eine den 'Alterswert' der Oberfläche sichtbar belassende Kaschierung mit Makulaturpapier beziehungsweise der teilweise Auftrag eines putzähnlichen wasserlöslichen Zellulosespachtels (zur Beruhigung von den Gesamteindruck beeinträchtigenden Fehlstellen) und schließlich eine einheitliche Wandfarbe (gebrochenes Weiß) vorgesehen. Die klare Entscheidung der Projektgruppe für dieses zweigleisige Vorgehen und die anschließende Erarbeitung differenzierter Kriterien einerseits für den Schutz und für die Darstellung historischer Oberflächen und andererseits für eine konsequente – weil den historischen Untergründen (Träger aus Putz, Holz und Metall) und Farbigkeiten in ihrer Qualität (gemäß der Terminologie des Bauhauses als 'struktur, textur, faktur' beschrieben) gleichermaßen gerecht werdende – Rekonstruktion[12] bot so die Möglichkeit, sich diesen beiden Problemkreisen, nämlich der 'Bewahrung des Alterswertes von

Oberflächen' und der 'materialidentischen Rekonstruktion von Oberflächeneigenschaften', uneingeschränkt zu öffnen.

### Die Konservierung von Putzen und Anstrichfolgen

Für alle Oberflächen wurden grundsätzlich gemäß ihres Erhaltungszustandes Konsolidierungsmaßnahmen vorgesehen, die je nach Saugverhalten und Porosität mit unterschiedlichen Festigern, Applikationsverfahren und Bindemittelkonzentrationen erfolgen konnten. Ein Hauptaugenmerk der Projektgruppe lag hierbei auf der Zusammenarbeit und der Arbeitsteilung zwischen Handwerkern und Restauratoren gemäß ihrer spezifischen Qualifikation. So oblagen dem Restaurator die notwendigen Maßnahmen zum Schutz der nach Abnahme der Tapeten freiliegenden und im Zuge der Befundsicherung freigelegten Farbfassungen sowie die (Vor-)Festigung von Putzen und Anstrichen.

Zum Schutz vor mechanischer Beschädigung und vor Verschmutzung wurden alle Primärbefunde mit Japanpapier kaschiert. Gute Erfahrungen konnten im Falle großflächiger Festigungsarbeiten mit dem Einsatz von Sprühverfahren gemacht werden. Unter Anleitung des baubegleitenden Restaurators wurde vom Handwerker die Festigung jüngerer, nicht bauhauszeitlicher Sichtfassungen sowie die Egalisierung ihres Saugverhaltens durch Vorleimen vorgenommen. Auch das anschließende Aufbringen einer Makulaturtapete als Pufferschicht und Träger für die folgende putzähnliche Beschichtung mit einem leimgebundenen Zellulosespachtel konnte dem Maler überlassen werden.

Die Arbeiten an den Farbschichtpaketen der Einbauelemente (Türblätter, Einbauschränke etc.) beschränkten sich auf geringe Sicherungsarbeiten wie etwa das manuelle Anschleifen, das vorsichtige Ausweiten von Rissen und die vorsichtige Abnahme jüngerer Schichten. Das zur Vorbereitung der Neuanstriche notwendige Schließen von Fehlstellen wurde mit einem reversiblen handgefertigten Kreide-Leimspachtel vorgenommen.

Farbschnitt Wandschrank, Rahmen und Blatt

Wohnzimmer Haus Schlemmer während der Anstricharbeiten

**Die Bewahrung des 'Alterswertes' der Oberflächen in den so genannten Konzepträumen**

Gemäß der planerischen Vorgabe, in Räumen mit nicht rekonstruierter oder rekonstruierbarer bauhauszeitlicher Farbigkeit neben dem notwendigen Schutz durch so genannte Pufferschichten auch die Erlebbarkeit von 'Spuren der Zeit' zu gewährleisten, ohne dass dies als zu sehr 'gewollt' und damit 'gekünstelt' erscheint, wurden vom Landesamt für Denkmalpflege und den Restauratoren vier Bearbeitungsvarianten erarbeitet und zur Diskussion gestellt:[13]

- Variante A: Verzicht auf eine Kaschierung – Anstrich mit einer so genannten 'konservierenden Tünche'.
- Variante B: Kaschierung mit Japanpapier – Anstrich.
- Variante C: Kaschierung mit Makulaturtapete – Anstrich.
- Variante D: Kaschierung mit Makulaturtapete – Auftrag eines Zellulosespachtels – Anstrich.

Da die Variante B – also die der herkömmlichen restauratorischen Praxis entsprechende Methode – wegen der im konkreten Fall eingeschränkten Reversibilität ausscheiden musste, wurden in insgesamt zwölf (!) Musterflächen verschiedene Makulaturtapeten und Vliese sowie industriell oder handwerklich hergestellte Spachtelmassen zusätzlich bemustert. Um eine, ästhetisch nicht gewünschte, tapetenähnliche Erscheinung der Kaschierung zu vermeiden, wurden folgende Auswahlkriterien bestimmt:[14]

- Möglichst geringes Eigengewicht der Makulatur.
- Möglichst glatte und leicht isolierende Oberflächenbeschaffenheit, um eine schadens- und rückstandsfreie sowie einfache Wiederabnahme zu ermöglichen.
- Keine 'Stoß auf Stoß,' sondern 'überlappende' Verklebung, wobei die Kanten gerissen und nicht geschnitten werden.
- Falten, Überspannungen und Hohllagen sind zu vermeiden.

Die Vorbehandlung des Untergrunds beschränkte sich auf eine Fleckspachtelung, die Ausbrüche, Risse, Unebenheiten und

Abbruchkanten – weniger als 2 Millimeter – schließen und optisch beruhigen sollte. Lockere, stark bindemittelreduzierte und blätternde (nichtbauhauszeitliche) Anstriche wurden trocken abgestoßen, tragfähige Schichten mit Klucel vorgefestigt. Zur Applikation der Makulaturtapete kam ein Zellulosekleister zum Einsatz, der je nach Untergrundbeschaffenheit zu 2 bis 5 Prozent mit einem Kunststoffbindemittel modifiziert wurde. In den so genannten Konzepträumen wurde schließlich die Makulatur ein weiteres Mal zum Füllen der Poren geleimt und abschließend mit einer gebrochen weißen Leimfarbe überarbeitet, die – um eine klare materialtechnische Unterscheidung zu bauhauszeitlichen Oberflächen deutlich zu machen – rollend aufgebracht wurde. In den Räumen, für die eine Farbrekonstruktion vorgesehen war, folgte auf die Makulaturbeschichtung der Auftrag einer im Erscheinungsbild putzähnlichen und vom Malerbetrieb Herzog selbst hergestellten Spachtelmasse (Zelluloseleim, Kreide, Buchenzellstoff).

Die Abnahme beider Beschichtungsvarianten kann, entsprechend einer Beprobung, nach einmaligem Nässen der Oberfläche rückstands- und schadensfrei erfolgen. Eine Penetration des Zellulosespachtels oder des Anstrichs konnte nicht nachgewiesen werden.

## Zum Umgang mit den historischen Bodenbelägen aus Linoleum

Unzweifelhaft stellt die Material- und Farbbeschaffenheit der Linoleumböden ein wesentliches Gestaltungsmerkmal des 'farbigen Bauens' am Bauhaus dar. Demzufolge wurde schon im Rahmen der Bestandserfassung deren Erhaltungszustand und Farbigkeit restauratorisch beschrieben und in Hinblick auf ihre Reparatur- und Nutzungsfähigkeit bewertet.

Folgende Kriterien wurden bei der Verlege- und Instandsetzungsplanung festgelegt:

- Erfassung der vorhandenen erhaltungsfähigen Bodenbeläge.
- Quantitative Erfassung der nachgewiesenen, bereits fehlenden oder stark geschädigten Bodenbeläge.
- Dokumentation fehlender, nicht rekonstruierbarer Bodenbeläge.

- Dokumentation fehlender, aber rekonstruierbarer Bodenbeläge.
- Dokumentation der Bodenbeläge, deren Farbton nicht mehr lieferbar ist.[15]

In beiden Häusern waren – bis auf drei Räume von untergeordneter Bedeutung (Ausgusskammer, Toiletten) – mehr oder weniger große, zusammenhängende Flächen von Originalbelägen erhalten. Diese wurden zunächst alle durch eine Fachfirma gereinigt. Im Zuge dieser Reinigung musste festgestellt werden, dass große Bereiche so versprödet waren, dass sie bei jeglicher mechanischen Beanspruchung splitterten und somit, etwa bei einer Ergänzung mit neuem Material, an ein Verschweißen von Nähten nicht zu denken war. Andererseits waren aufgrund der Größe der zu regenerierenden Flächen durch Einmassieren von Leinöl und anschließendes Verkitten der Fehlstellen mit einem Leinölkitt weder ästhetisch befriedigende noch nachhaltige Erfolge zu erwarten. Auch ein Abdecken der historischen Beläge mit einem heute noch hergestellten gleichwertigen Produkt der Deutschen Linoleumwerke konnte aufgrund der zu erwartenden Belastung durch Besucher nicht, wie in vergleichbaren Fällen, konsequent verfolgt werden.

Da große Bereiche der Originalbeläge offensichtlich das Ende der technischen Lebensdauer erreicht hatten, entschloss sich die Projektgruppe schweren Herzens, alle nicht reparaturfähigen Beläge auszubauen und im Bauforschungsarchiv[16] der Stiftung Bauhaus Dessau einzulagern beziehungsweise im Belagarchiv zu dokumentieren. Darüber hinaus wurden (kleinteilige) Restflächen von wiederverarbeitbarem Ausbaumaterial zur Reparatur großflächiger, lediglich geringfügig zu ergänzender bauzeitlicher Beläge gleicher Farbigkeit verwendet. Größere Flächen oder ganze Räume konnten schließlich analog zur Produktpalette von 1926 er-

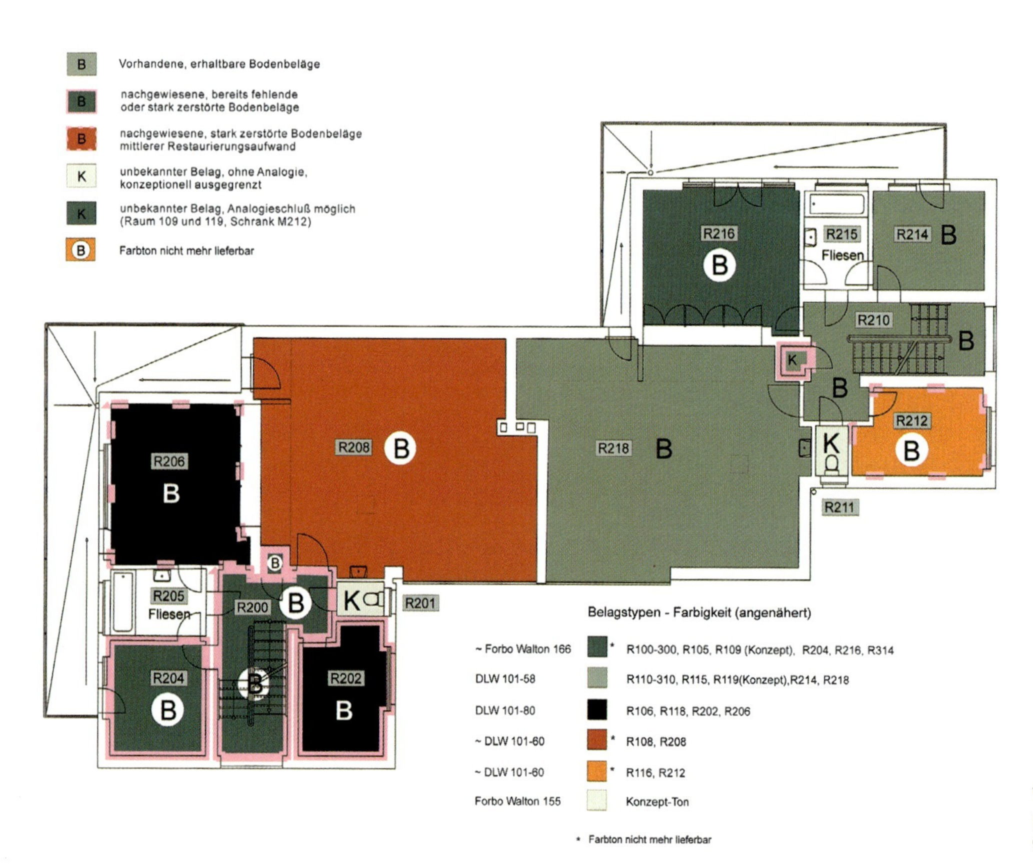


**Verlege-/Instandsetzungsplanung der Bodenbeläge im Obergeschoss**

Verlege-/Instandsetzungsarbeiten der Bodenbeläge, übliches Schadensbild bauzeitlich erhaltener Bodenbeläge

gänzt beziehungsweise rekonstruiert werden. Lediglich im Fall des türkisfarbenen Linoleums, das etwa im 'Schwarzen Zimmer' Georg Muches raumprägend war, stand kein gleichwertiges Muster zur Verfügung, weshalb mit der Entscheidung für einen Näherungsfarbwert bei der Rekonstruktion ein Kompromiss eingegangen werden musste.[17]

## Die handwerkliche Rekonstruktion

Für die möglichst authentische Rekonstruktion der Innenraumfarbigkeit mussten die naturwissenschaftlichen Erkenntnisse durch die Restauratoren ausgewertet und praxisnah für den Maler in einem so genannten Mischkatalog aufbereitet werden. Neben der Vorgabe heute noch im Fachhandel erhältlicher historischer Pigmente und ihrer Mischverhältnisse mussten Helligkeits- und Glanzgrade in direktem Vergleich mit den historischen Farbbefunden unter dem Mikroskop erarbeitet, in NCS-Farbtönen kodiert und schließlich anhand von Probeanstrichen im realen Raum- und Farbzusammenhang bewertet und für den Handwerker aufbereitet werden. Dabei stellte der teilweise mehrschichtig angelegte Farbaufbau die größte Herausforderung für das Erreichen eines flecken- und streifenfreien Auftrags mit der Malerbürste dar.

Im Fall des so genannten 'schwarzen Zimmers' in der Meisterhaushälfte Muche wurde aus diesem Grund auf das auch in der Wandmalereiklasse geläufige Spritzverfahren zurückgegriffen. Entgegen dem materialtechnischen Befund wurde bedauerlicherweise durch die Eigeninitiative des Malers das dreilagig aufgetragene, mit Gummenharz gebundene Eisenoxidschwarz nicht in der Art eines bei der Blattgoldverarbeitung üblichen Bolus-Grundes hochglänzend frottiert, sondern mit einem Wachs-Harz-Gemisch gewissermaßen als Firnisüberzug nachträglich enkaustisch behandelt. Der damit verbundene Oberflächencharakter ist lackartig und nicht wie von Muche selbst beschrieben 'poliert', was der Suggestionskraft des Raumes letztlich dennoch keinen Abbruch tut.

Georg Muche: „Farben sind unberechenbar in ihrer Wirkung. Unsere Architektur ist nicht feingliedrig genug für reine und starke Töne, Marcel Breuer hatte am Bauhaus versucht, Möbel bunt und heiter in die Wohnungen einzuordnen. Überraschend war die Lösung, die er für mein Schlafzimmer fand. Er strich es schwarz an. Schwarz sei die Farbe des Schlafes, welche die Erinnerung an die Wirklichkeit am schnellsten vergessen lasse. Ich machte den Einwand, daß, streng genommen, Schwarz die Farbe des Todes sei und wünschte mir ein wenig Blau oder wenigstens Blaugrau an die Zimmerdecke. Der Architekt rechtfertigte jedoch seine Auffassung mit guten Gründen. Er sagte: 'Schwarz ist die Farbe des Todes nur dann, wenn es matt auf rauhem Grund steht. Auf geglätteter Fläche hochglänzend geschliffen wirkt es nicht düster. Je nach dem Einfallswinkel des Lichtes und nach der Farbe der Lichtquelle reflektiert es weißes oder auch buntes Licht. Das Schlafzimmer würde bestimmt nicht den Eindruck einer Totenkammer machen. Es würde wahrscheinlich die optimale Lösung für Schlafzimmer überhaupt werden, denn die Träume könnten nicht mehr so leicht ihr Spiel treiben. Auch sie würden einschlafen.' Meinen Wunsch nach der mitternachtsblauen Decke hielt er für Hirtenjungen-Romantik. Er sei für poliertes Schwarz. Als ich von einer Reise zurückkam, war mein Zimmer schwarz angestrichen. Ich legte mich schlafen und wäre dankbar gewesen, wenn über mir ein wenig Blau geschimmert hätte, denn hinter der abgeschirmten Lampe der Decke verlor sich ohne die versprochenen Reflexe das lackierte Schwarz in raumlose Tiefen, die weiter zu reichen schienen als die kosmische Kuppel des nächtlichen Himmels. Meine Hirtenjungen-Phantasie fühlte sich grausam ausgesperrt.

Am Morgen begriff ich meine neue Lage. Ich erinnerte mich an die tröstliche Wirkung der weißen Reflexe und fand an Wand und Decke das weiße Bettzeug abgespiegelt. Ich erschrak, als ich mich erhoben hatte und sah, wie mein nach Gottes Plan geschaffener Leib von den Unebenheiten der vier Wände, verquollen und zerfetzt, surrealisiert und reflektiert wurde. Nach dieser Demonstration habe ich das Schlafzimmer nie wieder betreten. Es wurde mit Koffern und überflüssigem Hausrat vollgestopft. Dafür hätte auch Weiß ausgereicht."[18]

**Die geisteswissenschaftliche Relevanz der Rekonstruktion**

Die hier zitierte Aussage eines Zeitzeugen und ehemaligen Bewohners eines Meisterhauses beleuchtet schlaglichtartig einen Aspekt, der seit der Wiederentdeckung und Wiedergewinnung der farbigen Flächenbehandlung in den Meisterhäusern immer wieder die Frage nach der Autorschaft beziehungsweise nach dem Anteil einer Mitwirkung der zukünftigen Bewohner an den realisierten Farbkonzeptionen aufwirft. Auch die Frage, inwieweit Gropius eine 'organische' Erstfassung für den Innen- und Außenbereich aller Meisterhäuser vorgesehen hatte, lässt sich nach Abschluss der Instandsetzung aller erhaltenen Meisterhäuser in der Gesamtschau der Befunde nicht eindeutig beantworten.

Die Isometrien Alfred Arndts aus der Weimarer Zeit und sein Farbplan für die Meisterhäuser in Dessau aus dem Jahr 1926 geben sicherlich die Grundzüge der vom Büro Gropius intendierten ganzheitlich aufgefassten Fassadenfarbigkeit der Villenkolonie vor. Diese wurde aber bei der Ausführung letztlich bei weitem differenzierter interpretiert und von den materialtechnischen Experimenten der Wandmalereiklasse wesentlich beeinflusst, wie die elegant kalibrierte Außengestaltung des Hauses Muche/Schlemmer belegt.

Der Kollektivgedanke und der am Bauhaus als Gesamtkunstwerk begriffene und angestrebte 'Bau' ließen in der zweiten

Hälfte der zwanziger Jahre den so genannten 'Baumaler' als Reformideal des (Kunst-)Handwerks unter den Vorzeichen der Neuen Sachlichkeit entstehen, den Hinnerk Scheper wie kein anderer verkörperte. Gerade aber die damit verbundene Ent-Individualisierung künstlerischen Schaffens, das Ziel seiner industriellen und rationalisierten Reproduzierbarkeit sowie die Objektivierung und Normierung der materialtechnischen Grundlagen stellen die Quintessenz der verschiedenen Ausprägungen der Farbbewegung dar.

Am wahrscheinlichsten muss demnach ein kreatives Kräftespiel der am Bau beteiligten Bauhausmeister erscheinen, das durch die Katalysatorenwirkung der Wandmalereiklasse unter Hinnerk Scheper während der Realisierungsphase unterschiedliche Gewichtungen erhielt, indem die mehr oder weniger intensiv vorgetragenen Anregungen anderer Meister absorbiert oder interpretiert wurden. Der Demonstrations- und Prototypcharakter der Farbe in den Meisterhäusern schließt dabei, wie die Quelle zeigt, auch ihre diktatorial zu nennende Umsetzung nicht aus. Auch nach diesen Grundüberlegungen muss es als zweifelhaft erscheinen, wenn angesichts der rein quellenmäßig beziehungsweise stilkritisch begründeten Interpretation des Meisterhauses Kandinsky/Klee als einer autographen Monumentalmalerei gleichsam in einen vasarianischen Geniekult verfallen wird, der lediglich durch sekundäre oder gar tertiäre Quellen – nämlich die sicherlich von adorativen Zügen nicht freien und zum Teil aus der Rückschau formulierten Sichtweisen der Ehefrauen von Gropius, Klee und Kandinsky – gestützt wird.[19]

In Ermangelung weiterer, etwa dem Scheper'schen Farbleitplan für das Bauhausgebäude von 1926 vergleichbarer Farbplanungen kann eine Auswertung des Phänomens Farbe lediglich in der Gesamtschau aller an Dessauer Bauhausbauten realisierten Farbkonzepte Grundlage einer über eine 'Kunstgeschichte ohne Namen' hinausgehenden Interpretation sein. Aus diesem Grund soll an dieser Stelle auch nicht der Frage nach einer hypothetischen Autorenschaft der an De Stijl gemahnenden Gestaltung des Wohnzimmers und der offensichtlichen Anklänge an Gestaltungsprinzipien von Le Corbusier im Esszimmer der Meisterhaushälfte Schlemmer nachgegangen werden. Ohne den Versuch einer wissenschaftlichen Neu-Ortung des Wirkens von Hinnerk Scheper vor dem Hintergrund der Reformbestrebungen des Malerhandwerks in Deutschland und der Farbtheorien der internationalen Avantgarde in der zweiten Hälfte der zwanziger Jahre wird der Themenkomplex 'farbige Flächengestaltung' am Bauhaus wohl weiterhin ein weites Feld für Spekulationen bleiben.[20]

# Bauklimatische Aspekte als wesentliche Faktoren für Bestandserhaltung und Neunutzung

**Klaus Graupner**

Fensterbereich mit den blechernen Heizkörperabdeckungen nach der Sanierung, 2002

**Einführung – Zielstellung**

Warum bauklimatische und nicht bauphysikalische Aspekte? Unter Bauklimatik ist die auf den Raum beziehungsweise das Gebäude bezogene ganzheitliche Betrachtung bauphysikalischer Probleme (hier: Wärme- und Feuchteschutz) zu verstehen. Ziel ist die Ableitung praktisch möglicher baulicher, lüftungstechnischer und heizungstechnischer Maßnahmen, um am Gebäude, seinen Bauteilen und seiner Ausstattung klimabedingte Schäden sowie für den Nutzer klimabedingte Unzulänglichkeiten zu vermeiden. Oder anders formuliert: Ziel ist das 'klimatische Funktionieren' des Gebäudes unter Nutzungsbedingungen. Mit 'praktisch möglichen Maßnahmen' sind die bauklimatisch begründeten Maßnahmen gemeint, deren Realisierung aus der Sicht des Bauherren, Nutzers, Architekten, Denkmalpflegers, Restaurators und Haustechnik-Ingenieurs möglich ist.

Bei einem historischen Gebäude ergibt sich eine vom Neubau abweichende grundsätzliche Besonderheit: Über den baulichen Wärmeschutz einschließlich Wärmebrücken wurde schon zu historischen Zeiten (zumeist unbewusst) entschieden. Der bauliche Wärmeschutz ist also zu Beginn der Instandsetzung, Rekonstruktion, Sanierung, Umnutzung, Modernisierung usw. eines historischen Gebäudes bereits vorhanden. Das kann innerhalb eines Gebäudes außerordentlich differenziert sein. Dieser vorhandene bauliche Wärmeschutz ist gewöhnlich nur bedingt durch bauliche Nachbesserungen veränderbar.

Analog zum Neubau dürfen selbstverständlich auch nach der Instandsetzung oder Rekonstruktion eines historischen Gebäudes und einer sich anschließenden neuen Nutzung keine klimabedingten Schäden am Bauwerk und seiner Ausstattung entstehen. Das ist nur zu erreichen durch eine ganzheitliche Betrachtung der Komponenten baulicher Wärmeschutz, Nutzung, Heizung und Lüftung entsprechend der bauklimatischen Grundforderung für historische Gebäude: Nutzung, Heizung und Lüftung müssen zwingend auf den vorhandenen baulichen Wärmeschutz des Gebäudes abgestimmt werden. Unter Umständen sind spezielle heizungs- und lüftungstechnische Maßnahmen nicht zu umgehen. 'Speziell' heißt, es sind auf den konkreten Anwendungsfall (Einzelfall) zugeschnittene technische Lösungen erforderlich. Zur Lüftung beziehungsweise zur Lüftungstechnik gehört auch die so genannte freie Lüftung, also Fenster- und Fugenlüftung, Lüftungswirkung von Kaminen, Treppenhäusern usw.

'Bauklimatische Aspekte' heißt ganzheitliche Betrachtung der Zusammenhänge zwischen Wärme-/Feuchteschutz, Nutzung, Heizung und Lüftung – das ist weit mehr als das Erbringen von bauphysikalischen Nachweisleistungen. Die bauphysikalische Untersuchung von Einzelproblemen (z. B. nach DIN 4108 / Wärmeschutz im Hochbau, Energieeinsparverordnung) kann nicht einmal vom Ansatz her die geistige Grundlage für den Umgang mit einem historischen Gebäude sein. Ebenso wenig kann es allgemeingültige Vorzugs- oder Universallösungen für historische Gebäude geben.

**Ausgangssituation – Charakteristische Angaben zum Gebäude**

Historische Gebäude sind aus bauklimatischer Sicht vor allem im Bereich des Wärme- und Feuchteschutzes generell als Problemfälle anzusehen. Die Gründe dafür sind:

1) Der vorhandene bauliche Wärmeschutz entspricht nicht den heutigen Anforderungen an einen baulichen Mindest-Wärmeschutz (Ziel: Tauwasserfreiheit zur Vermeidung von klimabedingten Feuchteschäden).
2) Eine 'Nachbesserung' des baulichen Wärmeschutzes ist vor allem aus denkmalpflegerischen und/oder baulich-konstruktiven Gründen nicht oder nur sehr bedingt möglich.
3) Die künftige Nutzung einschließlich heutiger Behaglichkeitsansprüche ergibt im allgemeinen eine thermisch-hygrische Belastung der historischen Bausubstanz, für die sie nicht vorgesehen war.

Nahezu analog gilt das ebenso für den baulichen Feuchteschutz hinsichtlich Vertikal- und Horizontalsperren.

Diese vorstehende Charakterisierung gilt wohl für alle historischen Gebäude, unabhängig von deren Alter und Baustil. Also auch für die Bauten der Klassischen Moderne des 20. Jahrhunderts und somit auch für die 1925/26 erbauten Dessauer Meisterhäuser des Architekten Walter Gropius.

Außer diesen charakteristischen Merkmalen zeigen jedoch die Meisterhäuser auch Entwurfs- und Konstruktionslösungen, die bei heutigen Gebäuden zwar selbstverständlich sind, aber auch da gleichermaßen unter winterlichen und unter sommerlichen Bedingungen immer wieder zu bauklimatischen Problemen führen können. Solche Lösungen sind unter anderem:

- Große Fensterflächen
- Flach- beziehungsweise Warmdach

einschließlich Terrassendach

- Stark gegliederter Baukörper, zum Beispiel durch Auskragungen; damit ergeben sich geometrisch bedingte Wärmebrücken
- Unterschiedliche Materialien und Konstruktionen treffen aufeinander; damit ergeben sich stofflich bedingte Wärmebrücken
- In die Außenwand integrierte Rollladenkästen.

Darüber hinaus weist die Bauhaus-Architektur noch folgende typische, bauklimatisch relevante Merkmale auf:

- Einfachverglasungen in einfachen (heutige Bezeichnung: ungedämmten) Metallrahmen einschließlich Wassersammelrinne in der Fenstersohlbank
- Ausgeprägte Fensteröffnungsmöglichkeiten.

Für die Fensteröffnungsmöglichkeiten wurden teilweise bemerkenswerte technische Lösungen entwickelt und realisiert, die nicht nur das Fensteröffnen schlechthin, sondern ein sehr differenziertes, spaltweises Öffnen ermöglichen. Dazu gehören auch speziell geschaffene mechanische Vorrichtungen, die selbst das Öffnen und Schließen derjenigen Fenster bequem ermöglichen, die für das Lüften notwendig, aber manuell nicht direkt erreichbar sind.

Derartige Öffnungsmöglichkeiten einschließlich Fugenlüftung finden sich bei den derzeit gebräuchlichen Fensterkonstruktionen nicht einmal ansatzweise. Außerdem verfügt manch heutiger Architekt nicht mehr über ein ausreichendes Gespür für eine notwendige und sinnvolle Fensteröffnung. Diese beiden Unzulänglichkeiten sind nicht selten wesentliche Ursachen für lüftungsbedingte Bauschäden und für Nutzungsprobleme nach Abschluss von Baumaßnahmen am Fenster (Erneuerung, Reparatur).

**Bestandserfassung und -bewertung**

Die wesentlichen baulichen Merkmale an den Meisterhäusern wurden bereits genannt. Bei den Außenbauteilen sind folgende Einzelheiten von Interesse:

- Es ist eine gewisse Vielfalt bei den Materialien einschließlich ihrer konstruktiven Verarbeitung vorhanden. Dabei sind die vorhandenen Bereichsgrenzen der jeweiligen konstruktiven Lösung nicht immer eindeutig bekannt, das gilt insbesondere für die Außenwände.
  Die Materialien der Außenwände sind: Schlackesteine/Jurkoplatten, Ziegelmauerwerk, Beton, eingeschlossene Luftschicht, Putz, Hohlblocksteine (nur im Kellergeschoss). Es sind sechs unterschiedliche Außenwandkonstruktionen vorhanden, die Wärmedurchgangskoeffizienten k betragen 1,38 bis 2,7 W/m$^2$K.
- Es gibt zahlreiche Wärmebrücken, man könnte von einem 'Wärmebrücken-Museum' sprechen. Dazu gehören vor allem Fenster- und Türlaibungen/Fenster-/Türanschlüsse, Betonfensterrahmen im Kellergeschoss, Rollladenkästen, Dachanschlüsse, auskragende Bauteile, Fensterstürze, Außenecken, Sockelbereich im Kellergeschoss.

Wärmebrücken lassen sich bei Neubauten vermeiden. Bei historischen Gebäuden hingegen sind sie vorgegeben. Das erste Problem besteht daher im Erkennen der Wärmebrücken, das zweite Problem in ihrer Behandlung. Ziel der Wärmebrückenbehandlung ist das 'Unschädlichmachen' der Wärmebrücke. Das kann mit gezielten baulichen und/oder heizungs- und lüftungstechnischen Maßnahmen geschehen. Dafür kann es jedoch unter Umständen auch technische, denkmalpflegerische oder ökonomische Grenzen geben. Allerdings darf die bei aktiven Wärmebrücken verbleibende Gefährdung durch Kondensation von Raumluftfeuchte nicht zu Schäden an der Bausubstanz und zu gesundheitlichen Beeinträchtigungen für die Nutzer führen. In diesem Zusammenhang hier ein Zitat aus einer Veröffentlichung von 1930 zum Meisterhaus Muche/Schlemmer: „In den Bereichen von Überkragungen [...] wurden Teile der Wände in Beton ausgeführt [...]. Dies führte bei Benutzung des Hauses bald zu 'Schwitzwasserbildung an den tragenden Bestandteilen der Wände'." Diesem Zitat ist zu entnehmen, dass offensichtlich bald nach Nutzungsbeginn im Hause Kondensationserscheinungen aufgetreten sind. Inwieweit hierbei vielleicht unter anderem auch eine nicht ausreichende Heizung und Lüftung ursächlich beteiligt sind, ist nicht bekannt.

Eine besonders markante Wärmebrücke bilden der in die Außenwand integrierte hölzerne Rollladen und die dafür geschaffene Kastenlösung sowie der massive, ungedämmte Betonsturz über dem Fenster. Die Problematik dieser Konstruktion wird beim Vergleich der Wärmedurchgangskoeffizienten k deutlich:

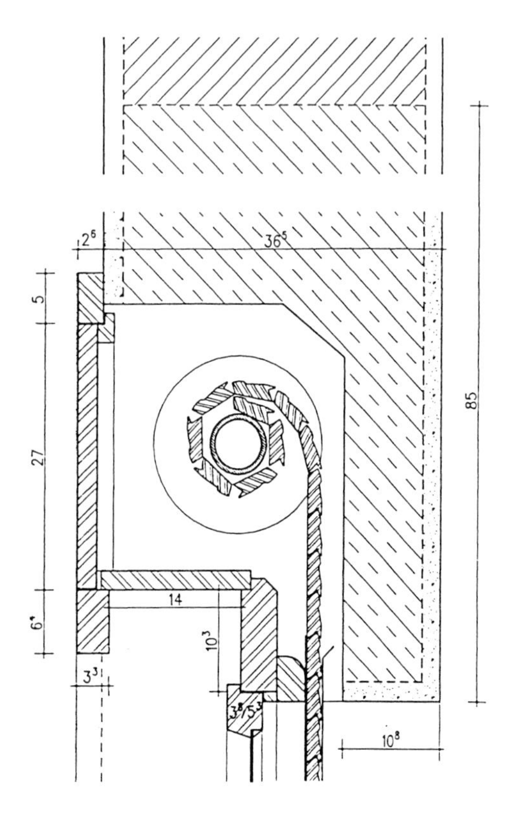

Rollladenkasten in der Außenwand

Jurko-Mauerwerk als ungestörter Wandbereich k = 1,4 W/m²K
Betonsturz k = 2,7 W/m²K
äußerer Abschluss des Kastens
(ca. 9 cm Beton + Putz) k = 4,3 W/m²K
innerer Abschluss des Kastens
(ca. 2 cm Holz) k = 2,5 W/m²K

Der ungünstigste Fall ergibt sich bei heruntergelassener Jalousie. Die Platzverhältnisse im Kasten ließen keine nachträgliche Wärmedämmung zu.

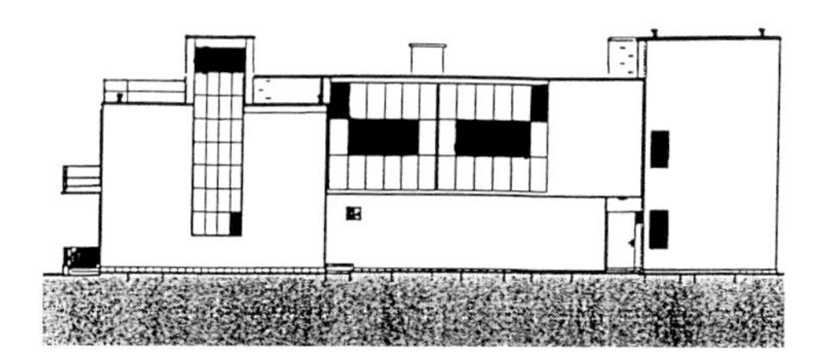

**Straßenansicht (Nordseite); die schwarzen Fensterflächen sind die öffenbaren Fenster.**

Die Lüftung des Gebäudes erfolgte durch Fenster- und Fugenlüftung, also durch 'freie Lüftung'. Unter Verwendung heutiger Begriffe waren demnach eine ständig wirksame Grundlüftung sowie zahlreiche Möglichkeiten für eine Stoßlüftung gegeben.

Beim Treppenhaus sind beispielsweise alle oberen Fensterelemente öffenbar. Aufgrund der Schachtwirkung (thermischer Auftrieb) ist damit nicht nur eine Durchlüftung des Treppenhauses möglich, sondern bei Öffnung von Innentüren und Fenstern in der Südseite des Hauses ist eine intensive Durchlüftung des ganzen Hauses gegeben. Diese Durchlüftung unter sommerlichen Verhältnissen angewandt, ist in der Lage, im Haus angestaute Wärme rasch abzuführen beziehungsweise ein Aufwärmen zu verhindern.

Zur Beheizung des Gebäudes diente eine Zentralheizung mit gusseisernen, vorwiegend unter oder vor den Fenstern angeordneten Heizkörpern. Die Nachrechnung der Heizkörper ergab, dass ihre Heizleistung nicht in jedem Raum ausreichend war, um heute übliche Raumlufttemperaturen zu erhalten.

Heizkörperabdeckung (Blech) mit Öffnungen

In diesem Zusammenhang ist es unbedingt notwendig, darauf hinzuweisen, dass zur Bauzeit der Meisterhäuser die Behaglichkeitsansprüche in der Heizperiode weit geringer gewesen sind als heute. Sie waren seinerzeit noch geprägt von der Ofenheizung und einer Wärmedämmung der Außenbauteile, die im allgemeinen nicht einmal den heutigen Mindest-Anforderungen an die raumseitige Oberflächentemperatur entsprach. Es kann davon ausgegangen werden, dass seinerzeit an kalten Wintertagen die vom Menschen empfundene Temperatur in Wohnräumen etwa 2 bis 4 Grad unter den heute üblichen Werten lag. Folglich gab es damals auch andere Bekleidungsgewohnheiten als heute.

Da das Meisterhaus Muche/Schlemmer künftig nicht mehr für Wohnzwecke genutzt wird, sollte es für die künftige Nutzung als zumutbar angesehen werden, wenn an sehr kalten Wintertagen (trotz der realisierten möglichen Vergrößerung der Heizleistung) nicht an jeder Stelle des Hauses den Behaglichkeitsansprüchen beziehungsweise -erwartungen unserer Zeit entsprochen werden kann.

Ein bemerkenswertes Detail ist die blecherne Heizkörperabdeckung, die zahlreiche Öffnungen enthält. Dadurch kann die vom Heizkörper aufsteigende warme Luft ohne größeren Widerstand direkt in den Fensterbereich einströmen und es wird ein Abschirmeffekt gegenüber den vom Fenster ausgehenden Zugerscheinungen erreicht. Außerdem sollte damit wohl auch Kondensationerscheinungen am Rollladenkasten entgegengewirkt werden. Diese Abdeckkonstruktion ist aber zugleich auch Fenstersohlbank. Interessant ist die in die Konstruktion eingearbeitete Wassersammelrinne unterhalb des Fensters.

Den 'bauklimatischen Tiefpunkt' des Meisterhauses Muche/Schlemmer stellt das Badezimmer dar:

- Die Badewanne steht parallel zur Außenwand unterhalb der Einscheibenverglasung, Wanne und Fenster haben die gleiche Breite; die Folge sind unter anderem gewaltige Zugerscheinungen.
- Der Heizkörper hängt unter der Decke, die Wärme wird aber unten gebraucht.

Badezimmer mit Badewanne parallel zur Außenwand, Einscheibenverglasung und hoch hängendem Heizkörper

Hoch hängende Heizkörper finden sich zur damaligen Zeit wiederholt, so auch im Haupttreppenhaus im Dessauer Bauhaus.

- Die Fensteröffnungsmöglichkeit ist hier ausnahmsweise einmal nicht besonders sinnvoll beziehungsweise zweckmäßig. Die Öffnungsmöglichkeit wird außerdem durch das Anschlagen am Heizkörper begrenzt.

Zur Bestandserfassung gehört auch die Suche nach klimatisch bedingten Schäden. Bei den Schadensbildern am Meisterhaus war es auffällig, dass der Anteil von klimatisch bedingten Schäden relativ klein war. Dabei muss allerdings auch der jahrzehntelange nicht immer zweckmäßige Umgang mit dem Gebäude gesehen werden, dazu gehören ebenso die Veränderungen an den Fenstern und bei der Raumaufteilung. Wenn das Gebäude trotz der genannten Unzulänglichkeiten beim Wärmeschutz aus bauklimatischer Sicht nahezu bauschadensfrei geblieben ist, so muss dazu eine Begründung existieren.

Geht man von der oben genannten bauklimatischen Grundforderung für historische Gebäude aus, so gibt es nur eine Erklärung: So unterschiedlich in den vergangenen fast acht Jahrzehnten die Nutzungsbedingungen und die vom jeweiligen Nutzer vorgenommene Heizung, Lüftung und Wartung des Gebäudes auch gewesen sein mögen, so müssen doch vor allem die vorhandenen baulichen Gegebenheiten dem Entstehen von klimabedingten Feuchteschäden entgegen gewirkt haben. Diese Gegebenheiten im Sinne von bauklimatischen Wirkprinzipien sind:

- Das Fenster fungiert als 'Sollbruchstelle'. Wenn Raumluftfeuchtigkeit kondensiert, dann darf das (hauptsächlich) nur an den Fenstern geschehen (Wassersammelrinne!). Das heißt, von den Raumumschließungskonstruktionen muss das Fenster die kleinste Oberflächentemperatur besitzen. Dieses Wirkprinzip ist als allgemein anerkannte Regel der Technik zu verstehen.
- Es sind Gebäudeundichtheiten, insbesondere Fensterfugen, vorhanden. Durch den damit verbundenen ständig wirkenden Lüftungseffekt wird ein Teil der im Gebäude entstehenden Feuchtigkeit sofort aus dem Gebäude entfernt (Grundlüftung). Also Verringerung der Taupunkttemperatur der Raumluft und damit Verringerung der Kondensationsgefahr.

Diese beiden bauklimatischen Wirkprinzipien wirken unabhängig vom Nutzer. Sie sind in der Lage, ein gewisses 'Fehlverhalten' des Nutzers (z. B. beim Öffnen der Fenster) auszugleichen und tragen somit wesentlich zur Verhinderung von entsprechenden Bauschäden bei. Folglich durften bei den Instandsetzungsarbeiten diese Wirkprinzipien nicht verloren gehen. Andere Möglichkeiten zur Raumklimastabilisierung sind mit Eingriffen in die historische Bausubstanz und Gestaltung oder mit einer geringeren Funktionssicherheit verbunden.

Die künftig im Gebäude auftretenden Feuchtebelastungen können auch oder gerade in der kalten Jahreszeit durch gezielte Fensterlüftung einschließlich Fensterfugenlüftung abgeführt werden. Damit hat eine funktionierende Fensterlüftung zumindest keine geringere Bedeutung als bei der ursprünglichen Nutzung.

Aus der Bestandserfassung und -bewertung lassen sich folgende Aussagen ableiten:

- Trotz – aus heutiger Sicht – erheblicher Mängel beim baulichen Wärmeschutz hat das Meisterhaus Muche/Schlemmer bauklimatisch weitgehend schadensfrei funktioniert. Dazu haben in erster Linie bauliche Gegebenheiten beigetragen.
- Dieses schadensfreie Funktionieren ist nicht in allen Einzelheiten das Ergebnis

einer entsprechenden Planung. Andererseits lassen sich aber auch zahlreiche beeindruckende Beispiele für eine solche Planung bis ins Detail finden. Da sie bereits erläutert wurden, hier nur noch einmal einige Stichworte: Differenzierte Fensteröffnungsmöglichkeiten, das Fenster als Sollbruchstelle, Öffnungen in den blechernen Fenstersohlbänken zum Aufsteigen warmer Luft in den Fensterbereich, Jalousien als temporärer Wärmeschutz für Winter und Sommer. Das sind nicht einfach nur Planungen des Architekten oder des Haustechnik-Ingenieurs, sondern Ergebnisse einer gemeinsamen abgestimmten Planung – ein Grundgedanke der Planung, der bei vielen Beispielen der 'heutigen Moderne' nicht einmal andeutungsweise erkennbar ist.

- Die erforderliche Mitwirkung des Nutzers bei der Raumklimagestaltung hat sich auf einen zumutbaren, überschaubaren und allgemein verständlichen Mindestumfang beschränkt.
- Heutigen Behaglichkeitsansprüchen kann das Haus nicht in jeder Hinsicht und nicht zu jeder Zeit in vollem Umfang entsprechen. Das ist sicherlich ein Grund dafür, heute nicht mehr in allen konstruktiven Details so bauen zu können wie bei der Klassischen Moderne des 20. Jahrhunderts. Allerdings zeigen viele Beispiele der 'heutigen Moderne', dass deren Architekten – trotz des heutigen Kenntnisstandes und der zur Verfügung stehenden umfangreicheren baulichen Möglichkeiten – auch nicht immer in der Lage sind, den heutigen Anforderungen an Bauschadensfreiheit und Behaglichkeit zu entsprechen, das heißt, die Gebäude funktionieren bauklimatisch auch nicht immer ausreichend.

Die vorstehenden Aussagen können wohl als typisch für die Bauten der Klassischen Moderne angesehen werden. Selbstverständlich gibt es hierbei Unterschiede zwischen den verschiedenen Gebäuden, begründet im Architekten, aber auch in der Leistungsfähigkeit der ihm zur Seite gestandenen Technikberatung/-planung.

Ein besonders herausragendes Beispiel in positiver Hinsicht ist dabei das Haus Schminke in Löbau/Sachsen (Hans Scharoun, 1931/33). Hier waren aber einige Randbedingungen völlig anders als bei den Meisterhäusern in Dessau. So gab es einen Bauherren (Schminke), der zugleich Nutzer war und der dem Architekten sein individuelles Nutzungskonzept weitestgehend vorgegeben beziehungsweise zusammen mit dem Architekten modifiziert hat. Die Instandsetzungsarbeiten am Haus Schminke wurden 2000 abgeschlossen (ebenfalls ein Bauvorhaben der Wüstenrot Stiftung). Die Abläufe und Ergebnisse wurden in dem Buch 'Scharoun. Haus Schminke', erschienen im Karl Krämer Verlag Stuttgart, dokumentiert.

Die im Rahmen der baulichen Instandsetzung und Sanierung des Meisterhauses Muche/Schlemmer zu berücksichtigenden bauklimatischen Aspekte und die daraus resultierenden Maßnahmen zielen in erster Linie auf die Vermeidung von klimatisch bedingten Bauschäden und Mängeln, insbesondere durch Kondensation von Raumluftfeuchte, sowie auf eine gewisse Verbesserung der Behaglichkeit.

Selbstverständlich wurden in die Untersuchungen und Planungen auch Maßnahmen zur Verbesserung des Wärmeschutzes und damit zur Energieeinsparung einbezogen. Sie sind jedoch nur soweit realisierbar, wie sie mit dem vorstehend genannten Grundsatz vereinbar sind. Dieser Grundsatz galt auch für die Anwendung der für das Bauvorhaben gültigen Wärmeschutzverordnung. Soweit sich aus denkmalpflegerischen und/oder bauklimatischen Gesichtspunkten Einschränkungen hinsichtlich der Anwendung der Wärmeschutzverordnung ergeben, sind diese vollständig durch die in der Wärmeschutzverordnung enthaltene Ausnahmeregelung gedeckt.

**Schlussfolgerungen für die Instandsetzung und Sanierung (Auswahl)**

1) Bei der Vielzahl der Wärmebrücken und deren Erscheinungsform ist es nicht möglich, sie insgesamt durch bauliche und/oder gebäudetechnische Maßnahmen zu kompensieren. Dazu kommt, dass derartige Maßnahmen teilweise auch zu nennenswerten gestalterischen Veränderungen führen würden. Beispielsweise würde bei der auf Seite 186 gezeigten Rollladenkonstruktion eine raumseitig aufgebrachte (also innere) Wärmedämmung von 3 Zentimeter dicken Calciumsilikatplatten das Problem im wesentlichen beseitigen, jedoch würde das die Proportionen und die Linienführung gegenüber dem bauzeitlichen Zustand beträchtlich verändern.
2) Um die Kondensationsgefahr an den kritischen Stellen zu reduzieren, muss die Taupunkttemperatur der Raumluft niedrig gehalten werden. Das ist vor allem durch gezieltes Lüften erreichbar, denn in den kältesten Monaten Januar und Februar ist die Außenluft ausreichend trocken. Das bedingt die Beibehaltung der historischen Fensterfugenlüftung als Grundlüftung sowie die vom Nutzer vorzunehmende zeitweise Fensteröffnung als so genannte Stoßlüftung.

   Außerdem muss sich eine eventuelle Kondensation von Raumluftfeuchte auf die Fenster konzentrieren – das Fenster als Raumluftentfeuchter. Im vorliegenden Fall muß k-Fenster $\geq$ 2,9 W/m²K sein, das heißt, es muss keine Einscheibenverglasung sein. Von einer Einscheibenverglasung wird insbesondere dann abgeraten, wenn sich in unmittelbarer Fensternähe ein ständiger Aufenthaltsbereich von Personen (feste Arbeitsplätze) befindet: Durch die intensiven Raumluft-Abkühlungseffekte an der Einscheibenverglasung ergeben sich im Fensterbereich Zugerscheinungen, es entsteht eine so genannte Diskomfortzone.

   Auch die Nutzung und das Nutzerverhalten spielen bei dieser Problematik (Reduzierung der Taupunkttemperatur der Raumluft) eine Rolle: Die beabsichtigten Nutzungen (Designzentrum Sachsen-Anhalt und Sitz Stiftung Bauhaus) ergeben größtenteils eine geringere Feuchtebelastung und damit eine geringere Taupunkttemperatur, als das bei einer intensiven Wohnnutzung mit unter anderem regelmäßigen Koch- und Dusch-/Badevorgängen der Fall wäre. Bei den beiden genannten künftigen Nutzungen ist auch der zeitliche Aufenthalt von Personen im Haus geringer als bei einer Wohnungsnutzung. Die künftige Nutzung kommt also einer bauwerksgerechten Nutzung sehr entgegen.

   Der Nutzer muss gezielt lüften und kontinuierlich heizen, das gilt auch für ungenutzte Räume. Eine mittlere Gebäudetemperatur von etwa 15 °C darf nicht unterschritten werden.

   Die Fensterbretter dürfen in der kalten Jahreszeit keine Verwendung als Ablage-/Abstellflächen finden, andernfalls kann die vom Heizkörper aufsteigende warme Luft nicht durch die Öffnungen der Fensterbretter in den eigentlichen Fensterbereich gelangen, um dort Kondensations- und Diskomforterscheinungen entgegen zu wirken.
3) Aus dem vorstehenden Punkt 2) ergibt sich folgende Forderung an die Nutzer: Damit das Gebäude auch weiterhin 'bauklimatisch funktioniert', ist ein entsprechendes Mitwirken des Nutzers unerlässlich (unter anderem gezieltes Lüf-

ten, Benutzung der Jalousien, zweckmäßige Anwendung der vorhandenen heizungstechnischen Möglichkeiten, Entfernung von Wasser aus den Wassersammelrinnen unterhalb der Fenster). Lüftung und Jalousien sind nicht nur im Winter von Bedeutung, sondern auch an sommerlichen Tagen zum Regulieren der Raumlufttemperatur.

Dabei ist zu berücksichtigen, dass das 'richtige Umgehen' des Nutzers mit dem Gebäude und seinen technischen Möglichkeiten letztlich aus Erfahrungen resultiert. Um diese zu gewinnen, ist sicherlich ein Zeitraum von etwa eineinhalb Jahren erforderlich – das gilt übrigens für alle instandgesetzten oder modernisierten historischen Gebäude.

4) Die Wärmedämmung der Dachkonstruktionen ist zu verbessern.
5) In einigen Räumen des Hauses ist die Heizleistung der Heizkörper zu vergrößern.
   Teilweise sind zusätzliche Heizkörper aufzustellen. So beispielsweise unterhalb der großen Treppenhausfenster.
6) Beibehaltung beziehungsweise Wiederherstellung der historischen Fensteröffnungsmöglichkeiten.
7) Obwohl für den Kellerbereich keine definierte, raumklimatisch fassbare Nutzung vorgegeben war (er also 'unbehandelt' bleiben könnte), wurde zur Sicherheit des Gebäudes und im Sinne der Nutzer entschieden, nicht nur eine Lüftung beziehungsweise Durchlüftung des Kellerbereiches über die rekonstruierten Fenster zu ermöglichen; es erfolgte vielmehr auch eine gewisse Erwärmung des Kellerbereiches. Das geschieht über Heizkörper, aber auch über Heizrohrleitungen, die im unteren Sockelbereich der Außenwände unmittelbar auf der Wand montiert wurden (Wärmebrücke; eventuell etwas über den ungesperrten Wandquerschnitt aufsteigende Feuchtigkeit).
   Eine Nutzung des Kellers durch zum Beispiel feste Arbeitsplätze oder Einlagerung klimaempfindlicher Güter ist nicht möglich. Die genannte Erwärmung des Kellerbereiches verbessert die Behaglichkeit im Erdgeschoss.

**Abschließende Bemerkung**

Auch wenn hier bei weitem nicht alle bauklimatischen 'Feinheiten' der Instandsetzung und Sanierung des Meisterhauses Muche/Schlemmer vorgestellt werden konnten, so ist trotzdem zu hoffen, dass die Bedeutung bauklimatischer Aspekte und ihre notwendige systematische Einbeziehung in die Planungen deutlich geworden ist. Diese ganzheitliche Einbeziehung bauklimatischer Aspekte ist, wie eingangs schon gesagt wurde, weit mehr als das Erbringen von bauphysikalischen Nachweisleistungen.

# Die Nutzung

**Gerhard Lambrecht**

Das Meisterhaus Muche/Schlemmer mit von innen beleuchteten Atelier- und Treppenhausfenstern nach der Wiederherstellung, 2002

Diese Häuser hatten Glück, nicht immer und nicht alle. Die nach 1945 übriggebliebenen hatten immer Bewohner, auch solche, die zumindest partiell ein Gefühl für diese Räume und diese besonderen Häuser entwickelten. Wir haben bei der Rekonstruktion in den Meisterhäusern wesentlich mehr Originalteile, wie zum Beispiel Türen, Klinken, Fenster, Fenstergriffe, vorgefunden als beispielsweise im Bauhausgebäude, das ja im Wesentlichen eine öffentliche Nutzung erfuhr.

Neben dem Bauhausgebäude und den Meisterhäusern gibt es hier eine einmalige Vielfalt von Bauhausbauten: die Siedlung Törten, das Konsumgebäude, das Stahlhaus, das Haus Fieger, die Laubenganghäuser, das Kornhaus und das Arbeitsamt von Walter Gropius (das im September 2002 fertig restauriert wurde).

1992 war die Restaurierung des Meisterhauses Feininger möglich geworden. Wir standen vor der Frage: Was geschieht mit den Bewohnern? Mieter, die sich auf lange Sicht eingerichtet hatten, lebten teilweise seit Jahrzehnten in diesen Häusern oder Institutionen. Hier hat die Stadt Dessau mit einem hohen persönlichen, logistischen und finanziellen Aufwand Lösungen geschaffen, die allen Beteiligten gut zu Gesicht stehen. Es wurden Wohnungen freigelenkt, Häuser vermittelt, Handwerker halfen beim Einrichten der neuen Wohnung. Weiterhin war – neben dem

Umgang mit der Bausubstanz, den denkmalpflegerischen Zielstellungen des Gebäudes und der Umgebung – die Frage der Nutzung dieser Häuser zu klären, die zu den wichtigsten Bauten der Moderne zählen. Ebenso hatten wir das zentrale Problem der Finanzierung zu lösen. Zu unseren Aufgaben gehört die Bewahrung der Geschichte und des Geistes sowie das Zeigen der Vielfalt. Mit den Dokumentationen in den Meisterhäusern sind erste Schritte in diese Richtung getan.

Die Prämisse Weltkulturerbe, das Bauen mit öffentlichen und privaten Finanzmitteln, die Einbeziehung von öffentlichen und privaten Stiftungen bei der Rekonstruktion und der späteren Nutzung implizieren eines wesentlich: Die öffentliche Nutzung. Das, was wir bekommen haben, muss von uns auch zurückgegeben werden. Schnell wurde auch deutlich, dass nur eine Gesamtbetrachtung des Ensembles im Kontext der Stadt und der unmittelbaren Nähe zum Gartenreich Dessau-Wörlitz eine sinnvolle Lösung ergibt. Denn Gropius und der damalige Dessauer Bürgermeister Hesse entschieden sich für die Ansiedlung der Häuser unweit des Bauhauses und parallel zur Sichtachse 'Sieben Säulen'/Amaliensitz. Diese Standortentscheidung weist darauf hin, dass die Meisterhäuser in die Kulturlandschaft und in das kulturelle Geschehen der Stadt eingebunden sein sollten.

Bei den Überlegungen für die künftige Nutzung wurde zwangsläufig auch über die Möglichkeit nachgedacht, die Bauten wieder als Wohnhaus zu nutzen. Dies entspräche der ursprünglichen Idee. Denn schon bei dem Bemühen und den Verhandlungen, das Bauhaus von Weimar nach Dessau zu holen, hatte die Stadt Dessau die Errichtung von Wohnhäusern für die Meister angeboten. So erhielt Walter Gropius dann auch gleichzeitig den Auftrag der Stadt, das Bauhausgebäude und die Meisterhäuser zu entwerfen. Schnell wurde jedoch klar, dass es eine ziemliche Zumutung sein würde, das Haus zu vermieten, verbunden mit der Option, ein 'öffentliches Haus' zu sein. Wer möchte schon jeden Tag Gäste haben, die mal schnell ins schwarze Zimmer von Muche, ins Badezimmer oder in die Küche sehen wollen. Eine öffentliche Nutzung wäre bei dieser Lösung nur sehr eingeschränkt möglich gewesen.

Dazu kam die Frage: Was soll gezeigt werden? Denkbar schien die reine Vorzeigefunktion für das Neue Bauen von Walter Gropius. Mit den Meisterhäusern und dem Haus für den Direktor baute Gropius nicht nur das erste Mal ein Haus für sich, sondern gleichzeitig Demonstrationsobjekte für sein Konzept des Neuen Bauens. Sein Haus und die Haushälfte Moholy-Nagy sind leider 1945 zerstört worden. Das neu restaurierte Meisterhaus Muche/Schlemmer würde sich sehr wohl als Vorzeigeobjekt für die Kunst des Bauens der Klassischen Moderne eignen. Zumal die Nachbarhäuser mit anderen Schwerpunkten der Öffentlichkeit präsentiert werden (das Haus Kandinsky/Klee mit seiner temporären Museumsnutzung und der einmaligen Farbvielfalt der Räume, das Haus Feininger mit der Mietnutzung durch die Kurt-Weill-Gesellschaft). Das Zeigen des ganzen Ensembles mit dieser Sicht, in dieser noch vorhandenen Dreieinigkeit, wäre möglich. Aber es wäre ein ausschließlich rückwärts gewandter Blick. Diese Einschränkung würde der Stadt nicht gut zu Gesicht stehen. Sie stünde vor allem aber im Widerspruch zu den ursprünglichen Ideen des Bauhauses, das sich sehr gegenwärtigen und zukunftsorientierten Aufgaben widmete.

Die Stadt als Eigentümerin hatte als weiteren Gesichtspunkt die Betriebskosten zu betrachten. Trotz ständig steigender Besucherzahlen ist das Betreiben mit erheblichen Aufwendungen für die Stadt verbunden. Die Gründung einer Förderstiftung, der Stiftung Meisterhäuser, war ein erster Schritt in die richtige Richtung. Die Stiftung Meisterhäuser will das Erbe schützen, die Häuser der Öffentlichkeit zugänglich machen und das kulturelle Leben in allen Meisterhäusern nachhaltig fördern. Ziel ist es, die Häuser einmal in das Vermögen der Stiftung zu übernehmen.

Zur Summe der Überlegungen gehörte auch der Aspekt der Gesamtpräsentation aller Bauhausbauten in Dessau und die räumliche Nähe zum Bauhausgebäude, das als Haus ein Denkmal, aber kein Museum ist. So lag es nahe, Bewohner und Institutionen zu suchen und zu finden, die sich, neben der schon postulierten Öffentlichkeit, einer lebendigen Nutzung verpflichtet fühlen. Sich der Geschichte dieser Häuser verpflichtet fühlen heißt nicht, sich in der Vergangenheit einzurichten, sondern sie mit heutigem Tun zu füllen. Die Entscheidung, in das Haus Muche das Designzentrum des Landes Sachsen-Anhalt und in das Haus Schlemmer die Stiftung Bauhaus Dessau, die eine Stiftung des Bundes, des Landes Sachsen-Anhalt und der Stadt Dessau ist, einziehen zu lassen, erfüllt in einem hohen Maße die angelegten Kriterien.

Anfang der neunziger Jahre zeichnete sich die Notwendigkeit ab, neu gegründete oder sich verstärkt auf dem westlichen Markt orientierende Unternehmen bei der Gestaltung und professionellen Werbung zu unterstützen.1994 wurde deshalb das Designzentrum Sachsen-Anhalt gegründet. Gesellschafter des Designzentrums sind die Stadtsparkasse Dessau und die Stadt Dessau. Die Bundesregierung und die Landesregierung förderten intensiv das Design als marktstrategischen Faktor. Das Designzentrum organisiert Ausstellungen und Messen, veranstaltet Workshops und führt Designberatungen durch. Tagungen, Symposien und die Vergabe von Preisen vervollständigen das Angebot. Das Designzentrum Sachsen-Anhalt wird im Meisterhaus Muche diese Arbeit fortsetzen und den Besuchern der Meisterhaussiedlung Designarbeiten von Unternehmen des Landes präsentieren oder die Ergebnisse des 1996 erstmals ausgelobten Marianne-Brandt-Preises ausstellen.

Die Stiftung Bauhaus Dessau, die 1993 als eine Stiftung des Bundes, des Landes Sachsen-Anhalt und der Stadt Dessau (die Stadt brachte das Gebäude in die Stiftung ein) gegründet wurde, präsentiert sich heute wieder als ein lebendiger Ort der Gestaltung, der Forschung und der Lehre. Das Thema Stadt steht mit all seinen Facetten im Mittelpunkt der Arbeit. Bis zum Jahr 2010 sollen im Rahmen einer internationalen Bauausstellung (IBA) mit städtebaulichen, gestalterischen und künstlerischen Projekten in Sachsen-Anhalt neue, experimentelle Strategien für den weltweiten Stadtumbau erprobt werden. Neben der eigenen urbanistischen Forschung ergänzen das Bauhaus-Kolleg und Werkstattprojekte das Aufgabenspektrum. Im ehemaligen Wohnhaus Oskar Schlemmers werden neben Informationen über die wechselnden Hausbewohner aktuelle Projekte, aber auch Wechselausstellungen der Stiftung Bauhaus Dessau präsentiert. Außerdem erhalten Künstler und Architekten als Gäste des Bauhauses die Möglichkeit, in einigen der historischen Räume zu wohnen. Sie können ihre Arbeitsergebnisse hier vorstellen.

Die Geschichte von Kirchen, Schlössern, Burgen und sonstigen Gebäuden zeigt immer wieder, dass ein Bauwerk nicht losgelöst von seinen Bewohnern zu betrachten ist. Ob es die ursprünglichen oder die heutigen Bewohner sind, immer sind sie es, die den Geist eines Hauses bestimmen. Ich wünsche mir, dass wir die Meisterhäuser so nutzen, dass sie auf lange Sicht eine Ausstrahlung haben, die den Inkunabeln der Architektur der Klassischen Moderne würdig ist.

# Anhang

# Lebensdaten und Werkauswahl von Walter Gropius

1883
am 18. Mai in Berlin geboren

1903 bis 1907
Architekturstudium, vom Wehrdienst unterbrochen, an der Technischen Hochschule in München und Berlin-Charlottenburg, ohne Abschluss

1906 und 1907
Erste selbstständige Bauten (Landhäuser und landwirtschaftliche Gebäude in Pommern)

1907 bis 1910
Mitarbeit im Neubabelsberger Atelier von Peter Behrens

1910
Eigenes Baubüro (mit Adolf Meyer) in Berlin-Neubabelsberg

1911 bis 1914
Erster großer Bauauftrag für die Fagus-Werke in Alfeld

1913
Weltausstellung Gent, Goldene Medaille (Inneneinrichtungen mit den Vereinigten Werkstätten)

1914
Büro- und Fabrikgebäude Werkbund-Ausstellung Köln

1914 bis 1918
Soldat im Ersten Weltkrieg

1919 bis 1925
Leiter des 'Staatlichen Bauhauses in Weimar'
Blockhaus Sommerfeld in Berlin-Steglitz (1920-21); Denkmal für die März-Gefallenen auf dem Friedhof in Weimar (1920-21)

1925 bis 1928
Direktor des 'Bauhaus Dessau, Hochschule für Gestaltung'.
Bauhausgebäude und Meisterhäuser (1925-26), Siedlung Törten (1926-28), zwei Häuser auf der Werkbundsiedlung am Weißenhof in Stuttgart (1927), Arbeitsamt Dessau (1927-29)

1928
Baubüro in Berlin
Siedlung Karlsruhe-Dammerstock (1928-29), Siedlung 'Am Lindenbaum' in Frankfurt/Main (1929-30), Wohnblöcke Siedlung Siemensstadt, Berlin (1929-30)

1930
Vizepräsident der 'Congrés Internationaux d'Architecture Moderne' (CIAM)

1934
Übersiedlung nach England, Gründung des Londoner Baubüros zusammen mit dem Architekten Maxwell Fry

1935 bis 1936
Haus Ben Levy, London-Chelsea, Church Street

1937
Berufung als Professor für Architektur an der Graduate School of Design der Harvard University in Boston Mass.
Übersiedlung in die USA

1938 bis 1952
Leiter der Harvard-Architekturabteilung.
Büropartnerschaft (bis 1941) mit dem ehemaligen Bauhausmeister Marcel Breuer

1938
Haus Gropius in Lincoln, Mass.

1939
Pennsylvania Pavillon, Weltausstellung New York

1942 bis 1952
Zusammenarbeit mit Konrad Wachsmann (1901-80) bei der Herstellung von Sperrholzhäusern ('General Panel Corporation'); die Firma ging aufgrund von finanziellen und technischen Problemen in Konkurs.

1944
US-amerikanische Staatsbürgerschaft

1945
Gründung (und bis 1949 beratender Architekt) der 'The Architects Collaborative' (TAC).
Teamarbeit wurde zum tragenden Prinzip. Der individuelle kreative Anteil von Gropius an den vielen bedeutenden Projekten (u. a. US-Botschaft in Athen 1956-61, Universität Bagdad, 1957 ff., PanAm Airways Building, New York City 1958-63) ist kaum noch zu bestimmen.

1947
Deutschlandreise im Auftrag der US-Militärregierung. Eine Fahrt nach Dessau scheitert am Passierschein.

1948 bis 1950
Präsident der CIAM

1952
Emeritierung in Harvard. Vorsitzender des 'Fünferrates' internationaler Architekten als Berater für das Gebäude des UNESCO-Hauptquartiers in Paris.

1955
Meister im Ehrenkollegium der Hochschule für Gestaltung, Ulm

1955 bis 1957
Wohnhochhaus für die Interbau, Berlin, Hansaviertel

1959 ff.
Generalplanung für die Großsiedlung Britz-Buckow-Rudow in Berlin-Neukölln ('Gropiusstadt')

1961
Unter mehreren international ehrenden Auszeichnungen auch die 'Gold Albert Medal' der Royal Society of Arts, London, und der Goethe Preis der Stadt Frankfurt am Main

1964 bis 1968
Projekt Bauhaus-Archiv in Darmstadt, umkonzipiert (Alexander Cvijanovic) und ausgeführt 1976 in Berlin

1969
Am 5. Juli stirbt Walter Gropius in Boston.

**Walter Gropius, Portrait, Dresden 1928**

# Die Meisterhäuser im Bauhaus-Kontext – eine Chronik*

1915
Erste Kontakte von Walter Gropius zum Großherzoglich-sächsischen Staatsministerium mit dem Ziel der „Gründung einer Lehranstalt als künstlerische Beratungsstelle für Industrie, Gewerbe und Handwerk".

1916
Walter Gropius wird von Henry van de Velde in Weimar als sein Nachfolger in der Leitung der 'Großherzoglich-sächsischen Hochschule für Bildende Künste' vorgeschlagen. Gropius war vor allem durch seine Glas-Eisen-Vorhangfassade am Fagus-Werk in Alfeld (1911, zusammen mit Adolf Meyer) als Architekt namhaft geworden.

1918
Nach Kriegsteilnahme ist Walter Gropius in Berlin Leiter des 'Arbeitsrates für Kunst', dem unter anderen auch die Architekten Bruno Taut und Otto Bartning angehören.

1919
Walter Gropius übernimmt die Leitung der 'Hochschule für Bildende Kunst' einschließlich der Kunstgewerbeschule, die er unter dem Namen 'Staatliches Bauhaus in Weimar' vereinigt. In Manifest und Programm erklärt Gropius das Bauen als gesellschaftliche, geistige und symbolische Tätigkeit. Ein Hauptziel war das Zusammenführen von Handwerk und Künstlern. Zusammen mit anderen, inhaltlich verwandten Reformprogrammen und geknüpft an soziale, gesellschaftspolitische Visionen werden die geistigen und technischen Voraussetzungen einer neuen Baukunst entwickelt.
Walter Gropius verlegt sein Baubüro von Berlin nach Weimar.
Erste Meisterratssitzung unter anderen mit Johannes Itten, Lyonel Feininger und Gerhard Marcks.

1920
Deutschnationale Kreise in Weimar veröffentlichen eine Streitschrift gegen das Bauhaus. Die entgegnende Bauhaus-Broschüre enthält auch eine positive Stellungnahme des damaligen thüringischen Kultusministers.
Georg Muche kommt an das Bauhaus, zunächst als Formmeister für Holzbildhauerei und Buchbinderei (später für Weberei).
Paul Klee und Oskar Schlemmer werden berufen.
Theo van Doesburg, führender Vertreter der holländischen De Stijl-Bewegung, besucht das Bauhaus.

1921
Die 'Satzungen des Staatlichen Bauhauses zu Weimar' werden veröffentlicht. Die Lehrer gelten als 'Meister', die Studierenden als 'Lehrlinge' und als 'Gesellen'.
Das Baubüro Gropius baut in Berlin-Dahlem für den Unternehmer Adolf Sommerfeld das 'Haus Sommerfeld'.

1922
Wassily Kandinsky wird berufen.
Uraufführung des Triadischen Balletts von Oskar Schlemmer in Stuttgart.

1923
Bauhaus-Ausstellung in Weimar zusammen mit anderen Ausstellungen (u. a. 'Internationale Architektur' mit Beteiligung von Le Corbusier, Ludwig Mies van der Rohe, J. J. P. Oud ). Ein Höhepunkt ist das 'Haus am Horn' in Weimar (Idee und Entwurf Georg Muche unter Mitarbeit von Adolf Meyer).
Theo van Doesburg, der in Weimar seinen De Stijl-Kurs abhält, polemisiert gegen das Bauhaus, das sich nicht gemäß seinem programmatischen Anspruch entwickelt habe.

1924
Die nach dem Wahlsieg dominierenden konservativen Kräfte im Thüringer Landtag drängen auf Schließung des Bauhauses. Wegen „Unrentierlichkeit des Bauhauses" kündigt die Landesregierung „vorsorglich" die Arbeitsverträge der Meister und des Direktors zum 31. März 1925. Die Gekündigten erklären in einem offenen Brief zum 1. April 1925 die Auflösung des Bauhauses in Weimar.

1925
Mehrere Städte bieten sich als neuer Standort für das Bauhaus an. Feininger, Klee und Muche verhandeln mit dem Bürgermeister von Dessau, Fritz Hesse, über die Übersiedlung des Bauhauses nach Dessau. Fritz Hesse wird dabei beraten von dem Direktor der Anhaltischen Gemäldegalerie und Landeskonservator Ludwig Grote. Der Gemeinderat Dessau beschließt (gegen die Stimmen der Rechtsparteien) die Übernahme des Bauhauses.
Baubeginn für das Bauhausgebäude und für die Meisterhaus-Siedlung im September 1925. Entwurf von Walter Gropius, Projektierung und Durchführung durch das private Baubüro Gropius (Ernst Neufert, Carl Fieger).
Der Lehrbetrieb findet zunächst in der Städtischen Kunstgewerbe- und Handwerkerschule statt; die Werkstätten arbeiten im Lagerraum einer Versandfirma.

Die Reihe der 'bauhausbücher' beginnt mit Schriften von Walter Gropius, Paul Klee, Oskar Schlemmer, Piet Mondrian und Theo van Doesburg.
Gründung der Bauhaus-GmbH zur kommerziellen Verwertung der am Bauhaus entwickelten Produkte.

1926
Im August wird die Meisterhaus-Siedlung bezogen durch den Direktor Gropius sowie – in den Doppelhäusern – durch Moholy-Nagy und Feininger, Muche und Schlemmer sowie Kandinsky und Klee.
Im Dezember Einweihung des Bauhausgebäudes im Beisein von über 1000 in- und ausländischen Gästen.
Die ersten fertiggestellten Bauten der Siedlung Törten (Walter Gropius) werden der Öffentlichkeit präsentiert.
Ein 'Bürgerverein Dessau' beschließt Protestaktionen gegen das 'undeutsche Bauhaus'.

1927
Fertigstellung des 'Experimental-Stahlhaus' (Dessau-Törten) von Georg Muche und Richard Paulick.
Eröffnung der Architekturabteilung am Bauhaus unter Hannes Meyer.
Georg Muche verlässt das Bauhaus und als erster die Meisterhaus-Siedlung (sein Nachfolger dort ist Hinnerk Scheper).
Polemik gegen Bauhausmeister in der rechten Dessauer Presse.

1928
Walter Gropius erhält den Bauauftrag für das Arbeitsamt Dessau, dem „schönsten und konsequentesten" Funktionsbau von Gropius (Fertigstellung 1929).
Gropius tritt als Bauhausdirektor zurück; mit ihm verlassen Laszlo Moholy-Nagy, Marcel Breuer und Herbert Bayer das Bauhaus. Nachfolger von Gropius wird Hannes Meyer, der „formalistische Tendenzen" am Bauhaus kritisiert und eine Ausrichtung auf Wissenschaftlichkeit und auf „Volksbedarf statt Luxusbedarf" fordert.
Am Dessauer Friedrichstheater Aufführung von Mussorgskys 'Bilder einer Ausstellung' mit Bühnenbild von Kandinsky.

1929
In Bernau bei Berlin Richtfest für die Bundesschule des ADGB, entworfen von Hannes Meyer und Hans Wittwer; beteiligt alle Werkstätten des Bauhauses.
Oskar Schlemmer folgt einer Berufung an die Akademie in Breslau; Nachfolger in der Meisterhauswohnung wird Alfred Arndt.
Bürgermeister Fritz Hesse setzt mit knapper Mehrheit im Stadtrat für die Bauhausmeister eine Vertragsverlängerung auf fünf Jahre durch. Zunehmende politische Radikalisierung der Bauhaus-Studierenden, insbesondere bei den KPD-Mitgliedern.

1930
In Törten werden die fertiggestellten und als besonders mietniedrig propagierten Laubenganghäuser von Hannes Meyer bezogen.
Auf dem 4. CIAM-Kongress zum Thema 'Funktionelle Stadt', die zur 'Charta von Athen' führt, stellt Walter Gropius eine von Bauhäuslern erarbeitete Analyse der Stadt Dessau vor.
Mit einem Vorwand wird Hannes Meyer, der für die zunehmende Politisierung des Bauhauses verantwortlich gemacht wird, durch die Stadt Dessau entlassen.
Nachfolger als Bauhausdirektor wird Ludwig Mies van der Rohe. Er strafft den Studienablauf; vor allem im Zusammenhang mit bautechnischen und ästhetischen Fragen rückt die Architektur stärker in den Mittelpunkt.

1931
Paul Klee folgt einer Berufung an die Düsseldorfer Akademie.
Gemeinderatswahlen in Dessau: die NSDAP wird stärkste Fraktion; sie fordert die Streichung der Finanzen für das Bauhaus und den Abbruch des Bauhausgebäudes.

1932
Weiterhin politisch-ideologische Auseinandersetzung am Bauhaus. Eine Gruppe von Studierenden bemalt das Meisterhaus von Wassily Kandinsky mit kommunistischen Parolen.
Die Trinkhalle auf dem Gelände der Meisterhaus-Siedlung, einziges Architekturzeugnis von Mies van der Rohe in Dessau, wird fertiggestellt (1945 kriegszerstört).
In Begleitung von Bürgermeister Hesse, Ministerpräsident Freyberg und NSDAP-Mitgliedern besichtigt im Juli Paul Schultze-Naumburg das Bauhaus und votiert in einem Gutachten für dessen Auflösung.
Neben anderen namhaften, kulturell engagierten Persönlichkeiten tritt zuletzt Theodor Fischer im August in einem Presseartikel für die Erhaltung des Bauhauses ein.
Auf Antrag der NSDAP-Mehrheit stimmt der Stadtrat Dessau für die Schließung des Bauhauses und für die Entlassung der Lehrkräfte.
Im Oktober übersiedelt das Bauhaus nach Berlin in eine ehemalige Telefonfabrik in Berlin-Steglitz. Mies van der Rohe ge-

lingt es in Verhandlungen mit der Stadt Dessau, die Rechte am Namen 'Bauhaus' und an den Lizenzeinnahmen zu sichern. Das Bauhaus ist nun eine private Schule Mies van der Rohes.

1933
Im April findet auf Antrag der Staatsanwaltschaft Dessau eine polizeiliche Durchsuchung des Bauhauses in Berlin statt. Studierende werden vorübergehend inhaftiert.
Mit Zustimmung der Meister löst Mies van der Rohe im Juli das Bauhaus auf.

1939
Verkauf der Meisterhäuser an die Junkers-Flugzeugmotorenwerke Dessau mit der Auflage des Stadtrates, mit dem Umbau der Künstlerhäuser zu Mietwohnungen auch die „wesensfremden" Elemente der Bauhausarchitektur zu tilgen.
Das Bauhausgebäude wird nicht – wie von der NSDAP zunächst gefordert – abgebrochen, sondern vielfältig genutzt, unter anderem für Forschungsateliers der Junkerswerke und ironischerweise von der Gauverwalterschule der NSDAP und dem Baustab Albert Speers.

Die Bedeutung und die Leistungen des Bauhauses waren schon lange vor dessen Auflösung im Bewusstsein der internationalen Fachwelt fest verankert. Nicht wenige der Bauhäusler konnten ihren Beruf auch im Kulturkonzept der Nationalsozialisten weiter ausüben. Das unterschiedliche Geschick der Einzelnen spaltete die in Deutschland bleibenden Bauhäusler in Mittäter, Angepasste, 'innere Emigranten' und Widerstandskämpfer.
Ein fruchtbares Weiterwirken war den früher oder später Emigrierten in den USA möglich (u. a. Josef Albers, Walter Gropius, Marcel Breuer, Ludwig Mies van der Rohe). 1938 findet eine große Bauhaus-Ausstellung im Museum of Modern Art mit umfassender Katalog-Publikation statt.
In Moskau konnten Hannes Meyer und eine Gruppe seiner Bauhausstudenten nur bis Mitte der dreißiger Jahre städtebauliche und architektonische Aufgaben „am Aufbau einer wahrhaft sozialistischen Gesellschaft" erhalten. Sie wurden dann als Immigranten Opfer des Konzeptes vom sozialistischen Realismus und der stalinistischen Unterdrückung.

1945
Bei einem Luftangriff wird das Bauhausgebäude schwer beschädigt, und in der Meisterhaus-Siedlung werden das Direktoren-Wohnhaus sowie die benachbarte Doppelhaushälfte Moholy-Nagy zerstört.

1953
Mit der 'Hochschule für Gestaltung' in Ulm entsteht eine den ganzheitlichen und demokratisch-sozialen Zielen des Bauhauses am stärksten verwandte und teils auch von ehemaligen Bauhäuslern (u. a. Max Bill) mitgetragene Einrichtung.

1960
In Darmstadt wird von Hans M. Wingler das Bauhaus-Archiv gegründet (seit 1971 in Berlin im Neubau von Walter Gropius).

1962
In der ehemaligen DDR wird nach fehlgeschlagenen Ansätzen zur konkreten Wiederbelebung der Bauhaus-Idee die theoretische Auseinandersetzung mit dem Bauhaus erneut aufgenommen (Deutsche Übersetzung des sowjetischen Buches 'Das schöpferische Erbe des Bauhauses').

1974
Zusammen mit dem Bauhausgebäude und den weiteren Bauhaus-Zeugnissen in Dessau wird auch die überkommene Meisterhaus-Siedlung unter Denkmalschutz gestellt.

1976
Neueröffnung des wiederhergestellten Bauhausgebäudes in Dessau. Damit ist auch in der ehemaligen DDR eine gewichtige Stufe der neuen offiziellen Wertschätzung des Bauhauses erreicht.

1992
Mit Instandsetzung der kriegsbeschädigten Doppelhaushälfte Feininger beginnt die Wiederherstellung der überkommenen Meisterhaus-Siedlung.

* Die Zusammenstellung orientiert sich weitgehend an der instruktiven Chronologie in: Lutz Schöbe, Wolfgang Thöner, Stiftung Bauhaus Dessau, Die Sammlung, Hatje, Stuttgart 1995.

# Literatur (Auswahl)


Argan, Giulio Carlo, Gropius und das Bauhaus. Bauwelt Fundamente 69 (1951), Braunschweig 1992

Bauhausbücher. Neue Folge der von Walter Gropius und Laszlo Moholy-Nagy begründeten 'bauhausbücher', Bd. 1-14, Reprints hrsg. von Hans Maria Wingler, Berlin

Die Bauhaus-Debatte 1953. Bauwelt Fundamente 100, 1994

50 Jahre Bauhaus. Ausstellungskatalog Württembergischer Kunstverein u. a., Stuttgart 1968

Bayer, Herbert (Hrsg.), Bauhaus 1919-1928, Walter Gropius, Jse Gropius, Ausstellungskatalog Museum of Modern Art 1939, dtsch. Ausgabe, Stuttgart 1955

Consemüller, Erich, Fotografien Bauhaus Dessau. Hrsg. Wulf Herzogenrath, Stefan Kraus, München 1989

Danzl, Thomas, Rekonstruktion versus Konservierung? in: Denkmalpflege in Sachsen-Anhalt, 7. Jhg., Heft 2, 1999

Danzl, Thomas, Farbe und Form. Die materialtechnischen Grundlagen der Architekturfarbigkeit an den Bauhausbauten in Dessau und ihre Folgen für die restauratorische Praxis, in: Denkmalpflege in Sachsen-Anhalt, 9. Jhg., Heft 1/2, 2001

Diwo, Marion, Die Meisterhäuser von Walter Gropius, in: Dessau - Anmerkungen zur Nutzungs- und Wirkungsgeschichte, in: Kunstgeschichtliche Studien – Hugo Borger zum 70. Geburtstag, Weimar 1995

Droste, Magdalena, Georg Muche. Das künstlerische Werk 1921-1927, Ausstellungskatalog, Berlin 1980

Droste, Magdalena, Bauhaus 1919-1933, Berlin 1990

Düchting, Hajo, Farbe am Bauhaus, Synthese und Synästhesie, Neue Bauhausbücher, Berlin 1996

Engelmann, Christine / Schädlich, Christian, Die Bauhausbauten in Dessau, Berlin 1991

Experiment Bauhaus. Das Bauhaus-Archiv, Berlin (West) zu Gast im Bauhaus Dessau, Katalog zur Ausstellung im Bauhaus Dessau, 1988

Giedion, Sigfried, Walter Gropius – Mensch und Werk, Stuttgart 1954

Grohn, Christian, Die Bauhaus-Idee, Entwurf, Weiterführung, Rezeption, Neue Bauhausbücher, Berlin 1991

Gropius, Walter, Bauhausbauten Dessau, München 1930. Reprint Mainz-Berlin 1974

Gropius, Walter, Die neue Architektur und das Bauhaus, Neue Bauhausbücher, Berlin 1965

Gropius, Walter, Das flache Dach. Internationale Umfrage über die technische Durchführbarkeit horizontal abgedeckter Dächer und Balkone, in: Bauwelt, Berlin 1926

Grunsky, Eberhard, Ist die Moderne konservierbar? in: Konservierung der Moderne? Über den Umgang mit den Zeugnissen der Architekturgeschichte des 20. Jahrhunderts (= ICOMOS, Hefte des Deutschen Nationalkomitees XXIV), München 1998, S. 27-38

Hahn, Peter (Hrsg.), bauhaus berlin. Auflösung Dessau 1932, Schließung Berlin 1933, Bauhäusler und Drittes Reich, Weingarten 1985

Hesse, Fritz, Von der Residenz zur Bauhausstadt, Erinnerungen an Dessau, Bad Pyrmont 1963

Hüter, Karl-Heinz, Das Bauhaus in Weimar. Studie zur gesellschaftspolitischen Geschichte einer deutschen Kunstschule, 3. Aufl. Berlin (Ost) 1982

Huse, Norbert, Neues Bauen 1918-1933. Moderne Architektur in der Weimarer Republik, München 1975, 2. überarbeitete und erweiterte Auflage, Berlin 1985

Isaacs, Reginald, Walter Gropius. Der Mensch und sein Werk, 2 Bände, Berlin 1984

Jaeger, Falk, Die Bauhausbauten in Dessau als kulturhistorisches Erbe in der sozialistischen Wirklichkeit, in: Deutsche Kunst und Denkmalpflege, 39. Jhg. 1981, Heft 2, S.159-186

Kutschke, Christine, Bauhausbauten in Dessauer Zeit (Diss. Hochschule für Architektur und Bauwesen Weimar), Weimar 1981

Leben am Bauhaus. Die Meisterhäuser in Dessau, Bayerische Vereinsbank, München 1993

Maur, Karin v., Oskar Schlemmer. Katalog zur Ausstellung des Württembergischen Kunstvereins, Stuttgart 1977

Maur, Karin v., Oskar Schlemmer. 2 Bände, München 1979

Michels, Norbert (Hrsg.), Das Meisterhaus Kandinsky-Klee in Dessau. Kataloge der Anhaltischen Gemäldegalerie Dessau Bd. 8, Leipzig 2000

Nerdinger, Winfried, Walter Gropius, Ausstellungskatalog Bauhaus-Archiv, Berlin 1985

Nerdinger, Winfried (Hrsg.), Bauhaus-Moderne im Nationalsozialismus. Zwischen Anbiederung und Verfolgung, Neuauflage, München 1999

Neumann, Eckhard (Hrsg.), Bauhaus und Bauhäusler. Bekenntnisse und Erinnerungen, Bern und Stuttgart 1971, erweiterte Neuausgabe, Köln 1985

Petzet, Michael, Hartwig Schmidt, Vorwort, in: Konservierung der Moderne ? Über den Umgang mit den Zeugnissen der Architekturgeschichte des 20.Jahrhunderts (= ICOMOS, Hefte des Deutschen Nationalkomitees XXIV), München 1998

Probst, Hartmut / Schädlich, Christian (Hrsg.), Walter Gropius. Der Mensch und sein Werk. 3 Bände, Berlin 1988

Scheper, Renate, Farbe im Stadtbild. Farbgestaltungen im alten Dessau von Hinnerk Scheper und der Wandmalerei am Bauhaus, in: Dessauer Kalender 1992, S. 24-30

Schöbe, Lutz / Thöner, Wolfgang (Hrsg.), stiftung bauhaus dessau. die sammlung. Ostfildern 1995

Schwarz, Hans-Peter (Hrsg.), Künstlerhäuser – Eine Architekturgeschichte des Privaten, Ausstellungskatalog, Braunschweig 1989

Stiftung Bauhaus Dessau / Margret Kentgens-Craig (Hrsg.), Das Bauhausgebäude in Dessau 1926-1999, Basel-Berlin-Boston 1998

Wingler, Hans Maria, Das Bauhaus 1919-1933, Weimar, Dessau, Berlin und die Nachfolge in Chicago seit 1937. Neuauflage, Köln 2002

# Anmerkungen

## Asymmetrische Balance und befreites Wohnen – der 'neue Baugeist' der Bauhaus-Meisterhäuser

1 Vgl. Winfried Nerdinger: Der Architekt Walter Gropius. Berlin 1996, S. 58ff.
2 Zu den Meisterhäusern vgl. Christine Kutschke: Bauhausbauten der Dessauer Zeit. Ein Beitrag zu ihrer Dokumentation und Wertung. Dissertation Weimar 1981, S. 31-38.
3 Walter Gropius, bauhausbauten dessau, 1930. Nachdruck Mainz und Berlin 1974 (die Kleinschreibung in diesem Band ist bei den Zitaten beibehalten).
4 Ebd., S. 8.
5 Europäische Schlüsselwörter, Band 3: Kultur und Zivilisation, München 1967.
6 Vgl. Peter Behrens: Über die Beziehungen der künstlerischen und technischen Probleme. Berlin 1917.
7 Gropius, a.a.O. S. 88.
8 Walter Gropius: Idee und Aufbau des Staatlichen Bauhauses, in: Staatliches Bauhaus Weimar 1919-1923. Weimar-München 1923, S. 6-18.
9 Ebd., S. 15.
10 Vgl. H. L. C. Jaffé: De Stijl 1917-1931. Der niederländische Beitrag zur Kunst. Berlin 1965; Carsten-Peter Warncke: De Stijl 1917-1931. Vgl. auch die ähnlichen aber späteren Ideen El Lissitzkys bei der Beschreibung von Malewitschs suprematistischer Malerei in: El Lissitzky, Rußland. Architektur für eine Weltrevolution. Berlin 1930, S.11: „Ein neues asymmetrisches Gleichgewicht der Volumen wurde aufgebaut, die Spannungen der Körper zu einem neuen dynamischen Ausdruck gebracht und eine neue Rhythmik aufgestellt."
11 Hannes Meyer: Manuskript zu einem Vortrag in Wien 1929. In: ders., Bauen und Gesellschaft, Dresden 1980, S. 56.
12 Gertrud Grunow: Der Aufbau der lebendigen Form durch Farbe, Form, Ton. In: Staatliches Bauhaus Weimar (Anm. 8), S. 20-23. Vgl. Winfried Nerdinger: Von der Stilschule zum Creative Design – Walter Gropius als Lehrer. In: Rainer Wick (Hrsg.): Ist die Bauhauspädagogik aktuell?. Köln 1985, S. 28-41.
13 Vgl. Wolf Tegethoff: Mies van der Rohe. Die Villen und Landhausprojekte. Essen 1981, S. 15-34; zuletzt Terence Riley und Barry Bergdoll (Hrsg.): Mies in Berlin. München 2001, S. 190 f. (dort fälschlich als Landhaus in Beton bezeichnet).
14 Nerdinger, a.a.O. S. 44.
15 Tegethoff, a.a.O. S. 31 f.
16 Winfried Nerdinger: Standard und Typ: Le Corbusier und Deutschland 1920-1927. In: Stanislaus von Moos (Hrsg.): L'Esprit Nouveau – Le Corbusier und die Industrie 1920-1925. Berlin 1987, S. 44-53.
17 Gropius, a.a.O. S. 135.
18 Umfassende Darstellung bei Andreas K. Vetter: Die Befreiung des Wohnens. Ein Architekturphänomen der 20er und 30er Jahre. Tübingen und Berlin 2000.
19 Gropius, a.a.O. S. 101.
20 Ebd., S. 136.
21 Ebd., S. 112.
22 Adolf Behne: Das Bauhaus in Dessau. In: Fachblatt für Holzarbeiter 1927, S. 34.
23 Vgl. Magdalena Droste: Unterrichtsstruktur und Werkstattarbeit am Bauhaus unter Hannes Meyer. In: Bauhaus Archiv (Hrsg.): hannes meyer 1889-1954, architekt urbanist lehrer. Berlin 1989, S. 134-165.
24 Steen Eiler Rasmussen: Neuzeitliche Baukunst in Berlin. In: Wasmuth's Monatshefte für Baukunst 1928, S. 538.

## Flüchtige Begegnungen. Die Bauhausmeister Oskar Schlemmer und Georg Muche

1 Georg Muche: Blickpunkt. Sturm, Dada, Bauhaus, Gegenwart. Tübingen 1961, 2. Auflage 1965, S.132.
2 Zu Schlemmer: Karin von Maur: Oskar Schlemmer. Monographie. Passau 1979.
3 Tagebuch Oskar Schlemmer, 11.7.1942, zitiert nach: Gunther Thiem: Georg Muche. Der Zeichner. Ausstellungskatalog Graphische Sammlung Staatsgalerie Stuttgart 1977, S. 54.
4 Zu Schlemmer als Bühnenkünstler siehe Dirk Scheper: Oskar Schlemmer, Das Triadische Ballett und die Bauhausbühne. Berlin 1988; sowie Ausstellungskatalog Oskar Schlemmer, Tanz Theater Bühne. Düsseldorf 1994.
5 Gunther Thiem, a.a.O. S. 50.
6 Brief Oskar Schlemmer an Mascha Luz, 9.6.1918, zitiert nach Maur, 1979, S. 351, Fußnote 236.
7 Andreas Hüneke (Hrsg.): Oskar Schlemmer, Idealist der Form. Briefe, Tagebücher, Schriften. Leipzig 1990, S. 9 für das Jahr 1913.
8 Hüneke, S. 22.
9 Hüneke, S. 32.
10 Oskar Schlemmer: Über meine Bilder. Manuskript, zwischen 1940 und 1942, Faksimiledruck in: Jiri Svestka

(Hrsg.): Ausstellungskatalog Oskar Schlemmer: Das Lackkabinett. Düsseldorf 1987, S. 114.
11 Brief Oskar Schlemmer, 21.12.1920, in: Hüneke, S. 69.
12 Brief Oskar Schlemmer an Otto Meyer-Amden, 6.10.1916, in: Hüneke, S. 29.
13 Magdalena Droste: Ittens Vorlehre und die Unterrichtsstruktur am frühen Bauhaus. In: Ausstellungskatalog Das frühe Bauhaus und Johannes Itten. Bauhaus Archiv Berlin 1994, S. 169-173.
14 Tagebuch Oskar Schlemmer Anfang November 1922, in: Hüneke, S. 102.
15 Gut dokumentiert in: Ute Brüning (Hrsg.): Ausstellungskatalog Bauhaus Archiv Berlin, Das A und O des Bauhauses. Leipzig 1995.
16 Maur 1979, S. 128 und S. 335f.
17 Tagebuch Oskar Schlemmer Mitte November 1922, in: Hüneke, S. 103.
18 Maur 1979, S. 336.
19 Maur 1979, S. 337.
20 Maur 1979, S. 354, Fußnote 335.
21 Maur 1979, S. 354, Fußnote 335.
22 Tagebuch Oskar Schlemmer, 30.11.1919, in: Maur 1979, sowie 1922 in: Hüneke, S. 91.
23 Maur 1979, S. 131.
24 Brief Oskar Schlemmer an Meyer-Amden, Anfang Oktober 1923, in: Hüneke, S. 113.
25 Tagebuch Oskar Schlemmer November 1922, in: Hüneke, S. 100.
26 Brief Oskar Schlemmer an Meyer-Amden, 21.10.1923, in: Hüneke, S. 115.
27 Maur 1979, S. 132, auch Hüneke, S. 101.
28 Brief Oskar Schlemmer an Meyer-Amden, 13.3.1922, in: Hüneke, S. 83.
29 Brief Oskar Schlemmer an Meyer-Amden, Anfang Juni 1923, in: Hüneke, S. 108.
30 Bernd Vogelsang: Lothar Schreyer und das Scheitern der Weimarer Bauhausbühne. In: Das frühe Bauhaus, S. 321-363.
31 Vgl. die Liste mit den Gehältern im Bauhaus Haushalts-Voranschlag 1926/27 in: Hans Maria Wingler: Das Bauhaus. Bramsche 1975, S. 121.
32 Brief Oskar Schlemmer an Willi Baumeister, 21.12.1926, in: Scheper, S. 141.
33 Scheper, a.a.O.
34 Brief Oskar Schlemmer an Meyer-Amden, 17.4.1927, in: Scheper, S. 150.
35 Brief Oskar Schlemmer an Tut Schlemmer, 8.10.1925, Tut Schlemmer, S. 139f.
36 Postkarte Oskar Schlemmer an Willy Baumeister, 23.8.1926, Abschrift Bauhaus-Archiv, Berlin.
37 Brief Oskar Schlemmer an Meyer-Amden, 27.8.1926, in: Oskar Schlemmer, Briefe und Tagebücher. Hrsg. von Tut Schlemmer, München 1958, S. 203.
38 Brief Oskar Schlemmer an Otto Meyer-Amden, 17.4.1927, in: Tut Schlemmer, S. 207.
39 Karte Oskar Schlemmer an Otto Meyer-Amden, 313.1927, in: Tut Schlemmer, S. 204.
40 Brief Oskar Schlemmer an Tut Schlemmer, 11.4.1927, in: Tut Schlemmer, S. 206.
41 Brief Oskar Schlemmer an Tut Schlemmer, 25.4.1927, in: Tut Schlemmer, S. 208.
42 Brief Oskar Schlemmer an Tut Schlemmer, Anfang Oktober 1927, in: Tut Schlemmer, S. 217.
43 Brief Oskar Schlemmer an Tut Schlemmer, 31.10.1927, in: Tut Schlemmer, S. 219.
44 Brief Oskar Schlemmer an Tut Schlemmer, 22.2.1928, in: Tut Schlemmer, S. 231.
45 Brief Oskar Schlemmer an Otto Meyer-Amden, 13.4.1928, in: Leben am Bauhaus, Die Meisterhäuser. Buchendorf 1993, S. 99.
46 September 1929 als Umzugsmonat genannt in: Mannheim Wand Bild, S.147.
47 Antje von Graevenitz: Oskar Schlemmers Kursus: Der Mensch. in: Ausstellungskatalg Oskar Schlemmer Wand-Bild, Bild-Wand. Kunsthalle Mannheim 1988, S. 9-16, hier S. 13.
48 Brief Oskar Schlemmer an Tut Schlemmer, 27.1.1928, in: Hüneke, S. 190.
49 Brief Oskar Schlemmer an Willi Baumeister, 8.4.1929, in: Hüneke, S. 208.
50 Brief Oskar Schlemmer an Otto Meyer-Amden, Mitte Dezember 1925, in: Hüneke, S. 156.
51 Dirk Scheper, S. 218.
52 Karin von Maur: Oskar Schlemmer. Der Folkwang-Zyklus. Malerei um 1930. Ausstellungskatalog Staatsgalerie Stuttgart 1993.
53 Christine Fischer-Defoy: Meine Rettung nach Berlin ist ein Akt der letzten Stunde. Oskar Schlemmers Lehrtätigkeit an den Vereinigten Staatsschulen Berlin im Wintersemester 1932/33. In: Peter Hahn (Hrsg.): Bauhaus Berlin Auflösung Dessau 1932 Schließung Berlin 1933 Bauhäusler und Drittes Reich. Weingarten 1985, S. 235-240.
54 Magdalena Droste: Bauhaus Maler im Nationalsozialismus. Anpassung, Selbstentfremdung, Verweigerung. In: Winfried Nerdinger (Hrsg.): Bauhaus Moderne im Nationalsozialismus. München 1993, S. 113-141, hier S. 131f. und Maur S. 251.
55 Nerdinger, a.a.O.
56 Christine Lange: Schlemmers Wuppertal-Aufenthalt im Spiegel seiner Briefe und Tagebücher. In: Lackkabinett, S. 129-132, hier S. 132.
57 Lackkabinett, S. 32, und Tagebuch Oskar Schlemmer, 11.7.1942, in: Thiem, S. 54.
58 Lackkabinett, S. 117.
59 Tagebuch Oskar Schlemmer, 16. Juli 1941, in: Thiem, S. 52.
60 Brief Oskar Schlemmer an Bissier, 7. August 1942 , in: Matthias Bärmann, Julius Bissier: Oskar Schlemmer, Briefwechsel. Glarus 1988, S.62.
61 Tagebuch Oskar Schlemmer, 11.7.1942, in: Thiem, S. 54.
62 Tagebuch Oskar Schlemmer, 18.3.1942, in: Thiem, S. 54.
63 Brief Oskar Schlemmer an Bissier, 17.1.1943, in: Bärmann, S. 106.
64 Bärmann, a.a.O.
65 Brief Oskar Schlemmer an Bissier, 3.8.1942, in: Bärmann, S. 89.
66 Brief Oskar Schlemmer an Casca Schlemmer, 14.9.1942, in: Lackkabinett, S. 132.
67 Brief Oskar Schlemmer an Bissier, 13.11.1942, in: Bär-

mann, S. 99.
68 Bärmann, a.a.O.
69 Bauhaus-Archiv Berlin (Hrsg.): Der alte Maler. Briefe von Georg Muche 1945 -1984. Tübingen, Berlin, 1992.
70 Muche, Blickpunkt, S. 127.
71 Ludger Busch, Georg Muche: Dokumentation zum malerischen Werk der Jahre 1915 bis 1920. Tübingen, 1984.
72 Bauhaus Archiv Berlin (Hrsg.): Georg Muche. Das künstlerische Werk 1912-1927. Bearbeitet von Magdalena Droste. Berlin 1980.
73 Brief Georg Muche an den Vater, 2.10.1919, in: Muche 1980, S. 66.
74 Brief Oskar Schlemmer an Meyer-Amden, 7.12.1921, in: Hüneke, S. 82.
75 Muche Blickpunkt, S. 168.
76 Christian Wolsdorff: Georg Muche als Architekt. In: Muche 1980, S. 24-30; und Klaus Jürgen Winkler: Die Architektur am Bauhaus in Weimar, Leipzig 1993.
77 Text des Bauhauses zur Ausstellung 1923. In: Winfried Nerdinger: Walter Gropius Berlin 1985, S. 59.
78 Brief Oskar Schlemmer an Otto Meyer-Amden, 21.10.1923, in: Hüneke, S. 115.
79 Winkler, S. 127 und S. 130.
80 Blickpunkt, S. 168.
81 Brief Oskar Schlemmer an Otto Meyer-Amden, 17.4.1927, in: Hüneke, S. 171.
82 Vgl. dazu Busch.
83 Busch, S. 126.
84 Georg Muche: Beitrag zu der Diskussion über Ernst Kallais Artikel 'Malerei und Fotografie' in: Muche 1980, S. 72.
85 Reprint in Muche 1980, S. 71.
86 Muche, a.a.O.
87 Briefentwurf Georg Muche an Franz Kluxen, 18.2.1927, in: Muche 1980, S. 69.
88 Die Entwicklung der Krise kann nachvollzogen werden in: Magdalena Droste, Marion Ellwanger: Chronologie der Werkstatt für Weberei 1919 bis 1933. In: Gunta Stölzl, Weberei am Bauhaus und aus eigener Werkstatt. Ausstellungskatalog Bauhaus Archiv Berlin 1987, S. 107ff.; und in: Ingrid Radewald, Monika Stadler, Gunta Stölzl. Biographie, in: Gunta Stölzl, Meisterin am Bauhaus Dessau. Hrsg. von der Stiftung Bauhaus Dessau, Ostfildern Ruit, 1998, S. 10 - 86, hier S. 38f.
89 Brief Oskar Schlemmer an Tut Schlemmer, 16.4.1926, in: Hüneke, S. 162.
90 Georg Muche an El Muche, 17.5.1926, in: Muche 1980, S. 68, und Oskar Schlemmer an Tut Schlemmer, 1.5.1926, in: Hüneke, S. 164.
91 Muche 1980, S. 68.
92 Tut Schlemmer, S. 205.
93 Leben am Bauhaus, Die Meisterhäuser in Dessau Buchendorf 1993, S. 61.
94 Blickpunkt, S. 155f.
95 Brief Oskar Schlemmer an Tut Schlemmer, 2.7.1927, in: Tut Schlemmer, S. 211.
96 Brief Oskar Schlemmer an Willi Baumeister, 21.12.1926, in: Tut Schlemmer, S. 204.
97 Brief Georg Muche an El Muche, 18.2.1927, in: Muche 1980, S. 69.
98 Zeittafel zur Geschichte der Breslauer Akademie. In: Hans M. Wingler: Kunstschulreform 1900-1933. Berlin 1977, S. 203.
99 Magdalena Droste: Georg Muches Fresken. In: Ausstellungskatalog Georg Muche, Das malerische Werk 1928-1982. Bauhaus Archiv Berlin 1982 , S.24-34.
100 Blickpunkt, S.119f.
101 Georg Muche: Buon Fresco, Briefe aus Italien über Handwerk und Stil der echten Freskomalerei. Berlin 1938, 2. unveränderte Auflage 1950.
102 Brief Oskar Schlemmer an Bissier, 19.11. und 20.11.1942, in: Bärmann, S. 106.
103 Blickpunkt, S. 112, und Schlemmer an Bissier, 20.2.1942, in: Bärmann, S. 73.
104 Oskar Schlemmer an Bissier, 3.8.1942, in: Bärmann, S. 61.
105 Siehe auch Wulf Herzogenrath: Die Wandgestaltung der neuen Architektur. München 1973.
106 Oskar Schlemmer an Bissier, 7.8.1942, in: Bärmann, S. 91.
107 Tagebuch Oskar Schlemmer ,14.6.1941, in: Thiem, S. 52.

## Bau- und Nutzungsgeschichte der Meisterhäuser

1 Zu den Dessauer Meisterhäusern haben sich keine Bauakten erhalten, die einen tieferen Einblick in einzelne Planungsstände bzw. Bauabläufe erlauben. Die zur Verfügung stehenden Quellen geben nur fragmentarisch Auskunft zu Planung und Bau der Häuser.
2 Zu den im Atelier Gropius beschäftigten Personen und deren Beitrag am Bau der Meisterhäuser vgl.: Christine Kutschke: Bauhausbauten in Dessauer Zeit (Diss. Hochschule für Architektur und Bauwesen Weimar), Weimar 1981, S. 34; Wolfgang Thöner: Die Meisterhäuser im Portrait, in: Leben am Bauhaus – Die Meisterhäuser in Dessau, Hrsg. Bayerische Vereinsbank, München 1993, S. 38; Ch. Engelmann: Ernst Neufert – Studentenhaus und Abbeanum in Jena, in: Das andere Bauhaus, Otto Bartning und die Staatliche Bauhochschule Weimar 1926-1930, Berlin 1997, S. 61.
3 Ein Zur-Verfügung-Stellen von Atelierräumen sah schon der zwischen der Stadt und den Bauhausmeistern abgeschlossene Beschäftigungsvertrag vor: Vgl. den entsprechenden Passus in den Mietverträgen mit den Erstbewohnern der Meisterhäuser: Stadtarchiv Dessau: Akten des Magistrats 711/56/1.
4 Stadtarchiv Dessau: Akten des Magistrats 711/54/2, Blatt 273.
5 Modellfotos im Bauhaus Archiv Berlin.
6 Das Original der Fieger-Zeichnung befindet sich in der Sammlung Bauhaus Dessau.
7 Zur Freiflächengestaltung der Moderne vgl. Brigitte Wormbs: Gärten der Avantgarde. In: archithese (27) 1997, Heft 4, S. 18-25.
8 Schon 1924 konnte Gropius mit dem Haus Auerbach in Jena ein Villenprojekt verwirklichen, bei dem der gestaffelte Gebäudekubus den Bauplan für das Haus bestimmt.

Vgl. auch Winfried Nerdinger: Der Architekt Walter Gropius, Berlin [2]1996, S. 234.

9 Walter Gropius: bauhausbauten dessau (=bauhausbücher 12), München 1930, S. 86.

10 Zitiert nach Kutschke: Bauhausbauten Dessau, a.a.O., S.33; vgl. auch: Stadtarchiv Dessau, Akten des Magistrats, 711/54/1, Blatt 24.

11 Zur Jurko-Bauweise vgl.: Jurko-Mauerwerk, Höchster Stand der Bautechnik, hrsg. von der Deutschen Jurkogesellschaft Leipzig, (Firmenprospekt), um 1924/1925; Die Bauwirtschaft im Kleinwohnungsbau (Druckschrift 5), Hrsg. Preußisches Ministerium für Volkswohlfahrt, Berlin 1922, S. 34ff.; Rudolf Stegemann: Die Jurkobauweise. Ein neuer Weg zu zeitgemäßem Bauen. In: Soziale Bauwirtschaft (2) 1922, S. 299-303.

12 Ein Versuchshaus des Bauhauses in Weimar (=bauhausbücher 3). Hrsg. Adolf Meyer. München 1925, S. 26-28.

13 Gropius, bauhausbauten dessau, a.a.O., S. 85.

14 Der in der zweiten Hälfte der 1920er Jahre ausgetragene Streit über das Für und Wider des Flachdaches betraf – neben der ästhetischen Debatte – vor allem Fragen der technischen Durchführbarkeit. Gropius, Verfechter des Flachdaches, initiierte in der Bauwelt (Jg. 17.1926, Heft 8, S. 162ff.) eine Umfrage „Das flache Dach – Internationale Umfrage über die technische Durchführbarkeit horizontal abgedeckter Dächer und Balkone". In einem eigenen Beitrag zu dieser Umfrage tritt er für das Flachdach ein, skizziert Lösungen für seine technische Umsetzbarkeit. Dabei stützt sich Gropius auf seine beim Bau des Bauhausgebäudes und der Meisterhäuser gemachten Erfahrungen. Bauwelt (17) 1926, Heft 16, S. 361/362.

15 Schreiben des Arbeitgeberverbandes für das Baugewerbe zu Dessau vom 8.7.1926 an den Magistrat der Stadt. Stadtarchiv Dessau, Akten des Magistrats, 711/54/2, Blatt 101.

16 Schreiben Hannes Meyers vom 30.11.1929 an den Oberbürgermeiser Hesse der Stadt Dessau. Stadtarchiv Dessau, Akten des Magistrats, 711/56/1, Blatt 238.

17 Sigfried Giedion: Walter Gropius – Mensch und Werk, Stuttgart 1954, S.70.

18 Adolf Behne: Das Bauhaus in Dessau. In: Fachblatt für Holzarbeiter (22) 1927, S. 34.

19 Die Metallwerkstatt am Bauhaus. Hrsg. Bauhaus Archiv Berlin, Berlin 1998.

20 Paul Klopfer: Das Haus Gropius. In: Die Bauzeitung (24) 1927, Heft 12, S. 90.

21 Paul Ferdinand Schmidt: Vom Dessauer Bauhaus. In: Westermanns Monatshefte, Heft 848, 1927, S. 182.

22 Ein Gang der Hausfrauen zu den Meisterhäusern. In: Anhalter Anzeiger vom 17.10.1926.

23 Eine Vielzahl der für die Meisterhäuser angefertigten Möbelstücke gehen auf Entwürfe Marcel Breuers zurück. Vgl. Christopher Wilk: Marcel Breuer – Furniture and interiors. London 1981, S. 45-52.

24 Siegfried Gronert: Türdrücker der Moderne. Köln 1991; Beiträge von Gerda Breuer bzw. Heidi Helmhold und Raoul Seibel in: Architektur zum Anfassen, FSB Greifen und Griffe. Hrsg. Ursula Kleefisch-Jobst / Ingeborg Flagge, Frankfurt a. M. 2002; vgl. auch Firmenkatalog der „Bronzewarenfabrik Loevy" (Katalog Nr.6), Berlin um 1930.

25 Simone Oelker: Kunst und Technik – eine neue Einheit? Das Bauhaus und die Junkers-Werke in Dessau, S. 359 ff. In: mittendrin – Sachsen-Anhalt in der Geschichte (Ausstellungskatalog), Dessau 1998.

26 Ebd., S. 385/386.

27 Vgl. Mietverträge der Erstbewohner. Stadtarchiv Dessau: Akten des Magistrats 711/56/1.

28 Stadtarchiv Dessau: Akten des Magistrats 711/56/1, Blatt 28: Mieterverzeichnis.

29 Brief von Lyonel Feininger an seine Frau vom 2.8.1926. Zitiert nach Thöner: Meisterhäuser im Portrait. In: Leben am Bauhaus, a.a.O., S. 58.

30 Nina Kandinsky: Kandinsky und ich. München 1976, S. 118.

31 Brief an Tut Schlemmer vom 8.10.1925, in: Oskar Schlemmer, Briefe und Tagebücher, Stuttgart 1977, S. 82.

32 Der Mietpreis für die Doppelhäuser gilt ohne die Ateliers, da diese den Meistern laut Mietvertrag unentgeltlich zur Verfügung gestellt wurden. Vgl. Mietverträge der Bewohner, in: Stadtarchiv Dessau: Akten des Magistrats 711/56/1; Bericht des Revisionsbüros der Stadt Dessau vom 20.4.1933, in: Stadtarchiv Dessau SB 24; Christine Engelmann, Christian Schädlich: Die Bauhausbauten in Dessau, Berlin 1991, S. 38.

33 Der Gropius-Biograph Reginald R. Isaacs erinnert in diesem Zusammenhang an verschiedene Bitten der Ehefrauen der Bauhausmeister nach Einbau besonderen hauswirtschaftlichen Gerätes, die vom Architekten zwar wohlwollend zur Kenntnis genommen wurden, ohne sich in seiner Arbeit beirren zu lassen. Gropius „hatte die richtige Lösung bereits im Kopf und folgte in seinen Entwürfen unbeeindruckt der eigenen Konzeption." Vgl. Reginald R. Isaacs: Walter Gropius – Der Mensch und sein Werk. Band 1, Berlin 1985, S. 361.

34 Erklärung von Georg Muche über Eigeninventar im Haus Burgkühnauer Allee 4. Stadtarchiv Dessau: Akten des Magistrats 711/56/1, Blatt 79.

35 Erklärung von Oskar Schlemmer über Eigeninventar im Haus Burgkühnauer Allee 5. Stadtarchiv Dessau: Akten des Magistrats 711/56/1, Blatt 34.

36 Privataufnahmen mit Innenansichten der Häuser Feininger und Kandinsky zeigen, dass die Bewohner beim Einzug auf Möbel des 19. Jahrhunderts nicht verzichteten, weshalb Ablichtungen von Wohnungen dieser Bauhausmeister in autorisierten Bauhausveröffentlichungen fehlen.

37 Christopher Wilk: Marcel Breuer – Furniture and Interiors, a.a.O., S.52.

38 Georg Muche – Das künstlerische Werk 1912-1927, Kritisches Verzeichnis der Gemälde, Zeichnungen, Fotos und architektonischen Arbeiten. Hrsg. Bauhaus Archiv Berlin, Berlin 1980, S.99, M 54: 'Bild mit Gittermotiv in der Mitte', 1919, Staatliche Museen Preußischer Kulturbesitz, Nationalgalerie; S. 106, M 66: 'Schwarze Maske/Profil einer Maske', 1922, Staatliche Kunstsammlungen zu Weimar; S. 117, M 88: 'Zwei Vasen', 1924, Privatbesitz.
Das kleine Gemälde in der Seitenwand der Nische und die Zeichnung über dem Heizkörper (Bildnis mit Frauenkopf) konnten nicht identifiziert werden.

39 Für die Verwendung des Fotos wurde retuschierend eingegriffen: Es fehlen auf der Abbildung im Buch das Bild über

dem Heizkörper (Zeichnung mit Frauenkopf) und die Deckenlampe. Vgl. Gropius: bauhausbauten dessau, a.a.O., S. 142.

40 Oskar Schlemmer, Eigeninventar im Haus Burgkühnauer Allee 5. Stadtarchiv Dessau: Akten des Magistrats 711/56/1, Blatt 34.

41 Angaben nach Raman Schlemmer, Enkel von Oskar Schlemmer.

42 Mietvertrag Hinnerk Scheper Haus Burgkühnauer Allee 4. Stadtarchiv Dessau: Akten des Magistrats 711/56/1, Blatt 72.

43 Mit Schließung des Bauhauses endete auch Schepers Lehrauftrag zum 30.9.1932 sowie sein Anrecht auf Bewohnung des Meisterhauses. Sein Wunsch, weiterhin das Haus nutzen zu können, machte den Abschluss eines neuen Mietvertrages erforderlich. Das mit Gültigkeit vom 1.4.1933 auf unbestimmte Zeit abgeschlossene Mietverhältnis dauerte dann allerdings nur bis Ende Juli 1933. Stadtarchiv Dessau: Akten des Magistrats 711/56/2, Blätter 121, 312.

44 Erklärung von Hinnerk Scheper über Eigeninventar im Haus Burgkühnauer Allee 4. Stadtarchiv Dessau: Akten des Magistrats 711/56/1, Blatt 71.

45 Sein Aufgabengebiet als Farbgestalter beinhaltete die Entwicklung von Farbkonzepten für den Anstrich von Bauten, besonders Wohnviertel, Verwaltungs- und Industriebauten. Vgl. Renate Scheper: Hinnerk Scheper: Arbeiten zwischen 1933 und 1945. In: Bauhausmoderne im Nationalsozialismus. Hrsg. Winfried Nerdinger, München 1993, S. 142-152; vgl. auch Hajo Düchting: Farbe am Bauhaus – Synthese und Synästhesie. Berlin 1996, S. 126.

46 Stadtarchiv Dessau: Akten des Magistrats 711/56/1, Blatt 165. In ihrer Funktion als Geschäftsführerin des Bauhauses oblagen Frau Sachsenberg sämtliche verwaltungs- und finanztechnischen Angelegenheiten des Hochschulbetriebes. Ihre letzte Funktion am Bauhaus bestand darin, die Abwicklungsstelle des Instituts zu leiten, nachdem 1932 die Schließung des Bauhauses beschlossen worden war. 1933 wechselt Margarete Sachsenberg für zehn Jahre nach Friedrichshafen zur Maybach-Motorenbau GmbH. 1946 geht sie zum Südwestfunk, bei dem sie von 1949 bis 1952 den Posten als Verwaltungsdirektorin des Senders ausfüllte. Margarete Sachsenberg stirbt 1978 in Wangen am See, Gemeinde Öhningen am Bodensee. Ihre Kinder, Peter und Elisabeth Sachsenberg, die 1929 bzw. 1930 im Haus Burgkühnauer Allee 4 geboren wurden, leben heute noch in Süddeutschland. Angaben nach: Homepage des SWR, Thema: 'Frauen der ersten Stunde. 1946-1956' – Eine Ausstellung in den Funkhäusern Stuttgart, Baden-Baden und Mainz 1998.

47 Stadtarchiv Dessau: Akten des Magistrats 711/56/1, Blatt 168.

48 Stadtarchiv Dessau: Akten des Magistrats 711/56/1, Blatt 168. Den von Wolfgang Thöner erhobenen Daten, wonach Joost Schmidt mit seiner Frau bis 1933 das Haus bewohnt hat (vgl. Wolfgang Thöner: Das Haus Feininger in der Siedlung der Meisterhäuser, seine Bewohner und Gäste. In: Das Treppenhaus ist meine ganze Freude, Haus Feininger. Hrsg. Dresdner Bauspar AG, Frankfurt a.M. 2001, S. 51/52) widersprechen Dokumente, die Joost Schmidt für den Zeitraum von Januar 1930 bis April 1933 als Bewohner des Hauses Burgkühnauer Allee 5 ausweisen. Vgl. Anmerkungen 53, 54.

49 Brief vom 16.2.1927, verm. an den Oberbürgermeister der Stadt Dessau. In: Hannes Meyer: Bauen und Gesellschaft, Schriften, Briefe, Projekte. Hrsg. Lena Meyer-Bergner, (Fundus-Bücher 64/65), Dresden 1980, S. 44. Der Aufenthalt Meyers im Haus Schlemmer wird auch in Briefen Schlemmers an seine Frau erwähnt: Oskar Schlemmer, Briefe und Tagebücher, a.a.O., S. 92,93 (Briefe vom 25.4. und 10.7.1927).

50 Stadtarchiv Dessau: Akten des Magistrats 711/56/1, Blatt 235.

51 Zu Oskar Schlemmers und auch Georg Muches Lehrtätigkeit (ab 1931) an der Breslauer Kunstakademie vgl.: Von Otto Mueller bis Oskar Schlemmer – Künstler der Breslauer Akademie (Ausstellungskatalog), Schwerin 2002, S. 166ff. / 176ff.

52 Arieh Sharon (1900-1984), seit 1931 als Architekt und Städteplaner in Israel tätig, absolvierte von 1926 bis 1929 am Bauhaus Dessau ein Studium, das er im November 1929 mit dem Diplom abschloss.

53 Stadtarchiv Dessau: Akten des Magistrats 711/56/1, Blatt 215.

54 Mietverträge Burgkühnauer Allee 5 für die Bauhausmeister Alfred Arndt und Joost Schmidt. In: Stadtarchiv Dessau: Akten des Magistrats 711/56/1, Blätter 260-263.

55 Stadtarchiv Dessau: Akten des Magistrats 711/56/2, Blatt 202.

56 In einem ersten Kündigungsschreiben vom Juli 1932 nennt Arndt den schlechten Gesundheitszustand seiner Frau, der einen Umzug an einen Ort mit besserem Klima erfordere (Stadtarchiv Dessau: Akten des Magistrats 711/56/1, Blatt 327). Die Erneuerung seiner Wohnungskündigung (Schreiben vom 29.8.1932) benennt dann auch die bevorstehende Schließung des Bauhauses; vgl. Stadtarchiv Dessau: Akten des Magistrats 711/56/2, Blatt 2.

57 Stadtarchiv Dessau: Akten des Magistrats 711/56/1, Blatt 304.

58 Schreiben von Hannes Meyer an den Oberbürgermeister der Stadt Dessau vom 4.12.1929, in: Stadtarchiv Dessau: Akten des Magistrats 711/56/1, Blatt 215; vgl. auch Blatt 214. Die mit dem Bauunterhalt der Meisterhäuser betraute Bauabteilung des Bauhauses musste zudem umfangreiche Renovierungs- und Instandsetzungsarbeiten (Putz- und Malerarbeiten) in nahezu allen Räumen durchführen. Vgl. Stadtarchiv Dessau: Akten des Magistrats 711/56/1, Blätter 221-223.

59 In den Hausakten sind zahlreiche Vermerke zu finden, die die Notwendigkeit und Durchführung diverser Ausbesserungsmaßnahmen belegen.

60 Z. B. ein im Januar 1933 dokumentierter Wasserschaden im Haus Scheper, in: Stadtarchiv Dessau: Akten des Magistrats 711/56/2, Blatt 318; vgl. auch: Bericht vom 20.2.1933 zum Bau und zum Unterhalt des Bauhausgebäudes und der Meisterhäuser (Zeitraum 1926-1933) an den Untersuchungsausschuss zur Nachprüfung der von dem Oberbürgermeister Hesse während seiner Amtszeit erlassenen Ver-

ordnungen, Anordnungen und Verfügungen: Stadtarchiv Dessau SB 24.

61 Schreiben von Volger an das Stadtbauamt Dessau vom 27.3.1930, in: Stadtarchiv Dessau: Akten des Magistrats 711/56/1, Blatt 188. An dieser Stelle sei auch an die Bemerkung von Hannes Meyer erinnert, wonach die „experimentelle Bauweise" der Häuser für verschiedene Bauschäden verantwortlich zu machen ist, vgl. Anmerkung 16.

62 Schreiben von Volger an das Stadtbauamt Dessau vom 8.5.1930, in: Stadtarchiv Dessau: Akten des Magistrats 711/56/1, Blatt 296; vergleichbare Probleme gab es auch am Haus Kandinsky/Klee, die man ebenfalls auf die o. a. Lösung zu beheben versuchte (Stadtarchiv Dessau: Akten des Magistrats 711/56/2, Blatt 21).

63 Stadtarchiv Dessau: Akten des Magistrats 711/56/1, Blätter 202, 306.

64 Stadtarchiv Dessau: Akten des Magistrats 711/56/1, Blatt 321.

65 Stadtarchiv Dessau: Akten des Magistrats 711/56/1, Blatt 304. Ein in der Zeitung 'Der Mitteldeutsche' abgedrucktes Foto von 1939 zeigt, dass zumindest eines der Meisterhäuser diese Verkleidung erhalten hat.

66 Der Anstrich ist bereits auf einer frühen Aufnahme von Lucia Moholy-Nagy zu sehen.

67 Zur Heizungsanlage, dem Kaminsystem und der Warmwasserbereitung in den Meisterhäusern liegt ein haustechnisches Gutachten von 1932 vor, das die Problematik der eingebauten Anlagen aufzeigt. Vgl. Stadtarchiv Dessau: Akten des Magistrats 711/56/2, Blätter 4, 5.

68 Zum Einbau der Schornsteine im Haus Muche/Schlemmer vgl. Stadtarchiv Dessau: Akten des Magistrats 711/56/1, Blätter 172, 174, 205, 238.

69 In den städtischen Hausakten lassen sich die Vermietungen bis zum Verkauf der Häuser an die Junkers Flugzeug- und Motorenwerke verfolgen. Vgl. die Aktenbestände Stadtarchiv Dessau: Akten des Magistrats 711/56/2, 711/56/3; vgl. auch Marion Diwo: Die Meisterhäuser von Walter Gropius in Dessau – Anmerkungen zur Nutzungs- und Wirkungsgeschichte, in: Kunstgeschichtliche Studien – Hugo Borger zum 70.Geburtstag, Weimar 1995, S. 270.

70 Dieses gegen das Dessauer Bauhaus gerichtete Urteil, das von Alfred Rosenberg, Reichsleiter und Chefideologe der NSDAP, stammen soll, wird 1935 vom Pressesprecher der Junkers-Werke und Nachmieter des Hauses Kandinsky aufgegriffen, um einen Neuanstrich des Hauses bei der Stadt Dessau durchzusetzen. Vgl. Stadtarchiv Dessau: Akten des Magistrats 711/56/2, Blatt 362.

71 Stadtarchiv Dessau: Akten des Magistrats 711/56/3, Blatt 197. Zum Verkauf der Häuser im Januar 1939 vgl. auch 711/56/3, Blatt 216.

72 'Bauhaus-Irrtümer werden berichtigt' in: Der Mitteldeutsche vom 27.7.1939.

73 Umbau der Dessauer 'Bauhäuser', in: Bauen, Siedeln, Wohnen (19)1939, Heft 17, S. 914.

74 Der Mitteldeutsche vom 27.7.1939.

75 Eine Ausnahme bildet die obere Dachterrasse des Hauses Muche, die mit Abtragung des Treppenhauskopfes aufgegeben wurde.

76 Das Haus Feininger war vom Umbau ausgespart worden: telefonische Auskunft von Herrn Walter Hagemann, Sohn von Johannes Heinrich Hagemann, Mitarbeiter der Junkers Flugzeug- und Motorenwerke und Bewohner des Hauses Hindenburgallee 61 (Haus Moholy-Nagy) von April 1933 bis März 1945. Herr Hagemann ist im Besitz einer Fotografie (abgedruckt auf Seite 75 in diesem Buch), die das teilzerstörte Meisterhaus Moholy-Nagy/Feininger nach dem Luftangriff vom 7.3.1945 zeigt. Es dokumentiert einerseits das kriegszerstörte Haus Moholy-Nagy, andererseits das unversehrte, mit der ursprünglichen Atelierverglasung ausgestattete Haus Feininger.

77 Die Umbaumaßnahmen von 1939 sind auf Fotos dokumentiert, die sich im Besitz von Frau Elenor Maringer (Osnabrück) befinden, die zusammen mit ihrem Mann, Friedrich Karl Maringer, Testpilot bei Junkers, von Sommer 1939 bis März 1949 das Haus Muche bewohnten.

78 Der genaue Zeitpunkt des Umbaus der Heizungsanlage ist nicht bekannt.

79 In der Zeitschrift 'werk und zeit' findet sich eine Notiz, die nicht unbedingt auf einen Totalverlust des Direktorenwohnhauses schließen lässt. Nach Angabe der Zeitschrift wurde „das Haus Gropius nach dem Krieg wegen Bombenschadens abgerissen". Vgl. 'werk und zeit' (7)1958, S. 4.

80 In den Wohnungen der Bauhausmeister sollen sich vorübergehend diverse Arztpraxen befunden haben und im Haus Feininger war in den fünfziger und sechziger Jahren eine Poliklinik eingerichtet. Vgl. Marion Diwo: Die Meisterhäuser von Walter Gropius in Dessau, a.a.O., S. 271. Leider haben sich keine Unterlagen (z. B. Bauakten) erhalten, die lückenlos Auskunft über die fünfzigjährige Nutzungsgeschichte der Häuser zu DDR-Zeiten geben könnten.

81 Kutschke, Bauhausbauten Dessau, a.a.O., S. 36.

## Denkmalpflegerische Maßnahmeberatung und ihr Leitziel

1 Fritz Hesse: Erinnerungen an Dessau. Bd. 1: Von der Residenz zur Bauhausstadt, München 1963, S. 212 f.

2 Der Getränkekiosk und die Mauer wurden in der zweiten Hälfte der sechziger Jahre aus verkehrstechnischen Gründen bis auf einen kleinen Mauerrest an der Garage abgerissen.

3 Walter Gropius: Bauhausmeistersiedlung. In: Bauhaus 1, Dessau (1926), S. 2.

4 Die im Haus Feininger ansässige Kurt-Weill-Stiftung besitzt ein Foto, das den Bombenschaden des Doppelhauses nach dem 7. 3.1945 abbildet. Bemerkenswert ist das noch erhaltene bauzeitliche Atelierfenster (Stahlkonstruktion) im Haus Feininger. Siehe dazu Bild auf S. 75.

5 Landesamt für Denkmalpflege Sachsen-Anhalt: Denkmalpflegerische Zielstellung, 1992.

6 Hans-Otto Brambach: Bauforschung, Planung und Ausführung der Sanierung. In: Bd. 5 der Edition Dresdner Bauspar AG „... Das Treppenhaus ist meine ganze Freude ..." Meisterhäuser in Dessau – Das Feininger-Haus. Frankfurt am Main (2001), S. 26-34.

7 'Bauhaus-Irrtümer werden berichtigt', in: Der Mitteldeutsche vom 27.7.1939 (Dessau).
8 Landesamt für Denkmalpflege Sachsen-Anhalt: Vermerk Meisterhäuser in Dessau, Umgestaltungen der dreißiger Jahre und fünfziger Jahre. Vom 5.11.1999 und 30.11.1999.

## Zur Auseinandersetzung um ein Instandsetzungskonzept

1 Wolfgang Paul: Restaurierung – Ein Werkstattbericht. In: Leben am Bauhaus. Die Meisterhäuser in Dessau. Hrsg. Bayerische Vereinsbank, München 1993. Ralf Pfeiffer: Walter Gropius, Meisterhaus Kandinsky-Klee in Dessau. In: Der Architekt, Heft 6, 2001, S. 30-35. Thomas Danzl: Die Rekonstruktion des Meisterhauses Klee/Kandinsky in Dessau. In: Denkmalschutz-Informationen 1/2000. Norbert Michels, Hrsg.: Architektur und Kunst. Das Meisterhaus Kandinsky/Klee in Dessau. Katalog der Anhaltischen Gemäldegalerie Dessau Bd. 8, Leipzig 2000.
2 Falko Funkat: Denkmalpflegerische Maßnahmeberatung und ihr Leitziel, siehe S. 70-83.
3 Mitglieder des wissenschaftlichen Beirates: Prof. Berthold Burkhardt, Braunschweig, Prof. Dr. August Gebeßler, Stuttgart, Prof. Dr. Norbert Huse, München. Norbert Huse hat aus Protest gegen den Beschluss zur Tilgung der Eingriffsspuren aus dem Dritten Reich die weitere beratende Betreuung der Maßnahme Meisterhaus Muche/Schlemmer eingestellt.
4 Schreiben der Wüstenrot Stiftung an die Stadt Dessau vom 22.12.1999.
5 Zeitungsbericht in: Der Mitteldeutsche vom 27.7.1939.
6 Stellungnahme des Landesamtes für Denkmalpflege Sachsen-Anhalt, Halle, vom 22.11.1999.
7 Hartwig Beseler: Denkmalpflege als Herausforderung. In: Deutsche Kunst und Denkmalpflege, 27. Jg. 1969.
8 Wolfgang Pehnt: Krieg den Hüllen, Friede den Bauhäusern. In: Frankfurter Allgemeine Zeitung Nr. 61, 13.3.2002.
9 „Das Ende des Bauhauses in Dessau bedeutete gleichzeitig den Beginn einer mehr als 70jährigen Veränderungsgeschichte der Meisterhäuser, die auf die Intentionen des Erbauers der Häuser, Walter Gropius, wie auch die ihrer ehemaligen Nutzer keine Rücksicht nahm", in: Winfried Brenne Architekten, Informationsblatt zur Wiedereröffnung des Meisterhauses Muche/Schlemmer, März 2002.
10 Siehe Anmerkung 6.
11 International Council on Monuments and Sites, 'Report on the World Heritage List, The Bauhaus', Nr. 729, Paris, Oktober 1996, S.30 (unveröffentlichtes Dokument). Auszugsweise abgedruckt bei Marieke Kuipers: Das Bauhaus und die Liste des Weltkulturerbes. In: Das Bauhausgebäude in Dessau 1926-1999, Hrsg. Stiftung Bauhaus Dessau, Basel 1998, S. 174-185.
12 Manfred Fischer: Weltkulturerbe. Eine Gefahr für die gegenwärtige Denkmalpflegepolitik. In: BundesBauBlatt, Heft 10, 1998.
13 Tilmann Breuer: Das Weltkultur- und Naturerbe und Bamberg. In: 136. Bericht des Historischen Vereins Bamberg, 2000, S. 28.
14 Siehe Anmerkung 6.
15 Michael Petzet: Grundsätze der Denkmalpflege. ICOMOS, Hefte des Deutschen Nationalkomitee X, München 1992.
16 Michael Petzet, Hartwig Schmidt: Konservierung der Moderne? Über den Umgang mit den Zeugnissen der Architekturgeschichte des 20. Jahrhunderts. ICOMOS, Hefte des Deutschen Nationalkomitees XXIV, München 1998.
17 Zu diesem Thema ein dankenswerter Hinweis von Eberhard Grunsky auf den theoretisch fundierten und praktisch klugen Aufsatz von Susan Macdonald: Reconciling Authenticity and Repair in the Conservation of Modern Architecture. In: Journal of Architectural Conservation, Nr. 1 1996.
18 Jörg Träger: Zehn Thesen zum Wiederaufbau zerstörter Architektur. In: Kunstchronik 45 (1992), S. 217-232. Georg Mörsch: Zu den zehn Thesen zum Wiederaufbau. In: Kunstchronik 45 (1992), S. 634-638.
19 Zuerst formuliert durch Marion Wohlleben: Riegl und die Moderne, Gedanken zum Verhältnis von Alterswert und Neuem Bauen. In: Unsere Kunstdenkmäler, 41. Jhg. 1990, 1, S. 18-21.
20 Eberhard Grunsky: Grundsätze der Denkmalpflege und das Neue Bauen der zwanziger Jahre. Unveröffentlichtes Vortragsmanuskript 1996.
21 Eberhard Grunsky: Ist die Moderne konservierbar? In: Michael Petzet, Hartwig Schmidt: Konservierung der Moderne? Siehe Anmerkung 17.
22 Berthold Burkhardt: Sanierung Arbeitsamt Dessau. In: Umgang mit Bauten der Klassischen Moderne. Kolloquium am Bauhaus Dessau, Stiftung Bauhaus Dessau 1999.
23 Holger Brülls: Geschichtspositivismus als Gefahr. In: Thesis, 46.Jhg., 2000. Holger Brülls: Gewachsene Zustände und fixe Ideen. In: Der Architekt, Heft 6, 2001.
24 Gilbert Lupfer, Paul Sigel: bauen bedeutet gestalten von lebensvorgängen. In: Norbert Michels, Hrsg.: Architektur und Kunst. Siehe Anm. 1, S. 30.

## Instandsetzungsplanung zwischen Erhaltung, Reparatur und Neubau

1 Aus dem Denkmalprogramm der Wüstenrot Stiftung; vgl. homepage der Stiftung: www.wuestenrot-stiftung.de.
2 Diese Einschätzung wird sogar von Hannes Meyer geteilt. Vgl. Schreiben von Hannes Meyer an den Oberbürgermeister der Stadt Dessau vom 30.11.1929. Stadtarchiv Dessau: Akten des Magistrats, 711/56/1, Blatt 238.
3 Originale Belegexemplare ausgetauschter Bauelemente und Baustoffe (z. B. Linoleum der Fußböden, Jurko-Steine etc.) werden im Baustoffarchiv der Stiftung Bauhaus Dessau verwahrt.
4 Im Gropius-Nachlass, der vom Busch-Reisinger-Museum in den USA verwaltet wird, erhaltene Zeichnungen zu den Atelier- und Treppenhausfenstern vermitteln zwar Größe, Konstruktion und Aufbau der Fenster, für einen Nachbau fehlt jedoch der notwendige Detaillierungsgrad.

## Zur Konservierung, Restaurierung und Rekonstruktion von Architekturoberflächen am Meisterhaus Muche/Schlemmer

1 Hinnerk Scheper, Restaurieren und Berufsethos. In: Deutsche Kunst und Denkmalpflege, 13. Jg. (1955), S. 109-111.

2 D. Rehbaum, ProDenkmal: Protokoll über mikrochemische Farbuntersuchungen, Dessau, Meisterhaus Muche/Schlemmer, Bamberg 13./14.7.1999, S. 1-6.

3 Laborbericht Nr. 2000/079 der KEIM-Farben GmbH & Co. KG, Bearbeiter Schindler/Seibert, 17.4.2000. Beurteilung: „Bei den untersuchten Anstrichen handelt es sich größtenteils um Kalkanstriche mit Ölzusatz oder kunstharzgebundene Anstriche. Unter den wenigen Silikatanstrichen befinden sich weitere Altanstriche, so dass davon ausgegangen werden kann, dass es sich um Original-Materialien handelt."

4 Gisbert Knipscheer, Büro Brenne: Protokoll der Besprechung vom 13.7.1999: Festlegungen zur Restaurierung der Außenputze.

5 Landesamt für Denkmalpflege Sachsen-Anhalt, Vermerk (Dr. Danzl): Dessau, Meisterhaus Muche/Schlemmer, hier: Diskussion und Abnahme der restauratorischen Musterachsen am 13.9.2000. Arbeitsaufgabe: Konservierung und Restaurierung von Putzen und Anstrichen der Fassadenbereiche bzw. Vorbereitung dieser Untergründe für ein damit kompatibles und nachhaltiges Anstrichsystem.

6 Peter Schöne: Restauratorische Erfassung und Kartierung der Schäden am Fassadenputz (Feinschadenskartierung), Halle/Saale 2000.

7 Atelier Schöne (Bearbeiter H. Krampitz): Vermerk zur Beprobung des Fassadenputzes, Halle/Saale 9.7.2001 (hier verkürzt widergegeben):
Probe 1: Unterputz: Baustellenmischung.
MV: 3 RT Löberitzer Sand (Sorte 6) / 1 RT dreijähriger Sumpfkalk (Fa. Dullinger, Salzburg).
Deckputz: Baustellenmischung.
MV: 3 RT Löberitzer Sand (Sorte 6) gesiebt (Sieblinie >1 mm) / 1 RT dreijähriger Sumpfkalk (Fa. Dullinger, Salzburg).
Probe 2: Unterputz und Deckputz: Hasolan (Körnung 1 mm): hydraulischer Kalkputz MG P 1c, versch. Zusätze.
Probe 3: Unterputz: Bayosan / Epple Sondermischung (HR 810 500): (natürlich) hydraulischer Kalkputz MG P 1c, Körnung 1 mm, versch. Zusätze.
Deckputz: Bayosan / Epple Sondermischung (K 12 74 270), Körnung 0,5 mm.

8 Thomas Danzl: Eine Initiative zur Wiedereinführung der Kalktechnologie in der Denkmalpflege Sachsen-Anhalts. In: Denkmalpflege in Sachsen-Anhalt, 9. Jg., Doppelheft 1/2, 2000, S. 69-73.

9 KALSIT – Kalkfassadenfarbe (Fa. Hasit): besteht aus dreijährig gelagertem, sehr fein aufgeschlossenem Sumpfkalk, der mit Mineralpigmenten und feinkörnig gemahlenem Marmormehl gemischt wird. Der Feststoffanteil (!) an organischen Bindemitteln bzw. Hydrophobierungszusätzen beträgt 2,5 %.

10 Restauratorenkollegium Blankenburg: Dokumentation/Untersuchungsbericht zu Befunden historischer Farbigkeit, Fassaden Meisterhaus Muche/Schlemmer in Dessau, 11.11.1999: Siehe S. 40, Schichtenabfolge Fensterlaibung F 116.1 (Ostfenster, Esszimmer Schlemmer) und S. 41, Fensterlaibung F 118.1.

11 Sabine Schmidt-Rösel: Aktennotiz Nr. 97005-25, Besprechung am 19.3.2001 im Landesamt für Denkmalpflege Sachsen-Anhalt, Halle/Saale, S. 2.

12 Stephan Buttchereit, Büro Brenne: Anmerkungen zur Besprechung vom 19.3.2001 im Landesamt für Denkmalpflege Sachsen-Anhalt, Halle, Berlin 28.3.2001.

13 Gisbert Knipscheer, Büro Brenne: Protokoll der Besprechung am 19.7.2001, Berlin 23.7.2001.

14 Stephan Buttchereit, Büro Brenne: Aktennotiz zum Ortstermin vom 25.9.2001, Berlin 28.9.2001.

15 Büro Brenne: Verlege- und Instandsetzungsplanung Bodenbeläge, Berlin Januar 2002.

16 Weitere Informationen in: Stiftung Bauhaus Dessau Hrsg.: Bauforschungsarchiv, Dessau 2002.

17 Sabine Schmidt-Rösel: Aktennotiz Nr. 97005-34, Besprechung am 18.1.2002 im Haus Muche/Schlemmer.

18 Aufzeichnungen Georg Muches zur Farbigkeit seines Schlafzimmers (in Dessau?) in: Georg Muche – Blickpunkt Sturm Dada Bauhaus Gegenwart. München 1961.

19 Norbert Michels: ich und die Farbe sind eins. Die Farbigkeit der Innenräume des Meisterhauses Kandinsky/Klee. In: Architektur und Kunst. Das Meisterhaus Kandinsky/Klee in Dessau, Leipzig 2000, S. 35-64.

20 Zu diesem Themenkomplex plant der Autor dieses Textes in Zusammenarbeit mit Dipl. Rest. Peter Schöne und Henry Krampitz (Atelier Schöne) die Veröffentlichung einer umfänglichen Dokumentation im Jahr 2003.

# Abbildungsnachweis

| Seite | Quelle |
| --- | --- |
| 14 | aus: Theo van Doesburg, painter and architect, Den Haag 1988, S. 121 |
| 16 | Bauhaus-Archiv, Berlin |
| 17 | aus: Staatliches Bauhaus Weimar 1919-1923, Weimar-München 1923, S. 47 |
| 18 | aus: Staatliches Bauhaus Weimar 1919-1923, Weimar-München 1923, S. 12 |
| 19 | aus: Ausgeführte Bauten und Entwürfe von Frank Lloyd Wright, Berlin 1910, Tafel 13 |
| 20 | aus: Le Corbusier, Oeuvre complète de 1910-1929, Erlenbach 1946, S. 49 |
| 21 | aus: Le Corbusier, Oeuvre complète de 1910-1929, Erlenbach 1946, S. 66 |
| 22 | aus: Franz Schulze (Hg.), Mies van der Rohe - critical essays, New York 1989, S. 53 |
| 23 | aus Walter Gropius: Internationale Architektur, München 1925, S. 77 |
| 24 | Bauhaus-Archiv, Berlin, Foto: Werner Stuhler |
| 27, 28 | Bauhaus-Archiv, Berlin |
| 31 | Bauhaus-Archiv, Berlin, Foto: Junkers Luftbild |
| 37-39 | Bauhaus-Archiv, Berlin |
| 41 | Bauhaus-Archiv, Berlin |
| 43, 44 | Bauhaus-Archiv, Berlin |
| 46 | Bauhaus-Archiv, Berlin |
| 48 | oben: Winfried Brenne Architekten, Berlin |
| 48 | unten: Bauhaus-Archiv, Berlin |
| 49-51 | Bauhaus-Archiv, Berlin |
| 52 | Privatsammlung Ulrich Borgert |
| 53 | Bauhaus-Archiv Berlin |
| 54 | Bauhaus-Archiv, Berlin |
| 55 | oben: Privatsammlung Ulrich Borgert |
| 55 | unten: Deutsches Museum München, Junkers Archiv |
| 57-59 | Bauhaus-Archiv, Berlin |
| 60 | aus: Oskar Schlemmer – Briefe und Tagebücher, Stuttgart 1977, S. 92 |
| 61, 62 | Bauhaus-Archiv, Berlin |
| 65 | aus: 'Der Mitteldeutsche' vom 27.7.1939, Stadtarchiv Dessau |
| 66 | Privatbesitz |
| 67-69 | Stiftung Bauhaus Dessau |
| 70 | Thomas Wolf, Gotha |
| 72 | Winfried Brenne Architekten, Berlin |
| 73 | Bauhaus-Archiv Berlin |
| 75 | Familie Ralf Hagemann |
| 79 | Stadt Dessau |

| Seite | Quelle |
| --- | --- |
| 80 | Hauptstaatsarchiv Düsseldorf, Junkers Luftbild |
| 81 | Thomas Wolf, Gotha |
| 84 | Bauhaus-Archiv, Berlin |
| 88 | Bauhaus-Archiv, Berlin |
| 91-93 | Bauhaus-Archiv, Berlin |
| 99 | Bauhaus-Archiv, Berlin, Foto: Lucia Moholy-Nagy |
| 101, 102 | Thomas Wolf, Gotha |
| 103 | Winfried Brenne Architekten, Berlin |
| 104-108 | Thomas Wolf, Gotha |
| 109 | oben: Thomas Wolf, Gotha |
| 109 | unten: Winfried Brenne Architekten, Berlin |
| 110 | Thomas Wolf, Gotha |
| 112 | Thomas Wolf, Gotha |
| 113-118 | Winfried Brenne Architekten, Berlin |
| 119 | Thomas Wolf, Gotha |
| 120 | Winfried Brenne Architekten, Berlin |
| 121 | Thomas Wolf, Gotha |
| 122-128 | Thomas Wolf, Gotha |
| 130-133 | Winfried Brenne Architekten, Berlin |
| 134 | Thomas Wolf, Gotha |
| 136 | Winfried Brenne Architekten, Berlin |
| 137 | aus: bauhausbücher 3, versuchshaus des bauhauses in weimar, München 1923, S. 26 |
| 138-141 | Winfried Brenne Architekten, Berlin |
| 142 | aus: bauhausbücher 3, versuchshaus des bauhauses in weimar, München 1923, S. 26 |
| 143-147 | Winfried Brenne Architekten, Berlin |
| 148 | Bauhaus-Archiv, Berlin, Foto: F. Karsten |
| 149-151 | Winfried Brenne Architekten, Berlin |
| 152 | Bauhaus-Archiv, Berlin |
| 157 | Restauratorenkollegium Blankenburg GbR |
| 158 | oben: Restauratorenkollegium Blankenburg GbR |
| 158 | unten: Winfried Brenne Architekten, Berlin |
| 159 | Restauratorenkolleg Blankenburg GbR |
| 160-162 | Winfried Brenne Architekten, Berlin |
| 163 | oben: Dipl.-Restaurator P. Schöne, Halle/Saale |
| 163 | unten: Winfried Brenne Architekten, Berlin |
| 164-169 | Winfried Brenne Architekten, Berlin |
| 171-175 | Winfried Brenne Architekten, Berlin |
| 177 | Winfried Brenne Architekten, Berlin |
| 178 | Winfried Brenne Architekten, Berlin |
| 179 | Winfried Brenne Architekten, Berlin |
| 182 | Thomas Wolf, Gotha |
| 186, 187 | Klaus Graupner, Dresden |
| 192 | Thomas Wolf, Gotha |
| 199 | Bauhaus-Archiv, Berlin, Foto: Hugo Erfurth |

# Beteiligte

| | |
|---|---|
| **Eigentümerin** | Stadt Dessau |
| **Bauherrin** | Wüstenrot Stiftung, Ludwigsburg |
| **Ergänzende Finanzierung** | Land Sachsen-Anhalt<br>Stadt Dessau |
| **Wissenschaftlicher Beirat der Wüstenrot Stiftung** | Prof. Berthold Burkhardt, Braunschweig<br>Prof. Dr. August Gebeßler, Stuttgart |
| **Denkmalpflege** | Landesamt für Denkmalpflege Sachsen-Anhalt, Halle/Saale<br>Gotthard Voß, Landeskonservator<br>Falko Funkat, Gebietsreferent<br>Dr. Thomas Danzl, Restaurierung<br>Margot Vogel, Untere Denkmalschutzbehörde, Dessau |
| **Projektsteuerung** | Dipl.-Ing. Sabine Schmidt-Rösel, Lindau |
| **Bauhistorische Bestandsaufnahme, Planung, Objektüberwachung** | Winfried Brenne Architekten, Berlin<br>Dipl.-Ing. Winfried Brenne<br>Dipl.-Ing. Gisbert Knipscheer<br>Ulrich Borgert |

**Fachplaner/Gutachter**

| | |
|---|---|
| Tragwerksplanung | Ingenieur-Büro Dr. Riedel, Dessau |
| Heizung/Lüftung/Sanitär | Luft & Klima Know How, Dessau |
| Bauphysik | Dr. Sobott, Naumburg |
| Bauklimatik | Dr.-Ing. Klaus Graupner, Dresden |
| Farbrestauratorische Untersuchungen | Restauratorenkollegium Blankenburg, Blankenburg |
| Restauratorische Beratung | Helmut F. Reichwald, Stuttgart |
| Elektro | Ingenieur- Büro Lehr, Dessau |
| Außenanlagen, Gesamtplanung | Uwe Merz, Landschaftsarchitekt, Dessau |
| Fotodokumentation | Thomas Wolf, Gotha |

**Firmen**

| | |
|---|---|
| Bauschild | David-Service, Berlin |
| Baustellenbeleuchtung | Elektro-Böhler, Dessau |
| Bauzaun | Güllich Bauzaun GmbH, Kronsdorf |
| Rodungsarbeiten | GZD Dessau-Ziebigk GmbH, Dessau |
| Modellbau | Gunter Dowe, Berlin |
| Gerüstbau | B & L Gerüstbau, Dessau |
| Demontage- und Schutzmaßnahmen | AHW Bauunternehmung GmbH, Dessau |
| Bauhauptgewerke, Nachfolgefirma | Schieck & Scheffler, Dessau |
| Restauratorische Putzarbeiten | Atelier Peter Schöne, Halle/Saale |
| Putz-, Stuck- und Malerarbeiten (außen) | Hollerung Restaurierung GmbH, Reichenbach |
| Maler- und Lackiererarbeiten | Firma Heinz Herzog, Dessau-Kleutsch |
| Tischler- und Beschlagsarbeiten | Neumann & Zimmermann, Dessau |
| Metallbauarbeiten | Fuchs & Girke, Ottendorf-Okrilla |
| Betonwerkstein | Uber-Natursteincenter Dessau, Dessau |
| Bodenbelag | Schülers Fußbodentechnik, Dessau |
| Elektroarbeiten | Elektro-Schüttensack, Dessau |
| Heizung/Lüftung/Sanitär | ME-LE Haustechnik AG, Dessau |
| Dachdecker- und Klempnerarbeiten | Sandner Dachbau GmbH, Dessau |
| Blitzschutz | Wagener & Thormälen GmbH, Leipzig |
| Schließanlage | Franzke Schließtechnik, Dessau |
| Informations- und Ausstellungstafeln | L III Wolfgang Große, Leipzig |
| Baureinigung | Klaus Kindermann, Dessau-Törten |

# Autoren

| | |
|---|---|
| Adlbert, Georg, Dipl.-Ing., Dipl.sc.pol. | Geschäftsführer der Wüstenrot Stiftung, Ludwigsburg |
| Borgert, Ulrich | Bauhistoriker, Winfried Brenne Architekten, Berlin |
| Brenne, Winfried, Dipl.-Ing. | Architekt, Winfried Brenne Architekten, Berlin |
| Danzl, Thomas, Dr. | Leiter der Restaurierungsabteilung, Landesamt für Denkmalpflege Sachsen-Anhalt |
| Droste, Magdalena, Prof. Dr. | Lehrstuhl für Kunstgeschichte, Brandenburgische Technische Universität, Cottbus |
| Funkat, Falko, Dipl.-Ing. | Gebietskonservator a. D., Landesamt für Denkmalpflege Sachsen-Anhalt |
| Gebeßler, August, Prof. Dr. | Präsident a. D. des Landesdenkmalamtes Baden-Württemberg, Stuttgart |
| Graupner, Klaus, Dr.-Ing. | Institut für Bauklimatik, Technische Universität Dresden |
| Knipscheer, Gisbert, Dipl.-Ing. | Architekt, Winfried Brenne Architekten, Berlin |
| Lambrecht, Gerhard | Leiter des Amtes für Kultur, Tourismus und Sport, Dessau |
| Nerdinger, Winfried, Prof. Dr. | Direktor des Architekturmuseums der Technischen Universität München |
| Otto, Hans-Georg | Oberbürgermeister der Stadt Dessau |
| Voß, Gotthard, Dipl.-Ing. | Landeskonservator, Landesamt für Denkmalpflege Sachsen-Anhalt |